Aufforderung zum Tanz

Geschichten und Gedichte

Herausgegeben von
Gabriele Brandstetter

Philipp Reclam jun. Stuttgart

Mit 24 Abbildungen

Universal-Bibliothek Nr. 8842

Umschlagabbildung der kartonierten Ausgabe:
Tuschzeichnung von Pablo Picasso

Gesamtherstellung: Reclam, Ditzingen. Printed in Germany 1993

ISBN 3-15-008842-9 (kart.) ISBN 3-15-028842-8 (geb.)

Inhalt

Auf dem Ball

Tanzlust und Tanzzwang

Die Tänzerin

Der Tanz der Puppe

Der exotische Tanz

Der Tanz der Salome

Totentanz

Die Schönheit des Tanzes

Anhang

Kellon Tomlinson, »Plans au sol avec figures«

Auf dem Ball

JOHANN WOLFGANG GOETHE

Werther walzt mit Lotte

Das Gespräch fiel aufs Vergnügen am Tanze. – Wenn diese Leidenschaft ein Fehler ist, sagte Lotte, so gestehe ich Ihnen gern, ich weiß mir nichts übers Tanzen. Und wenn ich was im Kopfe habe, und mir auf meinem verstimmten Klavier einen Contretanz vortrommle, so ist alles wieder gut.

Wie ich mich unter dem Gespräche in den schwarzen Augen weidete! wie die lebendigen Lippen und die frischen muntern Wangen meine ganze Seele anzogen! wie ich, in den herrlichen Sinn ihrer Rede ganz versunken, oft gar die Worte nicht hörte, mit denen sie sich ausdrückte! – davon hast du eine Vorstellung, weil du mich kennst. Kurz, ich stieg aus dem Wagen wie ein Träumender, als wir vor dem Lusthause stille hielten, und war so in Träumen rings in der dämmernden Welt verloren, daß ich auf die Musik kaum achtete, die uns von dem erleuchteten Saal herunter entgegen schallte.

Die zwei Herren Audran und ein gewisser N. N. – wer behält alle die Namen! – die der Base und Lottens Tänzer waren, empfingen uns am Schlage, bemächtigten sich ihrer Frauenzimmer, und ich führte das meinige hinauf.

Wir schlangen uns in Menuetts um einander herum; ich forderte ein Frauenzimmer nach dem andern auf, und just die unleidlichsten konnten nicht dazu kommen, einem die Hand zu reichen und ein Ende zu machen. Lotte und ihr Tänzer fingen einen Englischen an, und wie wohl mir's war, als sie auch in der Reihe die Figur mit uns anfing, magst du fühlen. Tanzen muß man sie sehen! Siehst du, sie ist so mit ganzem Herzen und mit ganzer Seele dabei, ihr ganzer Körper *eine* Harmonie, so sorglos, so unbefangen, als wenn das eigentlich alles wäre, als wenn sie sonst nichts dächte, nichts empfände; und in dem Augenblicke gewiß schwindet alles andere vor ihr.

Ich bat sie um den zweiten Contretanz; sie sagte mir den dritten zu und mit der liebenswürdigsten Freimütigkeit von der Welt versicherte sie mir, daß sie herzlich gern deutsch tanze. – Es ist hier so Mode, fuhr sie fort, daß jedes Paar, das zusammen gehört, beim Deutschen zusammen bleibt, und mein Chapeau walzt schlecht, und dankt mir's, wenn ich ihm die Arbeit erlasse. Ihr Frauenzimmer kann's auch nicht und mag nicht, und ich habe im Englischen gesehn, daß Sie gut walzen; wenn Sie nun mein sein wollen fürs Deutsche, so gehn Sie und bitten sich's von meinem Herrn aus, und ich will zu Ihrer Dame gehen. – Ich gab ihr die Hand darauf und wir machten aus, daß ihr Tänzer inzwischen meine Tänzerin unterhalten sollte.

Nun ging's an! und wir ergetzten uns eine Weile an mannigfaltigen Schlingungen der Arme. Mit welchem Reize, mit welcher Flüchtigkeit bewegte sie sich! und da wir nun gar ans Walzen kamen und wie die Sphären um einander herumrollten, ging's freilich anfangs, weil's die wenigsten können, ein bißchen bunt durcheinander. Wir waren klug und ließen sie austoben, und als die Ungeschicktesten den Plan geräumt hatten, fielen wir ein, und hielten mit noch einem Paare, mit Audran und seiner Tänzerin, wacker aus. Nie ist mir's so leicht vom Flecke gegangen. Ich war kein Mensch mehr. Das liebenswürdigste Geschöpf in den Armen zu haben und mit ihr herumzufliegen wie Wetter, daß alles rings umher verging, und – Wilhelm, um ehrlich zu sein, tat ich aber doch den Schwur, daß ein Mädchen, das ich liebte, auf das ich Ansprüche hätte, mir nie mit einem andern walzen sollte als mit mir, und wenn ich drüber zugrunde gehen müßte. Du verstehst mich!

Wir machten einige Touren gehend im Saale, um zu verschnaufen. Dann setzte sie sich, und die Orangen, die ich beiseite gebracht hatte, die nun die einzigen noch übrigen waren, taten vortreffliche Wirkung, nur daß mir mit jedem Schnittchen, das sie einer unbescheidenen Nachbarin ehrenhalben zuteilte, ein Stich durchs Herz ging.

Beim dritten englischen Tanz waren wir das zweite Paar. Wie wir die Reihe durchtanzten, und ich, weiß Gott mit wie viel Wonne, an ihrem Arm und Auge hing, das voll vom wahrsten Ausdruck des offensten reinsten Vergnügens war, kommen wir an eine Frau, die mir wegen ihrer liebenswürdigen Miene auf einem nicht mehr ganz jungen Gesichte merkwürdig gewesen war. Sie sieht Lotten lächelnd an, hebt einen drohenden Finger auf, und nennt den Namen Albert zweimal im Vorbeifliegen mit viel Bedeutung.

Wer ist Albert? sagte ich zu Lotten, wenn's nicht Vermessenheit ist zu fragen. – Sie war im Begriff zu antworten, als wir uns scheiden mußten, um die große Achte zu machen, und mich dünkte einiges Nachdenken auf ihrer Stirn zu sehen, als wir so vor einander vorbeikreuzten. – Was soll ich's Ihnen leugnen, sagte sie, indem sie mir die Hand zur Promenade bot. Albert ist ein braver Mensch, dem ich so gut als verlobt bin. – Nun war mir das nichts Neues (denn die Mädchen hatten mir's auf dem Wege gesagt) und war mir doch so ganz neu, weil ich es noch nicht im Verhältnis auf sie, die mir in so wenig Augenblicken so wert geworden war, gedacht hatte. Genug, ich verwirrte mich, vergaß mich, und kam zwischen das unrechte Paar hinein, daß alles drunter und drüber ging, und Lottens ganze Gegenwart und Zerren und Ziehen nötig war, um es schnell wieder in Ordnung zu bringen.

Der Tanz war noch nicht zu Ende, als die Blitze, die wir schon lange am Horizonte leuchten gesehn, und die ich immer für Wetterkühlen ausgegeben hatte, viel stärker zu werden anfingen, und der Donner die Musik überstimmte. Drei Frauenzimmer liefen aus der Reihe, denen ihre Herren folgten; die Unordnung wurde allgemein und die Musik hörte auf. Es ist natürlich, wenn uns ein Unglück, oder etwas Schreckliches im Vergnügen überrascht, daß es stärkere Eindrücke auf uns macht als sonst, teils wegen des Gegensatzes, der sich so lebhaft empfinden läßt, teils und noch mehr, weil unsere Sinne einmal der Fühlbarkeit geöffnet sind und also desto schneller einen Eindruck annehmen. Diesen Ursachen muß ich die wunderbaren Grimassen zuschreiben, in die ich mehrere Frauenzimmer ausbrechen sah. Die klügste setzte sich in eine Ecke, mit dem Rücken gegen das Fenster, und hielt die Ohren zu. Eine andere kniete vor ihr nieder, und verbarg den Kopf in der ersten Schoß. Eine dritte schob sich zwischen beide hinein, und umfaßte ihre Schwesterchen mit tausend Tränen. Einige wollten nach Hause; andere, die noch weniger wußten, was sie taten, hatten nicht so viel Besinnungskraft, den Keckheiten unserer jungen Schlucker zu steuern, die sehr beschäftigt zu sein schienen, alle die ängstlichen Gebete, die dem Himmel bestimmt waren, von den Lippen der schönen Bedrängten wegzufangen. Einige unserer Herren hatten sich hinab begeben, um ein Pfeifchen in Ruhe zu rauchen; und die übrige Gesellschaft schlug es nicht aus, als die Wirtin auf den klugen Einfall kam, uns ein Zimmer anzuweisen, das Läden und Vorhänge hätte. Kaum waren wir da angelangt, als Lotte beschäftigt war, einen Kreis von Stühlen zu stellen, und als sich die Gesellschaft auf ihre Bitte gesetzt hatte, den Vortrag zu einem Spiele zu tun.

Ich sah manchen, der in Hoffnung auf ein saftiges Pfand sein Mäulchen spitzte, und seine Glieder reckte. – Wir spielen Zählens, sagte sie. Nun gebt acht! Ich geh' im Kreise herum von der Rechten zur Linken, und so zählt

»La Valse à deux temps«

ihr auch rings herum, jeder die Zahl, die an ihn kommt, und das muß gehen wie ein Lauffeuer, und wer stockt, oder sich irrt, kriegt eine Ohrfeige, und so bis tausend. – Nun war das lustig anzusehen. Sie ging mit ausgestrecktem Arm im Kreis herum. Eins, fing der erste an, der Nachbar zwei, drei der folgende und so fort. Dann fing sie an, geschwinder zu gehn, immer geschwinder; da versah's einer, patsch! eine Ohrfeige, und über das Gelächter der folgende auch patsch! Und immer geschwinder. Ich selbst kriegte zwei Maulschellen, und glaubte mit innigem Vergnügen zu bemerken, daß sie stärker seien, als sie sie den übrigen zuzumessen pflegte. Ein allgemeines Gelächter und Geschwärm endigte das Spiel, ehe noch das Tausend ausgezählt war. Die Vertrautesten zogen einander beiseite, das Gewitter war vorüber, und ich folgte Lotten in den Saal. Unterwegs sagte sie: Über die Ohrfeigen haben sie Wetter und alles vergessen! – Ich konnte ihr nichts antworten. – Ich war, fuhr sie fort, eine der Furchtsamsten, und indem ich mich herzhaft stellte, um den andern Mut zu geben, bin ich mutig geworden. – Wir traten ans Fenster. Es donnerte abseitwärts, und der herrliche Regen säuselte auf das Land, und der erquikkendste Wohlgeruch stieg in aller Fülle einer warmen Luft zu uns auf. Sie stand, auf ihren Ellenbogen gestützt, ihr Blick durchdrang die Gegend, sie sah gen Himmel und auf mich, ich sah ihr Auge tränenvoll, sie legte ihre Hand auf die meinige, und sagte – Klopstock! – Ich erinnerte mich sogleich der herrlichen Ode, die ihr in Gedanken lag, und versank in dem Strome von Empfindungen, den sie in dieser Losung über mich ausgoß. Ich ertrug's nicht, neigte mich auf ihre Hand und küßte sie unter den wonnevollsten Tränen. Und sah nach ihrem Auge wieder – Edler! hättest du deine Vergötterung in diesem Blicke gesehn, und möcht' ich nun deinen so oft entweihten Namen nie wieder nennen hören!

Wechsellied zum Tanze

Die Gleichgültigen

Komm mit, o Schöne, komm mit mir zum Tanze;
Tanzen gehöret zum festlichen Tag.
Bist du mein Schatz nicht, so kannst du es werden,
Wirst du es nimmer, so tanzen wir doch.
Komm mit, o Schöne, komm mit mir zum Tanze;
Tanzen verherrlicht den festlichen Tag.

Die Zärtlichen

Ohne dich, Liebste, was wären die Feste?
Ohne dich, Süße, was wäre der Tanz?
Wärst du mein Schatz nicht, so möcht ich nicht tanzen,
Bleibst du es immer, ist Leben ein Fest.
Ohne dich, Liebste, was wären die Feste?
Ohne dich, Süße, was wäre der Tanz?

Die Gleichgültigen

Laß sie nur lieben, und laß du uns tanzen!
Schmachtende Liebe vermeidet den Tanz.
Schlingen wir fröhlich den drehenden Reihen,
Schleichen die andern zum dämmernden Wald.
Laß sie nur lieben, und laß du uns tanzen!
Schmachtende Liebe vermeidet den Tanz.

Die Zärtlichen

Laß sie sich drehen, und laß du uns wandeln!
Wandeln der Liebe ist himmlischer Tanz.
Amor, der nahe, der höret sie spotten,
Rächet sich einmal, und rächet sich bald.
Laß sie sich drehen, und laß du uns wandeln!
Wandeln der Liebe ist himmlischer Tanz.

Beobachtungen auf dem Ball

Der Ball verlief angenehm. Mrs. Westons ängstliche Fürsorge und ihre unablässigen Aufmerksamkeiten waren nicht verschwendet. Alle waren anscheinend glücklich, und das Lob, daß es sich um einen fabelhaften Ball handle, das meist am Ende gespendete Lob, daß alles großartig verlaufen sei, wurde in diesem Falle schon mehrmals ausgesprochen, als alles kaum begonnen hatte. An wichtigen überliefernswerten Ereignissen gab auch dieser Ball nicht mehr her als andere Bälle. Eins allerdings gab es, das Emma für bemerkenswert hielt. Die beiden letzten Tänze vor dem Imbiß hatten begonnen, und Harriet war nicht aufgefordert worden. Als einzige junge Dame war sie sitzengeblieben, und dabei war bisher das Verhältnis von Damen und Herren so ausgeglichen gewesen, daß Emma sich fragte, wie Harriet allein übrigbleiben konnte. Aber ihre Verwunderung schwand, als sie Mr. Elton herumstolzieren sah. Er würde Harriet nicht auffordern, wenn es sich vermeiden ließ, davon war sie überzeugt, und sie erwartete jeden Augenblick, daß er ins Kartenzimmer verschwand.

Zu verschwinden war allerdings nicht seine Absicht. Er ging in die Ecke des Saales, wo die Zuschauer versammelt waren, sprach mit einigen, ging vor ihnen auf und ab, als ob er demonstrieren wollte, daß er zu nichts verpflichtet und entschlossen war, diese Unabhängigkeit auch nicht aufzugeben. Er vermied es nicht einmal, manchmal unmittelbar vor Miss Smith zu stehen oder sich mit denen in ihrer unmittelbaren Nähe zu unterhalten. Emma sah es genau. Sie war beim Tanzen noch nicht an der Reihe. Sie rückte langsam von unten nach oben auf, hatte deshalb Zeit, sich umzusehen, und brauchte ihren Kopf nur ein bißchen zu wenden, um alles zu sehen. Als sie ungefähr bis zur Mitte aufgerückt war, war die ganze Gruppe direkt hinter ihr, und sie wollte nicht mehr zu ihnen hinsehen, aber Mr. Elton stand so nahe, daß sie jedes Wort eines Dialogs zwischen ihm und Mrs. Weston hören konnte und bemerkte, daß seine unmittelbar vor ihm stehende Frau nicht nur ebenfalls zuhörte, sondern ihn auch mit vielsagenden Blicken ermunterte. Die gutherzige, zartfühlende Mrs. Weston war aufgestanden und hatte sich zu ihm gesellt. Sie sagte: »Wollen Sie nicht tanzen, Mr. Elton?«, worauf er prompt erwiderte: »Herzlich gern, Mrs. Weston, wenn Sie mit mir tanzen möchten.«

»Ich! O nein, ich weiß eine bessere Partnerin für Sie. Ich tanze nicht.«

»Wenn Mrs. Gilbert tanzen möchte«, sagte er, »es wäre mir ein großes Vergnügen, denn obwohl ich anfange, mir wie ein alter Ehemann vorzukommen, und lange genug das Tanzbein geschwungen habe, wäre es mir ein großes Vergnügen, eine alte Freundin wie Mrs. Gilbert aufzufordern.«

»Mrs. Gilbert hat nicht die Absicht zu tanzen, aber dort ist eine junge Dame ohne Partner, die ich gern tanzen sehen würde – Miss Smith.«

»Miss Smith! Oh, das hatte ich gar nicht gesehen. Sie sind zu liebenswürdig ... und wenn ich nicht ein alter Ehemann wäre ... aber ich habe lange genug das Tanzbein geschwungen, Mrs. Weston. Sie müssen mich entschuldigen. Bei allem anderen stehe ich Ihnen mit dem größten Vergnügen zur Verfügung, aber ich habe lange genug das Tanzbein geschwungen.«

Mrs. Weston sagte weiter nichts, und Emma konnte sich vorstellen, wie erstaunt und betroffen sie sich wieder hingesetzt haben mußte. Das war Mr. Elton! Der liebenswerte, zuvorkommende, zartfühlende Mr. Elton! Sie sah sich einen Moment um, er war etwas weiter entfernt zu Mr. Knightley getreten und richtete sich auf eine längere Unterhaltung ein, während er mit seiner Frau lächelnd schadenfrohe Blicke austauschte.

Sie konnte es nicht länger mitansehen. Sie war empört und fürchtete, daß sich ihre Entrüstung auf ihrem Gesicht widerspiegelte.

Einen Augenblick später bot sich ihr ein wesentlich erfreulicherer Anblick: Mr. Knightley führte Harriet auf die Tanzfläche! Nie war sie so überrascht, selten so beglückt gewesen wie in diesem Augenblick. Sie war voller Freude und Dankbarkeit um ihret- und um Harriets willen und hätte ihm gerne sofort gedankt; und obwohl er für Worte zu weit entfernt war, sagten ihm ihre Augen alles, sobald ihre Blicke sich wieder trafen.

Sein Tanzen war genau, wie sie vermutet hatte: ausgezeichnet, und fast hätte man Harriet um ihr Glück beneiden können, wenn sie nicht vorher gedemütigt worden wäre und ihr nicht die überwältigende Freude und das Bewußtsein ihrer Auszeichnung auf dem strahlenden Gesicht gestanden hätte. Das Glück war nicht an sie verschwendet. Sie drehte sich so schwungvoll wie noch nie, schwebte förmlich durch die Reihe und hörte gar nicht auf zu lächeln.

Mr. Elton hatte sich in das Kartenzimmer zurückgezogen und sah, davon war Emma überzeugt, ziemlich betreten aus. Sie konnte sich nicht vorstellen, daß er ganz so abgebrüht war wie seine Frau, obwohl er ihr immer ähnlicher wurde; was in *ihr* vorging, äußerte sie hörbar zu ihrem Partner:

»Knightley hat sich der armen kleinen Miss Smith erbarmt! Sehr gutmütig, ich bitte Sie.«

Der Imbiß wurde angekündigt. Die Menge machte sich auf den Weg, und man konnte, bis sie am Tisch saß und den Löffel in die Hand nahm, ohne Unterbrechung Miss Bates sprechen hören:

»Jane, Jane, meine liebe Jane, wo bist du? Hier ist deine Stola. Mrs. Weston bittet dich, sie umzutun. Sie sagt, sie hat Angst, es zieht vielleicht im Gang. Dabei ist *alles* getan worden, eine Tür extra zugenagelt, überall Vorhänge gegen den Zug. Doch, meine liebe Jane, das mußt du! Mr. Churchill! Oh, Sie sind zu liebenswürdig! Wie gut Sie die Stola umgelegt haben, ich bin Ihnen sehr verbunden. Ausgezeichnetes Tanzen. Ja, mein Kind, ich bin nach Hause gelaufen, um Großmama ins Bett zu bringen, und gleich wiedergekommen. Was habe ich dir gesagt: Niemand hat mich vermißt. Ich bin einfach ohne ein Wort gegangen. Großmama war bester Laune, ein paar reizende Stunden bei Mr. Woodhouse, Plaudern und Backgammon, den ganzen Abend. Später ein Imbiß, Kuchen, Bratäpfel und Wein, kurz vor dem Aufbruch, erstaunliches Glück beim Würfeln, und sie hat gleich nach dir gefragt, ob du dich amüsiert und mit wem du getanzt hast. ›Oh‹, sage ich, ›ich verrate nichts. Als ich ging, tanzte sie mit Mr. George Otway; sie brennt darauf, dir morgen alles selbst zu erzählen. Ihr erster Partner war Mr. Elton, und mit wem sie jetzt tanzt, weiß ich nicht, vielleicht mit Mr. William Cox. Mein lieber Mr. Churchill, zu liebenswürdig von Ihnen. Aber sollten Sie nicht lieber jemand anders . . .? Ich bin nicht hilflos, Sir, Sie sind zu gütig. Ich muß schon sagen, Jane an einem Arm und mich am anderen. Halt, halt, lassen Sie uns ein bißchen zurücktreten, Mrs. Elton kommt. Die liebe Mrs. Elton, wie elegant sie aussieht, wunderbare Spitze. Jetzt bilden wir alle ihr Gefolge. Zweifellos die Königin des Abends! Nicht wahr, nun sind wir im Gang. Zwei Stufen, Jane, paß auf, zwei Stufen. Ach nein, es ist nur eine. Na, so etwas! Ich hätte schwören können, es sind zwei; wie eigenartig, ich war felsenfest überzeugt, und dabei ist es nur eine. So etwas an Luxus und Geschmack, überall Kerzen! Wovon sprach ich gerade, ach ja: deine Großmama. Jane, es gab eine kleine Enttäuschung. Die Bratäpfel und der Kuchen, durchaus ein Genuß, nicht wahr, aber vorher gab es ein delikates Spargelfrikassee, und der gute Mr. Woodhouse, der Spargel war ihm nicht *gar* genug – er ließ alles in die Küche zurückgehen. Und nichts ißt deine Großmutter lieber als Spargelfrikassee – sie war doch ziemlich enttäuscht, aber wir haben gleich beschlossen, keinem ein Wort davon zu sagen; die liebe Miss Woodhouse, sie hört es sonst womöglich und macht sich dann solche Sorgen. – Also, ist das nicht eine Pracht! Ich bin ganz hingerissen! Wer hätte so etwas ... Diese Eleganz und diese Fülle! Ich bin überwältigt! Also, wo wollen wir sitzen? Wo wollen wir sitzen? Hauptsache, Jane bekommt keinen Zug. Wo *ich* sitze, ist ganz gleich. Oh! Sie empfehlen diese Seite? Also, ich muß schon sagen ... Mr. Churchill, ist das nicht zu anspruchsvoll? ... Aber ganz wie Sie meinen. Was Sie in diesem Hause anordnen, kann ja nicht falsch sein. Liebe Jane, wie sollen wir auch nur die Hälfte aller Gerichte für Großmama im Kopf behalten? Auch noch Suppe! Du liebe Güte, bedienen Sie erst die anderen ... aber sie duftet so wunderbar, ich muß einfach anfangen.«

Emma hatte während des Essens keine Möglichkeit, mit Mr. Knightley zu sprechen, aber als sie dann wieder im Ballsaal waren, luden ihre Blicke ihn unwiderstehlich ein, zu ihr zu kommen und ihr Gelegenheit zu geben, ihm zu danken. Er sprach mit Empörung von Mr. Eltons Benehmen; es war eine unverzeihliche Flegelei, und auch Mrs. Eltons Blicke wurden nicht geschont.

»Sie wollten nicht nur Harriet treffen«, sagte er. »Emma, warum sind sie deine Feinde?«

Er sah sie lächelnd, aber durchdringend an, und als er

keine Antwort erhielt, fügte er hinzu: »*Sie* kann keinen Grund haben, dir böse zu sein, nehme ich an, aber warum er? Du wirst dich natürlich nicht zu dieser Vermutung äußern, aber gib es zu, Emma: Du wolltest ihn mit Harriet verheiraten.«

»Das stimmt«, sagte Emma, »und sie können es mir nicht verzeihen.«

Er schüttelte den Kopf, lächelte dabei aber nachsichtig und sagte nur: »Ich werde dich nicht ausschimpfen. Ich überlasse dich deinen eigenen Gedanken.«

»Kann man solchen falschen Freunden trauen? Hat mich meine Eitelkeit je vor Fehlern gewarnt?«

»Nicht deine Eitelkeit, aber deine Ehrlichkeit. Wenn die eine dich verführt, läßt die andere es dich wissen.«

»Ich gebe zu, daß ich mich in Mr. Elton getäuscht habe. Er hat Züge von Erbärmlichkeit. Sie haben es erkannt, ich nicht; und ich war fest davon überzeugt, daß er in Harriet verliebt war. Es war eine ganze Kette von unglückseligen Fehlern.«

»Und als Belohnung für deine Offenheit will ich dir die Gerechtigkeit widerfahren lassen, daß du für ihn eine bessere Wahl getroffen hast als er selbst. Harriet Smith hat einige vortreffliche Eigenschaften, die Mrs. Elton völlig fehlen: ein unaffektiertes, schlichtes, ungekünsteltes junges Mädchen – jeder Mann von Verstand und Geschmack muß sie einer Frau wie Mrs. Elton unendlich vorziehen. Ich konnte mit Harriet über mehr Dinge sprechen, als ich erwartet hatte.«

Emma war außerordentlich dankbar. Sie wurden von der Unruhe unterbrochen, die Mr. Weston durch seinen Aufruf zum Weitertanzen verbreitete:

»Kommen Sie, Miss Woodhouse, Miss Otway, Miss Fairfax! Wo stecken Sie denn alle? Kommen Sie, Emma, gehen Sie den Damen mit gutem Beispiel voran. Alle sind träge! Alle sind müde!«

»Ich bin bereit«, sagte Emma, »wenn jemand mich auffordert.«

»Mit wem tanzt du denn?« fragte Mr. Knightley.

Sie zögerte einen Augenblick und antwortete dann: »Mit Ihnen, wenn Sie mich darum bitten.«

»Soll ich?« sagte er und bot ihr seinen Arm.

»Natürlich, Sie haben mir gezeigt, daß Sie tanzen können, und wenn wir auch Schwager und Schwägerin sind, heißt das ja nicht, daß es sich nicht gehört.«

»Schwager und Schwägerin! Nein, nicht nur!«

HEINRICH HEINE

Cancan in Paris

Paris, den 7. Februar 1842.

»Wir tanzen hier auf einem Vulkan« – aber wir tanzen. Was in dem Vulkan gärt, kocht und brauset, wollen wir heute nicht untersuchen, und nur wie man darauf tanzt, sei der Gegenstand unserer Betrachtung. Da müssen wir nun zunächst von der Académie royale de Musique reden, wo noch immer jenes ehrwürdige Corps de Ballet existiert, das die choreographischen Überlieferungen treulich bewahrt und als die Pairie des Tanzes zu betrachten ist. Wie jene andere, die im Luxembourg residiert, zählt auch diese Pairie unter ihrem Personal gar viele Perücken und Mumien, über die ich mich nicht aussprechen will aus leicht begreiflicher Furcht. Das Mißgeschick des Hrn. Perré, des Géranten des »Siècle«, der jüngst zu sechs Monaten Karzer und 10 000 Franken verurteilt worden, hat mich gewitzigt. Nur von Carlotta Grisi will ich reden, die in der respektablen Versammlung der Rue Lepelletier gar wunderlieblich hervorstrahlt, wie eine Apfelsine unter Kartoffeln. Nächst dem glücklichen Stoff, der den Schriften eines deutschen Autors entlehnt, war es zumeist die Carlotta Grisi, die dem Ballet »Die Willis« eine unerhörte Vogue verschaffte. Aber wie köstlich tanzt sie! Wenn man sie sieht, vergißt man, daß Taglioni in Rußland und Elßler in Amerika ist, man vergißt Amerika und Rußland selbst, ja die ganze Erde, und man schwebt mit ihr empor in die hängenden Zaubergärten jenes Geisterreichs, worin sie als Königin waltet. Ja, sie hat ganz den Charakter jener Elementargeister, die wir uns immer tanzend denken, und von deren gewaltigen Tanzweisen das Volk so viel Wunderliches fabelt. In der Sage von den Willis ward jene geheimnisvolle, rasende, mitunter menschenverderbliche Tanzlust, die den Elementargeistern eigen ist, auch auf die toten Bräute übertragen; zu dem altheidnisch übermütigen Lustreiz des Nixen- und Elfentums gesellten sich noch die melancholisch wollüstigen Schauer, das dunkelsüße Grausen des mittelalterlichen Gespensterglaubens.

Entspricht die Musik dem abenteuerlichen Stoffe jenes Ballets? War Hr. Adam, der die Musik geliefert, fähig Tanzweisen zu dichten, die, wie es in der Volkssage heißt, die Bäume des Waldes zum Hüpfen und den Wasserfall zum Stillstehen zwingen? Hr. Adam war, soviel ich weiß, in Norwegen, aber ich zweifle, ob ihm dort irgendein runenkundiger Zauberer jene Strömkarlmelodie gelehrt, wovon man nur zehn Variationen aufzuspielen wagt; es gibt nämlich noch eine elfte Variation, die großes Unglück anrichten könnte: spielt man diese, so gerät die ganze Natur in Aufruhr, die Berge und Felsen fangen an zu tanzen, und die Häuser tanzen und drinnen tanzen Tisch und Stühle, der Großvater ergreift die Großmutter, der Hund ergreift die Katze zum Tanzen, selbst das Kind springt aus der Wiege und tanzt. Nein, solche gewalttätige Melodien hat Hr. Adam nicht von seiner nordischen Reise heimgebracht; aber was er geliefert, ist immer ehrenwert, und er behauptet eine ausgezeichnete Stellung unter den Tondichtern der französischen Schule.

Ich kann nicht umhin hier zu erwähnen, daß die christliche Kirche, die alle Künste in ihren Schoß aufgenommen und benutzt hat, dennoch mit der Tanzkunst nichts anzufangen wußte und sie verwarf und verdammte. Die Tanzkunst erinnerte vielleicht allzusehr an den alten Tempeldienst der Heiden, sowohl der römischen Heiden als der germanischen und keltischen, deren Götter eben in jene elfenhaften Wesen übergingen, denen der Volksglaube, wie ich oben andeutete, eine wundersame Tanzsucht zuschrieb. Überhaupt ward der böse Feind am Ende als der eigentliche Schutzpatron des Tanzes betrachtet, und in seiner frevelhaften Gemeinschaft tanzten die Hexen und Hexenmeister ihre nächtlichen Reigen. Der Tanz ist verflucht, sagt ein fromm bretonisches Volkslied, seit die Tochter der Herodias vor dem argen Könige tanzte, der ihr zu Gefallen Johannem töten ließ. »Wenn du tanzen siehst«, fügt der Sänger hinzu, »so denke an das blutige Haupt des Täufers auf der Schüssel, und das höllische Gelüste wird deiner Seele nichts anhaben können!« Wenn man über den Tanz in der Académie royale de Musique etwas tiefer nachdenkt, so erscheint er als ein Versuch, diese erzheidnische Kunst gewissermaßen zu christianisieren, und das französische Ballett riecht fast nach gallikanischer Kirche, wo nicht gar nach Jansenismus, wie alle Kunsterscheinungen des großen Zeitalters Ludwigs XIV. Das französische Ballett ist in dieser Beziehung ein wahlverwandtes Seitenstück zu der Racineschen Tragödie und den Gärten von Le Nôtre. Es herrscht darin derselbe geregelte Zuschnitt, dasselbe Etikettenmaß, dieselbe höfische Kühle, dasselbe gezierte

Sprödetum, dieselbe Keuschheit. In der Tat, die Form und das Wesen des französischen Balletts ist keusch, aber die Augen der Tänzerinnen machen zu den sittsamsten Pas einen sehr lasterhaften Kommentar, und ihr liederliches Lächeln ist in beständigem Widerspruch mit ihren Füßen. Wir sehen das Entgegengesetzte bei den sogenannten Nationaltänzen, die mir deshalb tausendmal lieber sind als die Ballette der großen Oper. Die Nationaltänze sind oft allzu sinnlich, fast schlüpfrig in ihren Formen, z. B. die indischen, aber der heilige Ernst auf den Gesichtern der Tanzenden moralisiert diesen Tanz und erhebt ihn sogar zum Kultus. Der große Vestris hat einst ein Wort gesagt, worüber bereits viel gelacht worden. In seiner pathetischen Weise sagte er nämlich zu einem seiner Jünger: »Ein großer Tänzer muß tugendhaft sein.« Sonderbar! der große Vestris liegt schon seit vierzig Jahren im Grab (er hat das Unglück des Hauses Bourbon, womit die Familie Vestris immer sehr befreundet war, nicht überleben können), und erst vorigen Dezember, als ich der Eröffnungssitzung der Kammern beiwohnte und träumerisch mich meinen Gedanken überließ, kam mir der selige Vestris in den Sinn, und wie durch Inspiration begriff ich plötzlich die Bedeutung seines tiefsinnigen Wortes: »Ein großer Tänzer muß tugendhaft sein!«

Von den diesjährigen Gesellschaftsbällen kann ich wenig berichten, da ich bis jetzt nur wenige Soireen mit meiner Gegenwart beehrt habe. Dieses ewige Einerlei fängt nachgerade an mich zu ennuyieren, und ich begreife nicht wie ein Mann es auf die Länge aushalten kann. Von Frauen begreife ich es sehr gut. Für diese ist der Putz, den sie auskramen können, das Wesentlichste. Die Vorbereitungen zum Ball, die Wahl der Robe, das Ankleiden, das Frisiertwerden, das Probelächeln vor dem Spiegel, kurz Flitterstaat und Gefallsucht sind ihnen die Hauptsache und gewähren ihnen die genußreichste Unterhaltung.

Aber für uns Männer, die wir nur demokratisch schwarze Fräcke und Schuhe anziehen (die entsetzlichen Schuhe!) – für uns ist eine Soiree nur eine unerschöpfliche Quelle der Langeweile, vermischt mit einigen Gläsern Mandelmilch und Himbeersaft. Von der holden Musik will ich gar nicht reden. Was die Bälle der vornehmen Welt noch langweiliger macht als sie von Gott und Rechts wegen sein dürften, ist die dort herrschende Mode, daß man nur zum Scheine tanzt, daß man die vorgeschriebenen Figuren nur gehend exekutiert, daß man ganz gleichgültig, fast verdrießlich die Füße bewegt. Keiner will mehr den andern amüsieren, und dieser Egoismus beurkundet sich auch im Tanze der heutigen Gesellschaft.

Die untern Klassen, wie gerne sie auch die vornehme Welt nachäffen, haben sich dennoch nicht zu solchem selbstsüchtigen Scheintanz verstehen können; ihr Tanzen hat noch Realität, aber leider eine sehr bedauernswürdige. Ich weiß kaum wie ich die eigentümliche Betrübnis ausdrücken soll, die mich jedesmal ergreift, wenn ich an öffentlichen Belustigungsorten, namentlich zur Karnevalszeit, das tanzende Volk betrachte. Eine kreischende, schrillende, übertriebene Musik begleitet hier einen Tanz, der mehr oder weniger an den Cancan streift. Hier höre ich die Frage: was ist der Cancan? Heiliger Himmel, ich soll für die »Allgemeine Zeitung« eine Definition des Cancan geben! Wohlan: der Cancan ist ein Tanz, der nie in ordentlicher Gesellschaft getanzt wird, sondern nur auf gemeinen Tanzböden, wo derjenige, der ihn tanzt, oder diejenige, die ihn tanzt, unverzüglich von einem Polizeiagenten ergriffen und zur Tür hinausgeschleppt wird. Ich weiß nicht, ob diese Definition hinlänglich belehrsam, aber es ist auch gar nicht nötig, daß man in Deutschland ganz genau erfahre, was der französische Cancan ist. Soviel wird schon aus jener Definition zu merken sein, daß die vom seligen Vestris angepriesene

F. Lunel, »Quadrille à l'Élysée-Montmartre«

Tugend hier kein notwendiges Requisit ist, und daß das französische Volk sogar beim Tanzen von der Polizei inkommodiert wird. Ja, dieses letztere ist ein sehr sonderbarer Übelstand, und jeder denkende Fremde muß sich darüber wundern, daß in den öffentlichen Tanzsälen bei jeder Quadrille mehre Polizeiagenten oder Kommunalgardisten stehen, die mit finster katonischer Miene die tanzende Moralität bewachen. Es ist kaum begreiflich, wie das Volk unter solcher schmählichen Kontrolle seine lachende Heiterkeit und Tanzlust behält. Dieser gallische Leichtsinn aber macht eben seine vergnügtesten Sprünge, wenn er in der Zwangsjacke steckt, und obgleich das strenge Polizeiauge es verhütet, daß der Cancan in seiner zynischen Bestimmtheit getanzt wird, so wissen doch die Tänzer durch allerlei ironische Entrechats und übertreibende Anstandsgesten ihre verpönten Gedanken zu offenbaren, und die Verschleierung erscheint alsdann noch unzüchtiger als die Nacktheit selbst. Meiner Ansicht nach ist es für die Sittlichkeit von keinem großen Nutzen, daß die Regierung mit so vielem Waffengepränge bei dem Tanze des Volks interveniert; das Verbotene reizt eben am süßesten, und die raffinierte, nicht selten geistreiche Umgehung der Zensur wirkt hier noch verderblicher als erlaubte Brutalität. Diese Bewachung der Volkslust charakterisiert übrigens den hiesigen Zustand der Dinge und zeigt, wie weit es die Franzosen in der Freiheit gebracht haben.

Es sind aber nicht bloß die geschlechtlichen Beziehungen, die auf den Pariser Bastringuen der Gegenstand ruchloser Tänze sind. Es will mich manchmal bedünken, als tanze man dort eine Verhöhnung alles dessen, was als das Edelste und Heiligste im Leben gilt, aber durch Schlauköpfe so oft ausgebeutet und durch Einfaltspinsel so oft lächerlich gemacht worden, daß das Volk nicht mehr wie sonst daran glauben kann. Ja, es verlor den

Glauben an jenen Hochgedanken, wovon unsre politischen und literarischen Tartüffe so viel singen und sagen; und gar die Großsprechereien der Ohnmacht verleideten ihm so sehr alle idealen Dinge, daß es nichts anderes mehr darin sieht, als die hohle Phrase, als die sogenannte Blague, und wie diese trostlose Anschauungsweise durch Robert Macaire repräsentiert wird, so gibt sie sich doch auch kund in dem Tanz des Volks, der als eine eigentliche Pantomime des Robert-Macairetums zu betrachten ist. Wer von letzterm einen ungefähren Begriff hat, begreift jetzt jene unaussprechlichen Tänze, welche, eine getanzte Persiflage, nicht bloß die geschlechtlichen Beziehungen verspotten, sondern auch die bürgerlichen, sondern auch alles was gut und schön ist, sondern auch jede Art von Begeisterung, die Vaterlandsliebe, die Treue, den Glauben, die Familiengefühle, den Heroismus, die Gottheit. Ich wiederhole es, mit einer unsäglichen Trauer erfüllt mich immer der Anblick des tanzenden Volks an den öffentlichen Vergnügungsorten von Paris; und gar besonders ist dies der Fall in den Karnevalstagen, wo der tolle Mummenschanz die dämonische Lust bis zum Ungeheuerlichen steigert. Fast ein Grauen wandelte mich an, als ich einem jener bunten Nachtfeste beiwohnte, die jetzt in der Opéra comique gegeben werden, und wo, nebenbei gesagt, weit prächtiger als auf den Bällen der großen Oper der taumelnde Spuk sich gebärdet. Hier musiziert Beelzebub mit vollem Orchester, und das freche Höllenfeuer der Gasbeleuchtung zerreißt einem die Augen. Hier ist das verlorne Tal, wovon die Amme erzählt; hier tanzen die Unholden wie bei uns in der Walpurgisnacht, und manche ist darunter, die sehr hübsch, und bei aller Verworfenheit jene Grazie, die den verteufelten Französinnen angeboren ist, nicht ganz verleugnen kann. Wenn aber gar die Galopp-ronde erschmettert, dann erreicht der satanische Spektakel seine unsinnigste Höhe, und es ist dann, als müsse die Saaldecke platzen und die ganze Sippschaft sich plötzlich emporschwingen auf Besenstielen, Ofengabeln, Kochlöffeln – »oben hinaus, nirgends an!« – ein gefährlicher Moment für viele unserer Landsleute, die leider keine Hexenmeister sind und nicht das Sprüchlein kennen, das man herbeten muß, um nicht von dem wütenden Heer fortgerissen zu werden.

LEO TOLSTOI

Anna Karenina auf dem Ball

Der Ball hatte soeben begonnen, als Kitty mit ihrer Mutter die von hellem Licht überflutete, blumengeschmückte große Treppe betrat, auf der gepuderte, rotbefrackte Lakaien umherstanden. Aus den Sälen drang, an das Summen eines Bienenstocks erinnernd, ein gleichmäßiges Geräusch von Bewegungen an ihr Ohr, und während sie auf dem Treppenabsatz zwischen den Treibhausbäumchen im Spiegel ihre Frisur und Toilette musterten, ließen sich aus dem Hauptsaal die deutlich vortönenden Geigenklänge des Orchesters vernehmen, das eben den ersten Walzer intoniert hatte. Ein alter Herr im Zivilfrack, der vor einem zweiten Spiegel seine grauen Schläfen glattgestrichen hatte und einen starken Parfümduft ausströmte, begegnete ihnen auf der Treppe und trat, offenbar entzückt von der ihm unbekannten Kitty, auf die Seite. Ein bartloser junger Mann in ungewöhnlich tief ausgeschnittener Weste, der im Hinaufgehen an seiner weißen Krawatte herumzupfte – einer von jenen »lackierten Bürschchen«, wie der alte Fürst sie nannte –, verneigte sich vor ihnen, ging erst rasch voraus, wandte sich dann jedoch um und bat Kitty um die Quadrille. Sie hatte die erste Quadrille bereits an Wronskij vergeben, konnte daher diesem Jüngling nur die zweite zusagen. Ein Militär, der, seine Handschuhe zuknöpfend, an der Saaltür stand, machte ihnen Platz – er strich sich den Schnurrbart und schien ganz hingerissen von Kittys rosiger Gestalt.

Die Toilette, die Frisur und die sonstigen Ballvorbereitungen hatten Kitty natürlich viel Mühe gemacht und ihre Phantasie stark in Anspruch genommen, jetzt indes erschien sie in ihrem komplizierten, auf rosa Grund gearbeiteten Tüllkleid so frei und sicher im Ballsaal, als hätten alle diese Rosetten und Spitzen, alle diese Einzelheiten der Toilette sie und die Ihrigen nicht das geringste Nachdenken gekostet, als sei sie in diesem Tüll, diesen Spitzen, mit dieser hohen Frisur und der Rose nebst den zwei Blättern, die sie krönte, zur Welt gekommen.

Als die alte Fürstin vor dem Eintritt in den Saal das Gurtband Kittys, das sich ein wenig umgelegt hatte, in Ordnung bringen wollte, machte Kitty eine leicht abwehrende Bewegung: sie hatte das Gefühl, daß alles an ihr graziös und vollkommen sein mußte und daß da nichts weiter in Ordnung zu bringen war.

Kitty hatte einen ihrer glücklichen Tage. Das Kleid drückte sie nirgends, der Spitzenüberwurf hing nirgends zu weit über, die Rosetten waren nicht zerknüllt und hatten sich nicht losgerissen; die rosa Ballschuhe mit den hohen, geschweiften Absätzen waren nicht zu eng, die kleinen Füßchen schienen sich in ihnen recht wohl zu fühlen. Die schweren blonden Haarflechten erschienen wie eine gewachsene Krone auf dem kleinen Köpfchen. Von den drei Knöpfen an den langen Handschuhen, die die Arme prall umschlossen, hatte nicht einer sich gelöst. Ganz besonders reizend nahm sich das schwarze Samtband aus, das den Hals umschloß und das Medaillon festhielt. Dieses Samtband war wirklich verführerisch, und als Kitty zu Hause im Spiegel ihren Hals betrachtete, hatte sie deutlich gefühlt, was dieses Samtband sagte. An allem andern konnte man noch zweifeln, das Samtband jedoch war die Anmut selbst. Kitty lächelte auch hier auf dem Ball, als sie es im Spiegel erblickte. In den entblößten Schultern und Armen fühlte Kitty etwas von der Kälte des Marmors – ein Gefühl, das sie ganz besonders liebte. Ihre Augen strahlten, und ihre roten Lippen lächelten unwillkürlich im Gefühl ihres Liebreizes. Sie hatte kaum den Saal betreten und war noch nicht bis an den bunten, in Tüll, Bänder und Spitzen gehüllten Schwarm der eines Tänzers harrenden Damen – dem sich Kitty übrigens nie hinzuzugesellen brauchte – gelangt, als sie auch bereits zum Walzer engagiert war. Ihr Tänzer war Jegoruschka Korßunkskij, ein schöner, stattlicher, verheirateter Mann, der Erste Kavalier des Ballsaales, Zeremonienmeister und Arrangeur aller möglichen Tänze, mit einem Wort: der anerkannte Ballkönig. Er hatte eben die Gräfin Bonin, mit der er die erste Walzertour getanzt hatte, an ihren Platz zurückgeleitet, hatte sein Reich, das heißt die wenigen ersten tanzenden Paare, mit raschem Blick überschaut und die eintretende Kitty erspäht, als er sogleich in jenem ungezwungenen Paßgang, wie er nur diesen Balldirigenten eigen zu sein pflegt, auf sie zuschritt, sich vor ihr verneigte und, ohne erst zu fragen, ob sie überhaupt tanzen wollte, seinen Arm vorstreckte, um ihre Taille zu umfangen. Sie sah sich um, wem sie wohl ihren Fächer reichen könnte, und die Frau des Hauses nahm ihn ihr lächelnd ab.

»Wie nett von Ihnen, daß Sie gleich zu Beginn gekommen sind«, sagte Korßunskij zu ihr, während er ihre Taille umfaßte, »das Zuspätkommen ist eine zu unangenehme Gewohnheit.«

Sie legte ihre linke Hand auf seine Schulter, und die kleinen Füßchen in den rosa Schuhen bewegten sich sicher, leicht und gemessen nach dem Takt der Musik über das glatte Parkett.

»Es ist eine Erholung, mit Ihnen Walzer zu tanzen«, sagte er, während er mit ihr die ersten langsamen Walzerschritte zurücklegte. »Diese entzückende Leichtigkeit, diese précision!« fuhr er fort, ganz in der Tonart, in der er mit fast allen seinen guten Bekannten zu reden pflegte.

Sie quittierte sein Lob mit einem Lächeln und fuhr dabei fort, über seine Schulter hinweg im Saal Umschau zu halten. Sie war keine Ballnovize, der alle Gesichter in einen einzigen phantastischen Gesamteindruck ineinanderschwammen, sie war aber auch keine abgetanzte Ballschöne, die alle Gesichter so genau kannte, daß sie sie langweilig fand; sie hielt zwischen beiden die Mitte, fand am Tanz ihr Vergnügen und beherrschte sich dabei doch so sicher, daß sie ihre Beobachtungen anstellen konnte. In der linken Saalecke hatte sich, wie sie sah, die Creme der Gesellschaft versammelt. Dort befand sich, bis zur Unmöglichkeit entblößt, Liddy, die berühmte Schönheit, ferner die Gattin Korßunskijs und die Frau des Hauses, und dort erstrahlte auch Kriwins Glatze, der immer da zu finden war, wo sich die Creme der Gesellschaft befand; dorthin wandten sich die Blicke der jungen Herren, die nicht näher heranzugehen wagten, dort entdeckten ihre Augen Stiwa, und endlich erblickte sie dort Annas Kopf und reizende Gestalt im schwarzen Samtkleid. Auch »er« befand sich dort. Kitty hatte ihn seit jenem Abend, da sie Ljewin den Korb gegeben hatte, nicht mehr gesehen. Mit ihren scharfblickenden Augen hatte Kitty ihn sogleich erkannt und sogar bemerkt, daß er nach ihr hinschaute.

»Nun, noch eine Tour? Sind Sie nicht müde?« fragte Korßunskij, der ein wenig außer Atem gekommen war.

»Ich danke Ihnen, ich möchte nicht mehr . . .«

»Wohin soll ich Sie führen?«

»Ich glaube, die Karenina ist da ... vielleicht bringen Sie mich zu ihr ...«

»Wie Sie befehlen.«

Und in gemäßigtem Walzerschritt hielt er, unter beständigen Zurufen: »Pardon, mesdames, pardon, pardon, mesdames«, durch das Meer von Spitzen, Tüll und Bändern hindurch, ohne auch nur ein einziges Mal anzustoßen, gerade auf die linke Saalecke zu und schwenkte dort seine Dame noch einmal jäh herum, daß ihre schlanken Füßchen in den durchbrochenen Strümpfen sichtbar wurden und die emporgeworfene Schleppe sich wie ein Fächer über Kriwins Knie legte. Korßunskij verneigte sich, streckte seine Brust mit dem tiefen Westenausschnitt vor und reichte Kitty den Arm, um sie zu Anna Arkadjewna zu führen. Kitty nahm errötend die Schleppe von Kriwins Knien auf und sah sich, leicht benommen, nach Anna um. Diese war nicht in Lila erschienen, wie Kitty ganz sicher erwartet hatte, sondern trug ein schwarzes, tief ausgeschnittenes Samtkleid, das ihre wie aus altem Elfenbein gemeißelten Schultern, ihre Brust und ihre runden Arme mit der zarten, kleinen Hand freiließ. Das ganze Kleid war reich mit venezianischen Spitzen garniert. Eine kleine Girlande von Stiefmütterchen war als Kopfschmuck in dem schwarzen, noch keine Spur von Grau zeigenden Haar befestigt, und eine zweite von gleicher Art zog sich an dem schwarzen Gürtelband zwischen den weißen Spitzen hin. Ihre Frisur fiel nicht auf, nur die eigenwilligen kleinen Ringellöckchen, die überall im Nacken und an den Schläfen hervorquollen, machten sich bemerkbar. Um den kräftig geformten Hals schlang sich eine einzige Schnur echter Perlen.

Kitty hatte Anna jeden Tag gesehen, sie war in sie verliebt und hatte sie sich unbedingt in Lila vorgestellt. Jetzt aber, da sie Anna in Schwarz erblickte, hatte sie das Gefühl, daß sie doch nicht den ganzen Zauber ihres Wesens begriffen hatte. Sie erschien ihr jetzt in einer völlig neuen, überraschenden Gestalt. Sie begriff nun, daß Anna nicht in Lila erscheinen konnte und daß ihr Reiz eben darin bestand, daß sie stets aus ihrer Toilette heraustrat, daß die Toilette nie an ihr zur Geltung kommen konnte. Auch das schwarze Kleid mit dem kostbaren Spitzenschmuck war an ihr sozusagen nicht sichtbar; es war nur ein Rahmen für sie, sichtbar aber war nur sie allein, so einfach, natürlich und schön, so heiter und lebhaft, wie sie war.

Sie stand, wie immer, in auffallend gerader Haltung da und sprach, als Kitty an die Gruppe herantrat, eben mit dem Herrn des Hauses, dem sie ihren Kopf leicht zugewandt hatte.

»Nein, ich werfe keinen Stein auf diese Leute«, gab sie ihm auf irgendeine Bemerkung zur Antwort, »wenn ich auch nicht begreife . . .« Sie hielt achselzuckend inne und wandte sich mit einem liebenswürdig gönnerhaften Lächeln Kitty zu. Mit raschem weiblichem Blick musterte sie ihre Toilette, und eine kaum merkliche Kopfbewegung, die jedoch Kitty nicht entging, drückte ihre Zufriedenheit mit der anmutigen Erscheinung der jungen Fürstin aus.

»Sie kommen gleich tanzend in den Saal herein«, sagte sie lächelnd zu Kitty.

»Eine meiner treuesten Gehilfinnen«, bemerkte Korßunskij mit einer Verbeugung gegen Anna Arkadjewna, die er noch nicht begrüßt hatte. »Die Fürstin trägt viel dazu bei, unsre Bälle schön und vergnügt zu gestalten. Anna Arkadjewna, eine Walzertour?« sagte er, sich verneigend.

»Sind Sie miteinander bekannt?« fragte der Herr des Hauses.

»Mit wem sind wir *nicht* bekannt? Meine Frau und ich, wir sind ein Paar weiße Wölfe, alles kennt uns«, erwiderte Korßunskij. »Eine Walzertour, Anna Arkadjewna?«

»Ich tanze nicht, wenn ich es irgend lassen kann«, sagte sie.

»Heute muß es aber sein«, erwiderte Korßunskij.

In diesem Augenblick trat Wronskij heran.

»Nun, wenn es denn sein muß, dann kommen Sie«, sagte sie, ohne auf Wronskijs Verbeugung zu achten, und hob rasch ihren Arm zu Korßunskijs Schulter auf.

»Warum ist sie mit ihm unzufrieden?« fragte sich Kitty, als sie bemerkt hatte, daß Anna Wronskijs Verbeugung absichtlich unerwidert ließ. Wronskij trat zu Kitty hin, erinnerte sie an die erste Quadrille und sprach sein Bedauern aus, daß er diese ganze Zeit über nicht das Vergnügen gehabt hatte, sie zu sehen. Kitty sah mit Wohlgefallen zu, wie Anna den Walzer tanzte, und lauschte dabei seinen Worten. Sie erwartete, daß er sie zum Walzer auffordern würde, er tat es jedoch nicht, und sie sah ihn erstaunt an. Er errötete und bat sie nun eilig um eine Tour, kaum hatte er jedoch ihre schlanke Taille umfaßt und den ersten Schritt getan, als plötzlich die Musik verstummte. Kitty warf einen Blick auf sein Gesicht, das ihr so nahe war, und lange darauf, nach Jahren noch, gedachte sie mit einem schmerzlichen, tief ins Herz schneidenden Gefühl der Scham dieses liebevollen Blickes, mit dem sie ihn damals angesehen und den er nicht erwidert hatte.

»Pardon, pardon! Den Walzer! Weiter, den Walzer!« rief Korßunskij laut von der andern Seite des Saales, ergriff die erste beste Dame und tanzte mit ihr allein durch den Saal.

*

Wronskij tanzte mit Kitty noch ein paar Walzertouren. Nach dem Walzer begab sich Kitty zu ihrer Mutter und hatte kaum einige Worte mit der Nordston gewechselt, als Wronskij sie auch schon zur ersten Quadrille holte. Während der Quadrille wurde nichts Bemerkenswertes weiter gesprochen, sie unterhielten sich, mit vielfachen Unterbrechungen, bald über die Korßunskijs, Mann und Frau, die er sehr drollig als ein paar liebe vierzigjährige Kinder beschrieb, bald über eine bevorstehende Liebhabervorstellung, und nur einmal wurde die Unterhaltung lebhafter, als er nämlich fragte, ob Ljewin auf dem Ball sei, wobei er hinzufügte, daß Ljewin ihm sehr gefallen habe. Doch Kitty hatte von der Quadrille auch nicht mehr erhofft, sie erwartete mit beklommenem Herzen die Masurka. Sie war der Meinung, daß bei der Masurka sich alles entscheiden müsse. Daß er sie während der Quadrille nicht zur Masurka engagierte, beunruhigte sie nicht weiter. Sie war überzeugt, daß sie, wie bei den früheren Bällen, auch diesmal die Masurka mit ihm tanzen würde, und schlug fünf Aufforderungen mit der Entschuldigung aus, daß sie bereits vergeben sei. Der ganze Ball, bis zur letzten Quadrille, war für Kitty ein aus wundervollen Farben, Tönen und Bewegungen gewebter Zaubertraum. Sie tanzte in einem fort, außer wenn sie schon gar zu erschöpft war und durchaus des Ausruhens bedurfte. Die letzte Quadrille tanzte sie mit einem der langweiligen Jünglinge, dem sie keinen Korb geben durfte, und zufällig tanzten Wronskij und Anna ihr gegenüber. Sie hatte seit ihrer Ankunft nicht mehr mit Anna gesprochen und sah sie nun plötzlich wieder in einer neuen, überraschenden Gestalt. Sie sah an ihr den Ausdruck jener ihr selbst so bekannten Erregung, die der Erfolg bewirkt. Sie sah Anna von dem Rausch befallen, den das Gefühl, andere zu entzücken, hervorbringt. Kitty kannte dieses Gefühl, sie wußte, wie es sich äußert, und sie sah nun bei Anna seine Anzeichen. Sie sah den zitternden, auflodernden Glanz in den Augen und das glückliche, freudig bewegte Lächeln um die unbewußt sich verziehenden Lippen, sah die präzise Grazie der Haltung und die Leichtigkeit und Sicherheit der Bewegungen.

»Wer ist's?« fragte sie sich, »alle oder einer?« Und indem sie ihren Tänzer, der den Faden der Unterhaltung hatte fallenlassen und sich vergeblich bemühte, ihn wieder aufzunehmen, seiner Verlegenheit überließ und sich äußerlich den munteren Kommandoworten Korßunskijs unterordnete, der abwechselnd alles in die grande ronde oder die chaîne hineintrieb, legte sie sich in Wirklichkeit ganz aufs Beobachten und fühlte, wie ihr Herz sich mehr und mehr zusammenkrampfte. »Nein, das ist nicht das Wohlgefallen, das sie bei der Menge erregt, was sie da berauscht, sondern das Entzücken, das ein einzelner empfindet. Und dieser einzelne – sollte er es sein?« Jedesmal, wenn er mit Anna sprach, flammte in ihren Augen jener freudige Glanz auf, und das Lächeln des Glücks umspielte ihre roten Lippen. Sie schien diese Äußerungen der Freude mit Gewalt unterdrücken zu wollen, doch sie traten immer wieder von selbst auf ihrem Gesicht hervor. »Und er? Wie verhält er sich?« Kitty blickte zu ihm hin, und ein jäher Schreck durchfuhr sie. Das, was sie so deutlich in Annas Gesicht wie in einem Spiegel gesehen hatte, sah sie nun auch an ihm. Wohin war seine stets so ruhige, feste Art und sein sorglos sicherer Gesichtsausdruck geschwunden? Jedesmal, wenn er sich ihr zuwandte, beugte er jetzt ein wenig den Kopf, als wollte er vor ihr niederfallen, und in seinem Gesicht prägten sich einzig Demut und Furcht aus. »Nicht kränken will ich«, schien sein Blick jedesmal zu sagen, »sondern nur mich retten – und ich weiß nicht, wie!« In seinem Gesicht lag ein Ausdruck, den sie noch nie vorher bemerkt hatte.

Sie sprachen von gemeinsamen Bekannten, unterhielten sich über höchst gleichgültige Dinge, doch Kitty schien es, als sei jedes Wort, das sie sprachen, für ihr eigenes Schicksal wie für das der Sprechenden entscheidend. Und seltsamerweise waren, wenn sie auch nur davon sprachen, daß Iwan Iwanowitsch sich mit seinem Französisch lächerlich mache oder daß die Jelezkaja eigentlich auf eine bessere Partie Anspruch gehabt hätte, ihre Worte für sie in der Tat von Bedeutung, und sie fühlten das ebensosehr wie Kitty. Der ganze Ball, die ganze Gesellschaft – alles verschwand vor Kitty wie in einem Nebel. Nur die strenge Schule der Erziehung, die sie durchgemacht hatte, hielt sie aufrecht und ließ sie alles das tun, was von ihr verlangt wurde, nämlich tanzen, Fragen beantworten, reden, ja sogar lächeln. Vor dem Beginn der Masurka jedoch, als bereits die Stühle aufgestellt waren und einige Paare sich aus den kleinen Sälen in den Tanzsaal begeben hatten, kam für Kitty ein Augenblick der Verzweiflung und des Schreckens. Fünf Absagen hatte sie erteilt, und nun saß sie da und tanzte die Masurka nicht mit. Es war gar keine Hoffnung mehr, daß man sie noch holen würde, eben darum, weil ihre gesellschaftlichen Erfolge jedermann bekannt waren und niemand auf den Gedanken kommen konnte, sie sei noch nicht zur Masurka engagiert. Sie hätte am liebsten der Mutter sagen mögen, daß sie sich krank fühle und nach Hause fahren wolle, doch gebrach ihr die Kraft dazu. Sie fühlte sich völlig niedergeschlagen und vernichtet.

Sie begab sich in den kleinen Empfangssalon und ließ sich dort, ganz im Hintergrund, in einen Sessel niedersinken. Der luftige Rock des Kleides umhüllte gleich einer Wolke ihre schmalen Hüften; der eine entblößte, schlanke zarte Mädchenarm hing kraftlos herunter und versank in den Falten der rosafarbigen Tunika; in der andern Hand hielt sie den Fächer und kühlte mit raschen, kurzen Bewegungen ihr erhitztes Gesicht. Sie glich einem leichten Schmetterling, der sich eben auf einen Grashalm gesetzt hat und jeden Augenblick die buntschillernden Flügel öffnen kann, um davonzufliegen – und doch drückte tiefste Verzweiflung schwer und dumpf ihr Herz.

»Kitty – was ist denn?« fragte die Gräfin Nordston, die auf dem Teppich unhörbar an sie herangekommen war. »Ich verstehe das nicht!«

Kittys Unterlippe zuckte; sie erhob sich rasch.

»Kitty – du tanzt die Masurka nicht mit?«

»Nein, nein«, sagte Kitty mit vor Tränen zitternder Stimme.

»Er hat sie in meiner Gegenwart zur Masurka aufgefordert«, sagte die Nordston, die wohl wußte, daß Kitty verstehen würde, wen sie unter »ihm« und »ihr« meinte. »Sie fragte ihn: ›Tanzen Sie denn nicht mit der Fürstin Schtscherbazkaja?‹«

»Ach, mir ist alles gleich«, erwiderte Kitty.

Niemand außer ihr selbst begriff ihre Lage, niemand wußte, daß sie gestern einem Menschen, den sie vielleicht liebte, eine Absage erteilt hatte, nur darum, weil sie an den andern glaubte.

Die Gräfin Nordston suchte sogleich Korßunskij auf, mit dem sie selbst die Masurka tanzte, und hieß ihn Kitty engagieren.

Kitty tanzte im ersten Paar, und zum Glück brauchte sie nicht zu reden, da Korßunskij die ganze Zeit über hin und her lief und in seinem Ballreich Anordnungen traf. Wronskij und Anna saßen ihr fast gegenüber. Sie sah sie mit ihren weitblickenden Augen, sah sie auch in der Nähe, wenn sie in den Paaren zusammentrafen, und je öfter ihr Auge auf ihnen ruhte, desto mehr überzeugte sie sich davon, daß ihr Unglück besiegelt war. Sie sah, daß sie sich ganz allein fühlten in diesem vollen Saal. Und sie sah in Wronskijs sonst so festem und selbstbewußtem Gesicht jenen sie befremdenden Ausdruck der Verwirrung und Unterwürfigkeit, der einem klugen Hund eigen ist, wenn er kein ganz reines Gewissen hat.

Anna lächelte – und ihr Lächeln übertrug sich auf ihn. Sie wurde nachdenklich – und seine Miene wurde ernst. Irgendeine geheimnisvolle Macht lenkte Kittys Augen immer wieder auf Annas Gesicht. Sie war entzückend in ihrem einfachen schwarzen Kleid, entzückend waren ihre vollen, mit kostbaren Spangen geschmückten Arme, entzückend war der schön geformte, kräftige Hals mit der einen Perlenschnur, entzückend das geringelte Haar ihrer ein wenig gelockerten Frisur, entzückend das leichte Spiel der sich graziös bewegenden kleinen Füße und Hände, entzückend dieses schöne Gesicht in seiner ganzen Lebendigkeit – doch lag etwas Schreckliches, Grausames in all diesen entzückenden Reizen.

Kitty schwelgte wie sonst, oder noch mehr als sonst, in ihrem Anblick und litt andrerseits mehr und mehr darunter. Sie fühlte sich niedergetreten, zermalmt, und ihr Gesicht brachte das zum Ausdruck. Als Wronskij beim Zusammentreffen in der Masurka sie sah, erkannte er sie nicht sogleich: so sehr hatte sie sich verändert.

»Ein herrlicher Ball!« sagte er zu ihr, um nur irgend etwas zu sagen.

»Ja«, erwiderte sie.

Mitten in der Masurka, bei der Wiederholung einer komplizierten Figur, die Korßunskij sich wieder einmal ausgedacht hatte, trat Anna in die Mitte des Kreises, wählte zwei Herren aus und rief Kitty und noch eine Dame zu sich heran. Kitty sah sie, während sie zu ihr hinging, ganz erschrocken an. Anna schaute blinzelnd nach ihr hin und reichte ihr lächelnd die Hand. Als sie jedoch bemerkte, daß auf Kittys Gesicht, als Antwort auf ihr

Lächeln, nur Verzweiflung und Staunen sich zeigten, wandte sie sich von ihr ab und begann mit der andern Dame munter zu plaudern.

»Ja, es ist in ihr etwas Wunderbares – etwas zugleich Teuflisches und Entzückendes«, sagte sich Kitty.

Anna wollte nicht zum Souper bleiben, sosehr auch der Herr des Hauses sie darum bat.

»Aber ich bitte Sie, Anna Arkadjewna«, nahm Korßunskij das Wort, während er ihren entblößten Arm unter seinen Frackärmel nahm, »ich habe eine so wundervolle Cotillonidee! Un bijou! Bleiben Sie doch!«

Und er versuchte, langsam mit ihr dahinschreitend, sie um jeden Preis umzustimmen, während der Herr des Hauses durch ein Lächeln seine Bemühungen ermunterte.

»Nein, ich bleibe nicht«, gab Anna lächelnd zur Antwort, und der bestimmte Ton ihrer Worte überzeugte die beiden Herren trotz ihres Lächelns, daß sie nicht bleiben würde. »Ich habe ohnedies schon auf diesem Moskauer Ball heute mehr getanzt als während des ganzen Winters in Petersburg«, fuhr sie fort und sah dabei den neben ihr stehenden Wronskij an. »Ich muß noch ausruhen, bevor ich die Heimreise antrete.«

»Sie wollen morgen bestimmt abreisen?« fragte Wronskij.

»Ja, ich habe die Absicht«, erwiderte Anna, scheinbar erstaunt über die Kühnheit seiner Frage, während der zitternde Glanz ihrer Augen und ihr Lächeln ihn versengten.

Anna Arkadjewna blieb nicht zum Souper, sondern fuhr nach Hause.

Emma Bovary geht zum Ball

Das Schloß, ein moderner Bau im Renaissancestil mit zwei vorspringenden Flügeln und drei Freitreppen, spreizte sich jenseits einer weiten Rasenfläche, auf der einige Kühe zwischen vereinzelten Gruppen großer Bäume weideten, während buschiges Strauchwerk, Rhododendron, Flieder und Schneeball ihr ungleichmäßiges Grün längs des gewundenen, sandbestreuten Weges wölbten. Unter einer Brücke floß ein Bach hindurch; im Abendnebel waren strohgedeckte Häuser zu unterscheiden; sie lagen über das Wiesengelände verstreut; dieses wurde von zwei sanft abfallenden, bewaldeten Hügeln gesäumt, und hinten hoben sich von dem Buschwerk in zwei parallelen Reihen die Schuppen und Ställe ab, die Überbleibsel des alten, zerstörten Schlosses.

Charles' Einspänner hielt vor der mittleren Freitreppe; Diener erschienen; der Marquis trat herzu, bot der Doktorsfrau den Arm und geleitete sie in die Vorhalle.

Sie war mit Marmorfliesen belegt und sehr hoch; das Geräusch der Schritte wie das der Stimmen hallte darin wider wie in einer Kirche. Gegenüber stieg ganz gerade eine Treppe empor, und zur Linken war ein Gang mit auf den Park hinausgehenden Fenstern; er führte zum Billardzimmer, aus dem man schon von der Tür her das Aneinanderprallen der elfenbeinernen Bälle vernahm. Als Emma es durchschritt, um in den Salon zu gelangen, erblickte sie rings um die Billardtische Herren mit ernsten Gesichtern, deren Kinn auf hohen Halsbinden ruhte; alle trugen Ordensbändchen, und sie lächelten schweigend beim Handhaben ihrer Queues. Auf der düsteren Holztäfelung hingen große Bilder in Goldrahmen; unten auf den Leisten standen in schwarzen Lettern Namen. Sie las: »Jean-Antoine d'Andervilliers d'Yvertonville, Graf de La Vaubyessard und Baron de la Fresnaye, gefallen in der Schlacht bei Coutras am 20. Oktober 1587.« Und auf einem andern: »Jean-Antoine-Henry-Guy d'Andervilliers de La Vaubyessard, Admiral von Frankreich und Ritter des Sankt-Michael-Ordens, verwundet im Gefecht bei La Hougue-Saint-Waast am 29. Mai 1692, gestorben auf La Vaubyessard am 27. Januar 1693.« Die nächsten waren kaum zu erkennen; denn das von dem grünen Tuch der Billards zurückgeworfene Lampenlicht schuf im Raum wogenden Schatten. Er bräunte die Gemälde und brach sich in dünnen Linien daran, je nach den Krakelüren im Firnis; und auf all diesen großen, goldgerandeten Vierecken trat hier und dort eine hellere Partie der Malerei hervor, eine bleiche Stirn, zwei Augen, die einen anschauten, Allongeperücken, die auf die puderbestreuten Schultern roter Gewänder niederwallten, oder auch die Schnalle eines Strumpfbands oberhalb einer gewölbten Wade.

Der Marquis öffnete die Tür zum Salon; eine der Damen erhob sich (es war die Marquise), ging Emma entgegen, bot ihr einen Platz neben sich auf einer Causeuse an und begann freundschaftlich mit ihr zu plaudern, als ob sie sie schon seit langem kenne. Sie war eine Frau von ungefähr vierzig Jahren mit schönen Schultern und einer Adlernase; sie sprach etwas schleppend und trug an diesem Abend über ihrem kastanienbraunen Haar ein schlichtes Tuch aus Gipüre-Spitze, das hinten als Dreieck herabhing. Neben ihr saß auf einem hochlehnigen Stuhl ein junges, blondes Mädchen; und Herren, die kleine Blumen im Knopfloch ihrer Fräcke trugen, plauderten mit den Damen, alle saßen um den Kamin herum.

Um sieben Uhr wurde das Abendessen aufgetragen.

Die Herren waren in der Überzahl; sie nahmen in der Vorhalle Platz an der ersten Tafel; die Damen, der Marquis und die Marquise an der zweiten im Eßzimmer.

Beim Eintreten fühlte Emma sich von warmer Luft umwogt, einem Gemisch vom Duft der Blumen und der feinen Tischwäsche, vom Dampf der Fleischgerichte und dem Aroma der Trüffeln. Die Kerzen der Armleuchter spiegelten ihre Flämmchen verlängert auf den silbernen Bratenhauben; die geschliffenen Kristallgläser, auf denen ein matter Hauch lag, warfen einander blasse Strahlen zu; Blumensträuße reihten sich in gerader Linie über die ganze Länge der Tafel, und auf den breitrandigen Tellern lagen zu Mitren gefaltete Servietten, die in dem Spalt zwischen ihren beiden Falten ein ovales Brötchen trugen. Die roten Scheren der Hummer ragten über die Platten hinaus; in durchbrochenen Körben türmten sich schwellende Früchte auf Moos; die Wachteln hatten noch ihr Gefieder; Dampfwölkchen stiegen auf, und in Seidenstrümpfen, Kniehose, weißer Halsbinde und Hemdkrause, ernst wie ein Richter, reichte der Haushofmeister die tranchierten Gerichte zwischen den Schultern der Gäste hindurch und ließ mit einem Stoß seines Vorlegelöffels das gewählte Stück auf den Teller hüpfen. Auf dem großen Kachelofen mit Messingleisten stand eine bis zum Kinn verhüllte Frauenstatue und schaute reglos auf die vielen Menschen herab.

Madame Bovary bemerkte, daß mehrere Damen ihre Handschuhe nicht in ihr Glas gesteckt hatten.

Aber am Ende der Tafel, allein inmitten all dieser Frauen, saß, über seinen vollen Teller gebeugt und die Serviette um den Hals geknotet wie ein Kind, ein alter Herr und aß, wobei er Soßentropfen aus dem Mund fallen ließ. Seine Augen waren rot unterlaufen, und er trug einen kleinen, mit einem schwarzen Seidenband umwundenen Zopf. Es war der Schwiegervater des Marquis, der alte Herzog von Laverdière, der ehemalige Günstling des Grafen von Artois in den Zeiten der Jagdpartien von Le Vaudreuil beim Marquis de Conflans, und er war, wie es hieß, der Geliebte der Königin Marie-Antoinette gewesen, zwischen den Herren de Coigny und de Lauzun. Er hatte ein rauschendes Leben der Ausschweifungen geführt, voller Duelle, Wetten und Entführungen von Frauen; sein Vermögen hatte er vergeudet und war der Schrecken der Familie gewesen. Ein hinter seinem Stuhl stehender Diener rief ihm mit lauter Stimme die Namen der Gerichte ins Ohr, die er stammelnd mit dem Finger bezeichnete; und immer wieder kehrten Emmas Augen unwillkürlich zu diesem alten Mann mit den Hängelippen zurück, als sei er etwas Außerordentliches und Erhabenes. Hatte er doch am Hof gelebt und im Bett der Königinnen geschlafen!

Es wurde frappierter Champagner gereicht. Emma überlief es am ganzen Körper, als sie die Kälte im Mund spürte. Nie zuvor hatte sie Granatäpfel gesehen oder Ananas gegessen. Sogar der Puderzucker erschien ihr feiner und weißer als anderswo.

Dann gingen die Damen in ihre Zimmer hinauf und richteten sich für den Ball her.

Emma widmete ihrer Toilette die sorgsame Gründlichkeit einer Schauspielerin vor ihrem Debüt. Sie ordnete ihr Haar nach den Vorschlägen des Friseurs und schlüpfte in ihr Barègekleid, das ausgebreitet auf dem Bett lag. Charles drückte die Hose auf dem Bauch.

»Die Stege werden mich beim Tanzen behindern«, sagte er.

»Du willst tanzen?« entgegnete Emma.

»Natürlich!«

»Aber du bist ja verrückt! Man würde sich bloß über dich lustig machen; bleib ruhig sitzen. Übrigens schickt sich das viel besser für einen Arzt«, fügte sie hinzu.

Charles schwieg. Er ging im Zimmer hin und her und wartete, bis Emma fertig angezogen war.

Er sah sie über den Rücken hinweg im Spiegel zwischen zwei Leuchtern. Ihre schwarzen Augen wirkten noch dunkler. Ihr gescheiteltes, flach anliegendes Haar, das nach den Ohren zu etwas aufgebauscht war, schimmerte in bläulichem Glanz; in ihrem Haarknoten zitterte eine Rose an beweglichem Stiel, mit künstlichen Tauperlen an den Spitzen der Blätter. Ihr Kleid war matt safrangelb; es wurde durch drei Sträußchen von imitierten Rosen zwischen Blattgrün belebt.

Charles küßte sie auf die Schulter.

»Laß mich!« sagte sie. »Du zerknitterst mir alles.«

Ein Geigen-Ritornell und Hornklänge wurden vernehmlich. Sie stieg die Treppe hinab; am liebsten wäre sie gerannt.

Die Quadrillen hatten begonnen. Es kamen immer neue Gäste. Gedränge entstand. Sie setzte sich neben der Tür auf ein Bänkchen.

Als der Kontertanz zu Ende war, blieb das Parkett frei für Gruppen im Stehen plaudernder Herren und livrierte Diener, die große Tabletts trugen. In der Reihe der sitzenden Damen gingen die Fächer auf und nieder; die Buketts verdeckten zur Hälfte die lächelnden Gesichter, und Riechfläschchen mit Goldstöpseln machten die Runde in den kaum geöffneten Händen, an deren weißen Handschuhen, die die Haut am Handgelenk zusammenpreßten, die Form der Fingernägel hervortrat. Die Spitzengarnituren auf den Korsagen bebten leise, auf den Busen glitzerten Diamantbroschen, Armreife mit Medaillons streiften geräuschvoll über bloße Arme. Als Kränze, Trauben oder Zweige wurden im Haar, das über der Stirn glatt anlag und im Nacken zu einem Knoten gewunden war, Vergißmeinnicht, Jasmin, Granatapfelblüten, Ähren oder Kornblumen getragen. Mütter mit sauertöpfischen Mienen saßen geruhsam auf ihren Plätzen und trugen rote Turbane.

Emma klopfte ein bißchen das Herz, als ihr Tänzer sie an den Fingerspitzen faßte; sie ließ sich in die Reihe der andern führen und wartete auf den ersten Bogenstrich, um loszutanzen. Bald jedoch war die Erregung geschwunden; sie wiegte sich in den Rhythmen des Orchesters und glitt mit leichten Bewegungen des Halses vorwärts. Bei gewissen zärtlichen Violinpassagen umspielte ihre Lippen ein Lächeln; zuweilen, wenn die Musikinstrumente schwiegen, war das helle Klingen der Geldstücke auf den Spieltischen zu hören; dann begann alles von neuem; das Waldhorn setzte mit vollem Klang ein, die Füße fanden den Takt wieder, die Röcke bauschten sich und streiften einander, Hände fanden und ließen sich; dieselben Augen, die sich vor einem gesenkt hatten, blickten einen gleich darauf wieder fest an.

Einige Herren (etwa fünfzehn) zwischen fünfundzwanzig und vierzig, die entweder unter den Tänzern waren oder plaudernd an den Türen standen, hoben sich von der Menge durch eine gewisse Familienähnlichkeit ab, trotz aller Unterschiede des Alters, der Toilette oder der Gestalt.

Ihre besser gearbeiteten Fräcke schienen aus weicherem Tuch zu bestehen, und ihr in Wellen an den Schläfen zurückgestrichenes Haar glänzte von erleseneren Pomaden. Sie hatten den Teint des Reichtums, jenen hellen Teint, den die Blässe von Porzellangeschirr, das Schillern von Seide und der Lack schöner Möbel noch steigern und den eine diskrete Diät und exquisite Ernährung bewahren. Ihr Hals drehte sich zwanglos über niedrigen Binden; ihre langen Bartkoteletten fielen über umgeschlagene Kragenecken; sie trockneten sich die Lippen mit Taschentüchern, auf die große Monogramme gestickt waren und denen ein köstlicher Duft entströmte. Die zu altern begannen, wirkten jugendlich, während den Gesichtern der Jüngeren eine gewisse Reife eigen war. Aus ihren gleichmütigen Blicken sprach die Ruhe täglich befriedigter Leidenschaften; und durch ihre glatten Manieren brach die eigenartige Brutalität hindurch, die die Beherrschung von etwas halbwegs Leichtem verleiht, wobei die Kraft sich übt und die Eitelkeit sich ergötzt beim Umgang mit Rassepferden und in der Gesellschaft käuflicher Frauen.

Drei Schritte von Emma entfernt plauderte ein Herr im blauen Frack mit einer jungen, blassen Frau, die einen Perlenschmuck trug, über Italien. Sie schwärmten von der Dicke der Pfeiler der Peterskirche, von Tivoli, dem Vesuv, Castellammare und den Villen um Florenz, den Genueser Rosen und dem Kolosseum bei Mondschein. Mit dem anderen Ohr lauschte Emma einer Unterhaltung, in der Ausdrücke vorkamen, die sie nicht verstand. Man umringte einen jungen Herrn, der vorige Woche in England »Miss Arabella« und »Romulus« geschlagen und beim Grabensprung zweitausend Louis gewonnen hatte. Einer klagte, daß seine Pferde nicht im Training seien; ein anderer jammerte über einen Druckfehler, der den Namen seines Pferdes entstellt habe.

Die Luft im Ballsaal war schwer; die Lichter waren fahler geworden. Alles drängte nach dem Billardzimmer. Ein Diener stieg auf einen Stuhl und zerschlug zwei Scheiben; beim Klirren der Glasscherben wandte Madame Bovary den Kopf und entdeckte im Park an den Fenstern hereinschauende Bauerngesichter. Da überkam sie die Erinnerung an Les Bertaux. Sie sah den Pachthof vor sich, die Mistpfütze, ihren Vater im Kittel unter den Apfelbäumen, und sah sich selber wieder wie einst, als sie in der Molkerei mit dem Finger die Milch in den Schüsseln abrahmte. Allein im Lichterglanz der gegenwärtigen Stunde verwehte die eben noch so klare Erinnerung an ihr früheres Leben völlig; es dünkte sie fast unmöglich, daß sie es gelebt hatte. Sie war hier; über alles, was vielleicht außerhalb des Ballsaals existierte, war Dunkel gebreitet. Jetzt aß sie Maraschino-Eis aus einer vergoldeten Silbermuschel, die sie in der linken Hand hielt, und sie schloß halb die Augen, den Löffel zwischen den Zähnen.

Eine neben ihr sitzende Dame ließ ihren Fächer fallen. Ein Tänzer ging vorüber.

»Haben Sie doch die Güte, Monsieur«, sagte die Dame, »meinen Fächer aufzuheben; er ist hinter das Sofa gefallen!«

Der Herr bückte sich, und während er seinen Arm ausstreckte, bemerkte Emma, wie die Hand der jungen Dame etwas Weißes, dreieckig Zusammengefaltetes in seinen Hut warf. Der Herr hob den Fächer auf und reichte ihn respektvoll der Dame; sie dankte ihm durch ein Neigen des Kopfs und roch an ihrem Strauß.

Nach dem Souper, bei dem es viele spanische Weine und Rheinweine gab, Krebssuppe und Mandelmilchsuppe, Pudding à la Trafalgar und alle Arten kalten Aufschnitts mit Gelee garniert, der auf den Platten zitterte, begannen die Wagen einer nach dem andern abzufahren. Wenn man eine Ecke des Musselinvorhangs beiseite schob, konnte man die Lichter ihrer Laternen im Dunkel entschwinden sehen. Die Bänkchen wurden leerer; ein paar Spieler blieben noch; die Musiker kühlten sich ihre Fingerspitzen mit der Zunge; Charles lehnte an einer Tür und war dem Einschlafen nahe.

Um drei Uhr morgens begann der Kotillon. Emma konnte nicht Walzer tanzen. Aber alle tanzten Walzer, sogar Mademoiselle d'Andervilliers und die Marquise; es waren nur noch die zur Nacht bleibenden Gäste da, etwa ein Dutzend Personen.

Da geschah es, daß einer der Tänzer, der einfach »Vicomte« genannt wurde und dessen weit ausgeschnittene Weste wie angegossen saß, Madame Bovary zum zweitenmal aufforderte, wobei er versicherte, er wolle sie führen und es werde vortrefflich gehen.

Sie begannen langsam, dann tanzten sie schneller. Sie wirbelten dahin: alles um sie drehte sich, die Lampen, die Möbel, die Wandtäfelung, wie eine Drehscheibe auf einem Zapfen. Wenn sie an den Türen vorbeitanzten, legte ihre Schleppe sich um seine Hose; beider Beine gerieten ineinander; er senkte die Augen zu ihr hin, sie hob die ihren zu ihm empor; ihr schwindelte, sie hielt inne. Sie begannen von neuem, und mit einer schnelleren Bewegung riß der Vicomte sie mit sich fort und verschwand mit ihr bis ans Ende der Galerie, wo sie heftig atmend fast hingefallen wäre und für einen Augenblick den Kopf an seine Brust lehnte. Und dann führte er sie, noch immer tanzend, aber langsamer, auf ihren Platz zurück; sie lehnte sich gegen die Wand und legte die Hand vor die Augen.

Als sie sie wieder aufschlug, sah sie in der Mitte des Salons eine Dame auf einem Hocker sitzen, vor ihr knieten drei Walzertänzer. Sie wählte den Vicomte, und die Geige begann von neuem.

Man sah ihnen zu. Wieder und wieder tanzten sie vorüber, sie mit reglosem Körper, das Kinn gesenkt, und er immer in derselben Haltung, die Brust herausgedrückt, die Ellbogen gerundet, die Lippen vorgestreckt. *Die* konnte Walzer tanzen! Sie fanden kein Ende und tanzten alle anderen müde.

Dann wurde noch ein paar Minuten geplaudert, und als »Gute Nacht« oder vielmehr »Guten Morgen« gesagt worden war, gingen die Schloßgäste schlafen.

Charles schleppte sich am Treppengeländer hinauf; er hatte sich »die Beine in den Leib gestanden«. Fünf Stunden hintereinander hatte er an den Spieltischen ausgehalten und dem Whist zugeschaut, ohne das geringste davon zu verstehen. Daher stieß er einen tiefen Seufzer der Erleichterung aus, als er sich die Stiefel ausgezogen hatte.

Emma legte sich einen Schal um die Schultern, öffnete das Fenster und lehnte sich hinaus.

Die Nacht war schwarz. Vereinzelte Regentropfen fielen. Sie atmete den feuchten Wind ein, der ihr die Lider kühlte. Die Ballmusik hallte noch in ihren Ohren nach; sie hielt sich gewaltsam munter, um die Illusion dieses Lebens im Luxus, die sie nur zu bald würde aufgeben müssen, länger andauern zu lassen.

Der Morgen graute. Lange betrachtete sie die Fenster des Schlosses und überlegte, welches wohl die Zimmer derjenigen seien, die ihr am Vorabend aufgefallen waren. Wie gern hätte sie etwas von deren Leben gewußt, wie gern wäre sie hineingedrungen und damit verschmolzen.

Doch es fröstelte sie. Sie zog sich aus und schmiegte sich in die Kissen an den schlafenden Charles.

HERMAN BANG

Irene Holm

1

Es war an einem Sonntag nach dem Gottesdienst, als der Sohn des Dorfschulzen vor der Kirche, wo immer die Bekanntmachungen verlesen wurden, mitteilte, daß Fräulein Irene Holm, Tänzerin des Königlichen Theaters, am ersten November im Dorfkrug einen Kursus für gute Umgangsformen, Tanz und Bewegungslehre eröffnen wollte, und zwar für Kinder und Fortgeschrittene (Damen und Herren) – sofern sich eine hinreichende

Teilnehmerzahl einzeichnen würde. Der Preis: fünf Kronen pro Kind, für Geschwister Ermäßigung.

Es schrieben sich sieben Teilnehmer ein; Jens Larsen beantragte für seine drei »Ermäßigung«.

Fräulein Irene Holm betrachtete das als hinreichend. Ende Oktober traf sie eines Abends ein und stieg mit ihrem Gepäck – einem alten Champagnerkorb, der mit einem Strick zugebunden war – im Dorfkrug ab.

Irene Holm war klein und schmächtig, trug ein Pelzbarett, unter dem ein vierzigjähriges Jungmädchengesicht hervorsah, und hatte der Gicht wegen alte Taschentücher um die Handgelenke gewickelt. Sie verschluckte keinen Konsonanten und sagte bei jeder Handreichung: »Danke, o danke – das kann ich doch selbst«; dabei sah sie ganz hilflos aus.

Sie wollte nur eine Tasse Tee zu sich nehmen und kroch dann in ihrer kleinen Kammer, die hinter der Gaststube lag, ins Bett – zähneklappernd, aus Angst vor Gespenstern.

Am nächsten Tag kam sie mit einem Lockenkopf zum Vorschein, in einem eng-taillierten, pelzbesetzten Mantel, an dem der Zahn der Zeit seine Spuren hinterlassen hatte. Sie wollte die verehrten Eltern besuchen; ob sie da ein wenig nach dem Weg fragen dürfe? Frau Henriksen ging vor die Haustür und zeigte über die Felder hinweg auf einige Gehöfte. Voll Dankbarkeit verbeugte sich Fräulein Holm auf jeder der drei Treppenstufen.

»Armes Hascherl!« sagte Frau Henriksen. Sie blieb in der Haustür stehen und blickte Fräulein Holm hinterher, die zu Jens Larsen ging – immer oberhalb des Feldrains, um ihre Schuhe zu schonen. Fräulein Holm war »gestiefelt und gespornt« mit Schuhen aus Chevreauleder und zwei-rechts-zwei-links-gestrickten Strümpfen.

Als sie die Elternbesuche hinter sich hatte – Jens Larsen gab neun Kronen für seine drei –, bemühte sich Fräulein Holm um eine Wohnung. Beim Schmied fand sie eine kleine, weißgetünchte Kammer, die Aussicht über das flache Land bot. Das Mobiliar bestand aus einer Kommode, einem Bett und einem Stuhl. In der Ecke zwischen Kommode und Fenster erhielt der Champagnerkorb seinen Platz.

Hier zog also Fräulein Holm ein. Der Vormittag war durch die ständige Inanspruchnahme von Lockenwicklern, kaltem Tee und heißen Brennscheren ausgefüllt. Wenn der Lockenkopf in Ordnung war, räumte sie auf, und am Nachmittag wurde gehäkelt. Bis zum letzten Lichtschimmer saß sie in der Ecke auf ihrem Champagnerkorb. Dann kam die Schmiedemeisterin herein, ließ sich auf dem Holzstuhl nieder und plauderte. Fräulein Holm hörte lächelnd und graziös mit ihrem Lockenkopf nickend zu.

Ein Stündchen spann die Frau Schmiedemeister so in der Dämmerung ihre Geschichte aus, bis das Abendessen auf den Tisch mußte. Selten wußte Fräulein Holm, was sie erzählt hatte. Außer Tanz, Körperhaltung und der Sorge für das tägliche Brot – einer endlosen, ewigen Sorge – drangen die Dinge dieser Welt nur schwer in Fräulein Holms Bewußtsein ein. Die Hände in den Schoß gelegt, blieb sie still auf ihrem Korb sitzen und starrte unentwegt auf den schmalen Lichtschein, der unter der Tür des Schmieds hervorschimmerte.

Sie ging nicht aus; sie bekam Heimweh, wenn sie die flache, öde Landschaft sah. Auch hatte sie Angst vor Stieren und durchgehenden Pferden.

Kam der Abend heran, so machte sie sich im Kachelofen kochendes Wasser und aß etwas. Dann waren wieder die Lockenwickler an der Reihe. Wenn sie sich auszog und bei den »Unaussprechlichen« angelangt war, machte sie am Bettpfosten ihre »Pas«. Sie warf die Beine in die Höhe, bis ihr der Schweiß ausbrach.

Der Schmied und seine Frau wichen nicht vom Schlüsselloch. Sie sahen die Balletthüpfer von hinten; dabei sträubten sich die Lockenwickler über dem Scheitel wie die Borsten eines Stachelschweins.

Fräulein Holm war so in ihre Übungen vertieft, daß sie laut zu trällern anfing, während sie auf und nieder sprang, auf und nieder ...

Der Schmied, seine Frau und die Kinder gerieten sich wegen des Schlüssellochs in die Haare.

Wenn Fräulein Holm eine bestimmte Zeit trainiert hatte, kroch sie ins Bett. Bei ihren Übungen kam ihr fast immer die Zeit in den Sinn, »als sie noch in der Ballettschule war« ... Und manchmal, wenn sie so dalag, lachte sie plötzlich halblaut vor sich hin, albern wie ein Backfisch ...

Und der Schlaf überfiel sie, während sie noch an jene Zeit dachte – an jene fröhliche Zeit ...

An die Proben, bei denen sie sich gegenseitig mit Stecknadeln in die Waden piekten ... und aufkreischten ...

Und die Abende – – in den Garderoben ... wie das durcheinandersurrte ... all die Stimmen ... und die Klingel des Regisseurs ...

Fräulein Irene Holm wachte noch manchmal nachts auf, weil sie geträumt hatte, sie hätte den Auftritt versäumt ...

2

»Und eins – und zwei ...« Fräulein Irene Holm raffte das Kleid hoch und streckte den Fuß nach vorn ... »Und die Füße immer nach außen setzen – eins – und zwei – und drei.«

Die sieben steckten bei ihrer Hopserei die Finger in den Mund und setzten die Füße nach innen.

»Jens, mein Kleiner, die Füße schön nach außen – und eins, und zwei, und drei – nun noch einmal . . .«

Jens Larsens drei machten ihre Verbeugung mit lang herausgestreckter Zunge . . .

»Klein-Maren, nach *rechts* – und eins – und zwei – und drei . . .« Maren hopste nach links . . .

»Und noch einmal – und eins, und zwei, und drei . . .«

Fräulein Holm hüpfte wie ein Rehlein, so daß man ein beträchtliches Stück der »Zwei-rechts-zwei-links-Gestrickten« sehen konnte.

Der Kursus war in vollem Gange. Beim Schein der zwei Lampen, die von der Balkendecke herabhingen, tanzte man dreimal wöchentlich im Saal des Dorfkruges. Mit jedem Schritt wurde der alte Staub in dem kalten Raum aufgewirbelt. Die sieben irrten wie ein aufgescheuchter Elsternschwarm umher. Fräulein Holm verbesserte die Rückenhaltung und bog die Arme zurecht.

»Und eins – zwei – drei, Battement . . .«

»Und eins – zwei – drei – Battement . . .« Die sieben plumpsten aus der Schwebe des »Battements« herunter und standen breitbeinig da.

Von dem vielen Gerufe bekam Fräulein Holm Staub in die Kehle. Sie sollten paarweise Walzer tanzen. Geniert und steifarmig hielten die Tänzer einen großen Abstand voneinander und tanzten, als ob sie nachtwandelten! Fräulein Holm redete auf sie ein und drehte sie im Kreise herum.

»So ist's gut – und drehen – vier, fünf – ja gut, Jettchen, jetzt drehen . . .«

Fräulein Holm blieb Jens Larsens Mittelstem und Jettchen ständig auf den Fersen und brachte sie wie einen Kreisel in Schwung . . .

»Gut, Jettchen, gut . . .«

Jettchens Mutter war auch gekommen und sah zu. Ihre

Hutbänder zu steifen Schleifen gebunden, saßen die Bauersfrauen – regungslos, die Hände im Schoß – an der Wand entlang und schauten zu, ohne ein Wort miteinander zu wechseln.

Fräulein Holm redete sie mit »gnädige Frau« an und lächelte bei den Battements zu ihnen hinüber.

Jetzt kam die Quadrille à la cour an die Reihe. Jens Larsens drei schnellten von den Spitzen ihrer Gummigaloschen hoch in die Luft empor.

»Die Damen nach rechts – gut so – Jettchen, drei Schritt nach links – gut, Jettchen ...«

Die Quadrille ähnelte einem Handgemenge.

Fräulein Holm stöhnte schon vom vielen Kommandieren und Tanzen. Sie lehnte sich an die Wand und hatte das Gefühl, als hämmerte es in ihren Schläfen.

»Gut – gut so, Jettchen ...«

Ihre Augen brannten von dem alten Staub ... Die sieben hopsten weiter im Halbdunkel im Saal herum.

Wenn Fräulein Holm von den Tanzstunden nach Hause kam, band sie ein Taschentuch über den Lockenkopf. Sie lief mit einem ständigen Schnupfen umher. Um dem Übel Einhalt zu gebieten, hielt sie in ihrer Freizeit die Nase über eine Schüssel mit heißem Wasser.

Sie erhielten Musik für die Unterrichtsstunden: Herrn Brodersens Geige. Und Fräulein Holm bekam zwei neue Schüler: Fortgeschrittene. Alle hüpften nach Schneider Brodersens Instrument herum, so daß sich der Staub zu Wolken zusammenballte und der Kachelofen auf den Löwenfüßen mittanzte.

Auch mehr Zuschauer fanden sich ein; dann und wann sogar »Pfarrers«, und zwar das junge Fräulein und der Kaplan.

Mit gestreckten Fußspitzen, die Brust heraus, tanzte Fräulein Holm beim Schein der beiden Öllampen vor: »Die Füße *hoch*, Kinder, die Füße hoch – seht, *so*!«

Fräulein Holm warf dabei die Füße in die Höhe und raffte das Kleid empor: Es war ja Publikum da.

[...]

Der Frühling begann sich schon anzukündigen, als Fräulein Irene Holms Kursus beendet war. Der Kreis, der bei Peter Madsen zusammengekommen war, wollte einen Abschlußball im Dorfkrug veranstalten.

3

Das Fest wurde sehr vornehm, mit einem Transparent über der Tür: »Herzlich willkommen!«, mit einem kalten Büfett, das Gedeck zu zwei Kronen, und mit dem Herrn Kaplan und der Pfarrerstochter, die an der Tafel den Vorsitz führten.

Fräulein Holm erschien in Tüll, üppig garniert und mit einem römischen Haarband. Ihre Finger waren voller Freundschaftsringe aus ihrer Ballettschulzeit.

In den Tanzpausen sprengte sie den Fußboden mit Lavendelwasser und drohte den »gnädigen Frauen« scherzhaft mit der Flasche. Fräulein Irene Holm wurde wieder blutjung, wenn sie Abschlußbälle gab.

Zunächst tanzte man Quadrillen.

Die Eltern und die älteren Geschwister standen an den Wänden und in den Türen, und jeder sah mit stiller Bewunderung auf die Seinen! Die Jugend ging mit maskenhaft unbeweglichen Gesichtern bei den Quadrillen umher, mit so behutsamen Schritten, als gingen sie auf Erbsen.

Fräulein Holm bestand nur noch aus einem ständigen ermunternden Zunicken und aus halblauten französischen Anweisungen. Für die Musik zeichneten Herr Brodersen und Sohn verantwortlich. Brodersen junior traktierte das vom Pfarrer gutwillig ausgeliehene Klavier.

M. Baude, »La Valse«

Dann ging man zu den Rundtänzen über, und der Ton wurde gelockerter. Die Männer ergaben sich in einem Nebenraum dem Punsch, und die »Herren« Schüler forderten Fräulein Holm auf. Sie hielt den Kopf beim Tanzen seitwärts geneigt und reckte sich mit der Grazie eines etwas überalterten Backfisches auf die Zehenspitzen empor.

Allmählich hörten die anderen Paare mit dem Tanzen auf, und Fräulein Holm und ihr Kavalier blieben allein auf dem Tanzboden. In der Tür zum Nebenzimmer kamen die Männer zum Vorschein und gaben ihrer stillen Bewunderung für Fräulein Holm beredt Ausdruck, die ihre Füße ein wenig weiter unter dem Kleid hervorstreckte und sich in den Hüften wiegte.

Das Fräulein Pastor amüsierte sich derartig, daß es den Kaplan in den Arm kniff.

»Bravo!« rief der Schullehrer nach einer Mazurka, und alle klatschten in die Hände. Fräulein Holm machte einen Ballettknicks und tippte dabei mit zwei Fingern an ihr Herz.

Man wollte zu Tisch gehen, und sie arrangierte eine Polonaise. Alle machten mit; die Frauen pufften sich gegenseitig aus Verlegenheit und vor Vergnügen, und die Männer sagten: »Na, Mutter, dann woll'n wir mal!« . . .

Ein Paar fing an, den »Landsoldaten« zu singen und dazu im Takt zu trampeln.

Fräulein Irene Holm hatte den Schullehrer als Tischherrn und saß unter der Büste Seiner Majestät des Königs.

Bei Tisch wurde wieder ein feierlicher Ton angeschlagen. Fräulein Holm bestritt die Unterhaltung allein, im Salonton, wie in einem Lustspiel von Scribe »auf den Brettern, die die Welt bedeuten«. Allmählich wurde man satt. Die Männer prosteten sich gegenseitig zu und stießen über den Tisch hinweg mit den Gläsern an.

Am unteren Tischende, wo die Jugend saß, herrschte großer Trubel, und es dauerte ein Weilchen, bis die erforderliche Ruhe für den Schullehrer hergestellt war, der eine Ansprache halten wollte. Er strich Fräulein Holm und die neun Musen heraus. Er sprach lange. Man saß am Tisch und sah auf die Teller – nach und nach nahmen die Gesichter einen feierlichen, gesammelten Ausdruck an, wie bei einem Küster, der in der Kirche an der Chortür steht –, und währenddessen drehte man mit den Fingern Brotkügelchen.

Der Redner war inzwischen bei Freyja und ihren zwei Katzen angekommen und brachte nun einen Toast auf die »Priesterin der Kunst« aus: auf Fräulein Irene Holm. Neunmal wurde lauthals »Hurra!« geschrien, und alle wollten mit Fräulein Holm anstoßen.

Die Rede hatte Fräulein Holm zwar nicht begriffen, aber sie fühlte sich sehr geschmeichelt. Sie stand auf und verbeugte sich, das Glas elegant erhoben. Vor Anstrengung und Hitze war der festliche Puder ganz entschwunden, und sie hatte zwei dunkelrote Flecken auf den Wangen.

Dann begann ein großer Tumult. Die Jugend fing zu singen an, die Alten prosteten sich ständig zu, sprangen von ihren Plätzen hoch, um sich auf die Schultern zu schlagen, oder klatschten sich gegenseitig mitten auf dem Tanzboden unter schallendem Gelächter auf den Bauch. Die Ehefrauen warfen strenge Blicke um sich, ängstlich besorgt, ihre besseren Hälften könnten zuviel bekommen!

Und mitten in all diesem Trubel hörte man Fräulein Holm, die äußerst munter geworden war, albern wie einen Backfisch kichern, wie vor dreißig Jahren in der Ballettschule ...

Auf einmal sagte der Schullehrer: »Fräulein Holm müßte eigentlich tanzen – – –« ... Sie hätte doch getanzt ... »Ja, schon – aber so richtig vor ihnen tanzen – ein Solo – das wär' eine Sache ...«

Fräulein Holm hatte sofort verstanden – und eine wahnsinnige Freude stieg in ihr hoch: sie sollte *tanzen*!

Aber sie lachte und meinte zu Peter Madsens Frau: »Der Herr Organist wünscht, daß ich tanze ...« Als ob das das Lächerlichste von der Welt wäre.

Die nahe bei ihr standen, hatten es gehört, und schon wurde der allgemeine Ruf laut: »Ja – Sie müssen tanzen!«

Fräulein Holm wurde bis unter die Haarwurzeln rot und entgegnete, die Wogen der Feststimmung seien wohl doch schon etwas zu hoch geschlagen ... Und außerdem fehle die Musik ... Und man könne nicht mit langen Röcken tanzen ...

Ein Knecht rief durch den Saal: »Die lassen sich doch lüften!« Und alle lachten laut auf und fingen wieder zu bitten an.

Ja – wenn das Fräulein vom Pfarrhof sie begleiten wolle ... eine Tarantella ...

Das Fräulein Pastor wurde umringt. Sie willigte ein und wollte es probieren. Der Schullehrer erhob sich und schlug an sein Glas: »Meine Damen und Herren«, begann er, »Fräulein Holm wird uns die Ehre geben zu tanzen ...« Alles erhob sich vom Tisch und rief: »Sie lebe hoch! Hurra!«

Der Kaplan war grün und blau, so hatte ihn die Pfarrerstochter gekniffen.

Irene Holm und das Fräulein Pastor mußten nun die Musik proben. Fräulein Holm fieberte und hüpfte mit gestreckten Fußspitzen hin und her. Sie deutete auf die Dielen, die einer Berg-und-Tal-Bahn glichen, und meinte: »Man ist schließlich nicht gewöhnt, in einem Zirkus zu tanzen!«

Doch dann fuhr sie fort: »Ja – das Vergnügen kann losgehen!« Vor Erregung sprach sie ganz heiser.

»Ich komme dann nach den ersten zehn Takten«, sagte

sie. »Ich werde ein Zeichen geben.« Sie ging in den Nebenraum und wartete.

Neugierig flüsternd versammelte sich das Publikum im Saal und stellte sich im Halbkreis auf. Der Schullehrer nahm die Kerzen von der Tafel und stellte sie, einer Festbeleuchtung gleich, auf die Fensterbretter. An der Tür zum Nebenzimmer klopfte es.

Das Fräulein Pastor begann zu spielen, und alle behielten die Tür im Auge. Nach dem zehnten Takt öffnete sie sich – alles klatschte: Fräulein Holm tanzte, das Kleid mit einer römischen Schärpe hochgerafft. Es war ›La grande Néapolitaine‹.

Sie tanzte auf den Zehenspitzen, und sie drehte Pirouetten. Bewundernd blickten die Zuschauer auf ihre Füße, die die Geschwindigkeit von Trommelschlegeln erreichten. Es gab Sonderapplaus, als sie auf einem Bein schwebte.

»Schneller«, flüsterte sie und begann wieder mit Pirouetten. Sie lächelte, winkte, sie fächelte und fächelte. Immer mehr traten Oberkörper und Arme in den Vordergrund, immer mehr näherte sie sich der Pantomimik. Die Gesichter der Zuschauer erkannte sie nicht mehr – den Mund leicht geöffnet, lächelte sie, ließ alle Zähne sehen (schauderhafte Zähne!) – winkte, gestikulierte – begriff und empfand nur das »Solo« . . .

Endlich das Solo.

Das war nicht mehr ›La Néapolitaine‹. Das war Fenella; Fenella, die hier kniete, Fenella, die hier betete, die tragische Fenella . . .

Sie wußte nicht, wie sie sich erhoben hatte, wußte nicht, wie sie hinausgekommen war . . . Sie hatte nur wahrgenommen, daß die Musik auf einmal abbrach – hatte das Gelächter gehört – das Gelächter, und sah plötzlich alle diese Gesichter vor sich . . .

Da war sie aufgestanden, hatte noch einmal routinegemäß die Arme ausgebreitet und hatte sich verneigt, als geklatscht wurde ...

Einen Augenblick lehnte sie sich im Nebenzimmer an den Tisch ... es war so dunkel um sie, so völlig leer ...

Langsam löste sie die Schärpe und hatte so merkwürdig steife Hände dabei, strich das Kleid glatt und ging still in den Saal, wo man noch immer applaudierte.

Sie trat neben das Klavier und verbeugte sich, die Augen auf den Boden geheftet.

Die anderen hatten es eilig weiterzutanzen.

Ruhig ging Fräulein Holm von einem zum andern und begann sich zu verabschieden. Die Schüler drückten ihr das Geld in die Hand, das sie in Papier eingewickelt hatten.

Peter Madsens Frau half ihr in den Mantel, und im letzten Augenblick kamen noch das Fräulein Pastor und der Kaplan: sie wollten sie nach Hause bringen.

Sie machten sich schweigsam auf den Weg. Das Fräulein Pastor war ganz niedergeschlagen und wollte sich entschuldigen, fand aber nicht die richtigen Worte. Still und bleich ging die kleine Tänzerin an ihrer Seite.

Da sagte der Kaplan, den das Stillschweigen bedrückte: »Sehen Sie, gnädiges Fräulein, diese Leute haben doch kein Empfinden für das Tragische.«

Schweigend ging Fräulein Holm weiter. Sie kamen zur Schmiede, und als sie ihnen die Hand reichte, verbeugte sie sich.

Das Fräulein Pastor umarmte und küßte sie: »Gute Nacht, Fräulein Holm!« Ihre Stimme klang nicht ganz sicher ...

Der Kaplan und sie blieben auf der Straße stehen, bis sie sahen, daß in der Kammer der Tänzerin Licht angezündet wurde.

Fräulein Holm legte das Tüllkleid ab und faltete es zusammen. Dann zählte sie das Geld, das sie ausgewikkelt hatte, und nähte es in ein Täschchen ihres Mieders ein. Sie saß vor ihrem Licht und führte unbeholfen die Nadel.

Am nächsten Morgen wurde ihr Champagnerkorb auf den Postwagen geladen. Es war ein Regentag, und Fräulein Holm verkroch sich unter ihrem durchlöcherten Regenschirm; sie schlug die Beine unter, so daß sie im Türkensitz auf ihrem Korb thronte.

Als es gerade losgehen sollte – der Postillon lief neben dem Wagen her, denn der Klepper hatte schon zu tun, *einen* Fahrgast zu ziehen –, kam das Fräulein Pastor barhäuptig angerannt. Sie trug einen weißen Spankorb. Man müsse doch Reiseproviant haben, meinte sie.

Sie beugte sich unter den Regenschirm, nahm Fräulein Holms Kopf in die Hände und küßte sie zweimal . . . Da brach die alte Tänzerin in Tränen aus, ergriff die Hand des jungen Mädchens und küßte sie.

Das Fräulein Pastor blieb auf der Straße stehen und sah dem alten Regenschirm hinterher, solange sie ihn erblikken konnte.

Fräulein Irene Holm hatte im nächsten Dorf zu einem »Frühjahrskursus für modernen Gesellschaftstanz« eingeladen.

Sechs Schüler waren angemeldet.

Dort zog sie nun hin – um *das* fortzusetzen, was man das Leben nennt.

Tanzstunde

Dies, daß Tonio Kröger sich an die lustige Inge Holm verlor, ereignete sich in dem ausgeräumten Salon der Konsulin Husteede, die es an jenem Abend traf, die Tanzstunde zu geben; denn es war ein Privatkursus, an dem nur Angehörige von ersten Familien teilnahmen, und man versammelte sich reihum in den elterlichen Häusern, um sich Unterricht in Tanz und Anstand erteilen zu lassen. Aber zu diesem Behufe kam allwöchentlich Ballettmeister Knaak eigens von Hamburg herbei.

François Knaak war sein Name, und was für ein Mann war das! »J'ai l'honneur de me vous représenter«, sagte er, »mon nom est Knaak ... Und dies spricht man nicht aus, während man sich verbeugt, sondern wenn man wieder aufrecht steht, – gedämpft und dennoch deutlich. Man ist nicht täglich in der Lage, sich auf französisch vorstellen zu müssen, aber kann man es in dieser Sprache korrekt und tadellos, so wird es einem auf deutsch erst recht nicht fehlen.« Wie wunderbar der seidig schwarze Gehrock sich an seine fetten Hüften schmiegte! In weichen Falten fiel sein Beinkleid auf seine Lackschuhe hinab, die mit breiten Atlasschleifen geschmückt waren, und seine braunen Augen blickten mit einem müden Glück über ihre eigene Schönheit umher ...

Jedermann ward erdrückt durch das Übermaß seiner Sicherheit und Wohlanständigkeit. Er schritt – und niemand schritt wie er, elastisch, wogend, wiegend, königlich – auf die Herrin des Hauses zu, verbeugte sich und wartete, daß man ihm die Hand reiche. Erhielt er sie, so dankte er mit leiser Stimme dafür, trat federnd zurück, wandte sich auf dem linken Fuße, schnellte den rechten mit niedergedrückter Spitze seitwärts vom Boden ab und schritt mit bebenden Hüften davon ...

Man ging rückwärts und unter Verbeugungen zur Tür hinaus, wenn man eine Gesellschaft verließ, man schleppte einen Stuhl nicht herbei, indem man ihn an einem Bein ergriff oder am Boden entlang schleifte, sondern man trug ihn leicht an der Lehne herzu und setzte ihn geräuschlos nieder. Man stand nicht da, indem man die Hände auf dem Bauch faltete und die Zunge in den Mundwinkel schob; tat man es dennoch, so hatte Herr Knaak eine Art, es ebenso zu machen, daß man für den Rest seines Lebens einen Ekel vor dieser Haltung bewahrte ...

Dies war der Anstand. Was aber den Tanz betraf, so meisterte Herr Knaak ihn womöglich in noch höherem Grade. In dem ausgeräumten Salon brannten die Gasflammen des Kronleuchters und die Kerzen auf dem Kamin. Der Boden war mit Talkum bestreut, und in stummem Halbkreise standen die Eleven umher. Aber jenseits der Portieren, in der anstoßenden Stube, saßen auf Plüschstühlen die Mütter und Tanten und betrachteten durch ihre Lorgnetten Herrn Knaak, wie er, in gebückter Haltung, den Saum seines Gehrockes mit je zwei Fingern erfaßt hielt und mit federnden Beinen die einzelnen Teile der Mazurka demonstrierte. Beabsichtigte er aber, sein Publikum gänzlich zu verblüffen, so schnellte er sich plötzlich und ohne zwingenden Grund vom Boden empor, indem er seine Beine mit verwirrender Schnelligkeit in der Luft umeinanderwirbelte, gleichsam mit denselben trillerte, worauf er mit einem gedämpften, aber alles in seinen Festen erschütternden Plumps zu dieser Erde zurückkehrte ...

Was für ein unbegreiflicher Affe, dachte Tonio Kröger in seinem Sinn. Aber er sah wohl, daß Inge Holm, die lustige Inge, oft mit einem selbstvergessenen Lächeln

Herrn Knaaks Bewegungen verfolgte, und nicht dies allein war es, weshalb alle diese wundervoll beherrschte Körperlichkeit ihm im Grunde etwas wie Bewunderung abgewann. Wie ruhevoll und unverwirrbar Herrn Knaaks Augen blickten! Sie sahen nicht in die Dinge hinein, bis dorthin, wo sie kompliziert und traurig werden; sie wußten nichts, als daß sie braun und schön seien. Aber deshalb war seine Haltung so stolz! Ja, man mußte dumm sein, um so schreiten zu können wie er; und dann wurde man geliebt, denn man war liebenswürdig. Er verstand es so gut, daß Inge, die blonde, süße Inge, auf Herrn Knaak blickte, wie sie es tat. Aber würde denn niemals ein Mädchen so auf ihn selbst blicken?

O doch, das kam vor. Da war Magdalena Vermehren, Rechtsanwalt Vermehrens Tochter, mit dem sanften Mund und den großen, dunklen, blanken Augen voll Ernst und Schwärmerei. Sie fiel oft hin beim Tanzen; aber sie kam zu ihm bei der Damenwahl, sie wußte, daß er Verse dichtete, sie hatte ihn zweimal gebeten, sie ihr zu zeigen, und oftmals schaute sie ihn von weitem mit gesenktem Kopfe an. Aber was sollte ihm das? Er, er liebte Inge Holm, die blonde, lustige Inge, die ihn sicher darum verachtete, daß er poetische Sachen schrieb ... er sah sie an, sah ihre schmalgeschnittenen, blauen Augen, die voll Glück und Spott waren, und eine neidische Sehnsucht, ein herber, drängender Schmerz, von ihr ausgeschlossen und ihr ewig fremd zu sein, saß in seiner Brust und brannte ...

»Erstes Paar en avant!« sagte Herr Knaak, und keine Worte schildern, wie wunderbar der Mann den Nasallaut hervorbrachte. Man übte Quadrille, und zu Tonio Krögers tiefem Erschrecken befand er sich mit Inge Holm in ein und demselben Karree. Er mied sie, wie er konnte, und dennoch geriet er beständig in ihre Nähe; er wehrte seinen Augen, sich ihr zu nahen, und dennoch traf sein Blick beständig auf sie ... Nun kam sie an der Hand des rotköpfigen Ferdinand Matthiessen gleitend und laufend herbei, warf den Zopf zurück und stellte sich aufatmend ihm gegenüber; Herr Heinzelmann, der Klavierspieler, griff mit seinen knochigen Händen in die Tasten, Herr Knaak kommandierte, die Quadrille begann.

Sie bewegte sich vor ihm hin und her, vorwärts und rückwärts, schreitend und drehend, ein Duft, der von ihrem Haar oder dem zarten, weißen Stoff ihres Kleides ausging, berührte ihn manchmal, und seine Augen trübten sich mehr und mehr. Ich liebe dich, liebe, süße Inge, sagte er innerlich, und er legte in diese Worte seinen ganzen Schmerz darüber, daß sie so eifrig und lustig bei der Sache war und sein nicht achtete. Ein wunderschönes Gedicht von Storm fiel ihm ein: »Ich möchte schlafen, aber du mußt tanzen.« Der demütigende Widersinn quälte ihn, der darin lag, tanzen zu müssen, während man liebte ...

»Erstes Paar en avant!« sagte Herr Knaak, denn es kam eine neue Tour. »Compliment! Moulinet des dames! Tour de main!« Und niemand beschreibt, auf welch graziöse Art er das stumme e vom »de« verschluckte.

»Zweites Paar en avant!« Tonio Kröger und seine Dame waren daran. »Compliment!« und Tonio Kröger verbeugte sich. »Moulinet des dames!« Und Tonio Kröger, mit gesenktem Kopfe und finsteren Brauen, legte seine Hand auf die Hände der vier Damen, auf die Inge Holms, und tanzte ›moulinet‹.

Ringsum entstand ein Kichern und Lachen. Herr Knaak fiel in seine Ballettpose, welche ein stilisiertes Entsetzen ausdrückte. »O weh!« rief er. »Halt, halt! Kröger ist unter die Damen geraten. En arrière, Fräulein Kröger, zurück, fi donc! Alle haben es nun verstanden, nur Sie nicht. Husch! Fort! Zurück mit Ihnen!« Und er zog ein gelbseidenes Taschentuch und scheuchte Tonio Kröger damit an seinen Platz zurück.

Alles lachte, die Jungen, die Mädchen und die Damen jenseits der Portieren, denn Herr Knaak hatte etwas gar zu Drolliges aus dem Zwischenfall gemacht, und man amüsierte sich wie im Theater. Nur Herr Heinzelmann wartete mit trockener Geschäftsmiene auf das Zeichen zum Weiterspielen, denn er war abgehärtet gegen Herrn Knaaks Wirkungen.

Dann ward die Quadrille fortgesetzt. Und dann war Pause. Das Folgmädchen klirrte mit einem Teebrett voll Weingeleegläsern zur Tür herein, und die Köchin folgte mit einer Ladung Plumcake in ihrem Kielwasser. Aber Tonio Kröger stahl sich fort, ging heimlich auf den Korridor hinaus und stellte sich dort, die Hände auf dem Rükken, vor ein Fenster mit herabgelassener Jalousie, ohne zu bedenken, daß man durch diese Jalousie gar nichts sehen konnte, und daß es also lächerlich sei, davorzustehen und zu tun, als blicke man hinaus.

Er blickte aber in sich hinein, wo so viel Gram und Sehnsucht war. Warum, warum war er hier? Warum saß er nicht in seiner Stube am Fenster und las in Storms ›Immensee‹ und blickte hie und da in den abendlichen Garten hinaus, wo der alte Walnußbaum schwerfällig knarrte? Das wäre sein Platz gewesen. Mochten die anderen tanzen und frisch und geschickt bei der Sache sein! ... Nein, nein, sein Platz war dennoch hier, wo er sich in Inge's Nähe wußte, wenn er auch nur einsam von ferne stand und versuchte, in dem Summen, Klirren und Lachen dort drinnen ihre Stimme zu unterscheiden, in welcher es klang von warmem Leben. Deine länglich geschnittenen, blauen, lachenden Augen, du blonde Inge! So schön und heiter wie du kann man nur sein, wenn man nicht ›Immensee‹ liest und niemals versucht, selbst dergleichen zu machen; das ist das Traurige! ...

Sie müßte kommen! Sie müßte bemerken, daß er fort war, müßte fühlen, wie es um ihn stand, müßte ihm heimlich folgen, wenn auch nur aus Mitleid, ihm ihre Hand auf die Schulter legen und sagen: Komm herein zu uns, sei froh, ich liebe dich. Und er horchte hinter sich und wartete in unvernünftiger Spannung, daß sie kommen möge. Aber sie kam keines Weges. Dergleichen geschah nicht auf Erden.

Hatte auch sie ihn verlacht, gleich allen anderen? Ja, das hatte sie getan, so gern er es ihret- und seinetwegen geleugnet hätte. Und doch hatte er nur aus Versunkenheit in ihre Nähe ›moulinet des dames‹ mitgetanzt. Und was verschlug das? Man würde vielleicht einmal aufhören zu lachen! Hatte etwa nicht kürzlich eine Zeitschrift ein Gedicht von ihm angenommen, wenn sie dann auch wieder eingegangen war, bevor das Gedicht hatte erscheinen können? Es kam der Tag, wo er berühmt war, wo alles gedruckt wurde, was er schrieb, und dann würde man sehen, ob es nicht Eindruck auf Inge Holm machen würde ... Es würde *keinen* Eindruck machen, nein, das war es ja. Auf Magdalena Vermehren, die immer hinfiel, ja, auf die. Aber niemals auf Inge Holm, niemals auf die blauäugige, lustige Inge. Und war es also nicht vergebens? ...

Tonio Krögers Herz zog sich schmerzlich zusammen bei diesem Gedanken. Zu fühlen, wie wunderbare spielende und schwermütige Kräfte sich in dir regen, und dabei zu wissen, daß diejenigen, zu denen du dich hinübersehnst, ihnen in heiterer Unzugänglichkeit gegenüberstehen, das tut sehr weh. Aber obgleich er einsam, ausgeschlossen und ohne Hoffnung vor einer geschlossenen Jalousie stand und in seinem Kummer tat, als könne er hindurchblicken, so war er dennoch glücklich. Denn damals lebte sein Herz. Warm und traurig schlug es für dich, Ingeborg Holm, und seine Seele umfaßte deine blonde, lichte und übermütig gewöhnliche kleine Persönlichkeit in seliger Selbstverleugnung.

Mehr als einmal stand er mit erhitztem Angesicht an einsamen Stellen, wohin Musik, Blumenduft und Gläsergeklirr nur leise drangen, und suchte in dem fernen Festgeräusch deine klingende Stimme zu unterscheiden, stand in Schmerzen um dich und war dennoch glücklich. Mehr als einmal kränkte es ihn, daß er mit Magdalena Vermehren, die immer hinfiel, sprechen konnte, daß sie ihn verstand und mit ihm lachte und ernst war, während die blonde Inge, saß er auch neben ihr, ihm fern und fremd und befremdet erschien, denn seine Sprache war nicht ihre Sprache; und dennoch war er glücklich. Denn das Glück, sagte er sich, ist nicht, geliebt zu werden; das ist eine mit Ekel gemischte Genugtuung für die Eitelkeit. Das Glück ist, zu lieben und vielleicht kleine, trügerische Annäherungen an den geliebten Gegenstand zu erhaschen. Und er schrieb diesen Gedanken innerlich auf, dachte ihn völlig aus und empfand ihn bis auf den Grund.

Treue! dachte Tonio Kröger. Ich will treu sein und dich lieben, Ingeborg, solange ich lebe! So wohlmeinend war er. Und dennoch flüsterte in ihm eine leise Furcht und Trauer, daß er ja auch Hans Hansen ganz und gar vergessen habe, obgleich er ihn täglich sah. Und es war das Häßliche und Erbärmliche, daß diese leise und ein wenig hämische Stimme recht behielt, daß die Zeit verging und Tage kamen, da Tonio Kröger nicht mehr so unbedingt wie ehemals für die lustige Inge zu sterben bereit war, weil er Lust und Kräfte in sich fühlte, auf seine Art in der Welt eine Menge des Merkwürdigen zu leisten.

Und er umkreiste behutsam den Opferaltar, auf dem die lautere und keusche Flamme seiner Liebe loderte, kniete davor und schürte und nährte sie auf alle Weise, weil er treu sein wollte. Und über eine Weile, unmerklich, ohne Aufsehen und Geräusch, war sie dennoch erloschen.

Aber Tonio Kröger stand noch eine Zeitlang vor dem erkalteten Altar, voll Staunen und Enttäuschung darüber, daß Treue auf Erden unmöglich war. Dann zuckte er die Achseln und ging seiner Wege.

KLAUS MANN

Paulchen tanzt

Nach dem Essen mußten Fräulein Franziska und Paulchen ins Kabarett fahren, wo sie arbeiteten. Andreas begleitete sie, aber er war müde und sah nicht mehr viel.

Er saß in einer kleinen roten Loge, die man ihm angewiesen hatte, halbgeschlossen die Augen und die Zigarette zwischen den Fingern. Während seine Freunde hinten sich umzogen, sah er der vorhergehenden Nummer zu. Es war Alma Zeiserich, der Vorstand und die Direktion des Ganzen. Sie stand mager und tückisch in einem goldenen Brokatkleid und sang, eiskalt mit wegwerfendem Mienenspiel, ihre unanständigen Lieder. Das eine handelte von einer Reise an den Po, was viel Anlaß zu Scherzen gab. »Das sowieso«, war der Refrain, mit dem Frau Zeiserich ihre amüsanten Strophen endigte, »na, Wichtigkeit – man sagt nur so« – und ihre Stimme war kalt wie Blech.

Andreas schloß lieber die Augen, bis Franziska die Bühne betrat. Aber auch dann kannte er sie kaum wieder, wie durch Schleier sah er eine Art Apachenmädchen zwischen den schwarzen Vorhängen stehen, die Laute umgehängt, den roten Schal um den Hals. Wie durch Schleier kam ihre Stimme zu ihm, ihre rauhe, schwere, unbeschwingte Stimme. »Seit jenem Tag lieb' ich sie alle«, sang sie und ihr Gesicht stand bunt, sachlich und streng über dem roten Tuch, »des Lebens schönster Lenz ist mein. Und wenn ich keinem mehr gefalle, dann will ich gern begraben sein – –« Ganz ohne Klage, in einem unerbittlich harten Wissen nur rief die Stimme des Mädchens solche Worte zu ihm. Beim Vortrag fiel es erst auf, wie unrein ihr Deutsch war. Aber sie war ja auch Russin und in Paris erzogen. – Und dazu sang die Laute ihre gezogene, schwingende, bebende Melodie.

Aber dann kniff sie die Augen zusammen, die erst groß und schwarz geöffnet gewesen waren, und den Mund und ein wenig verzerrt, aber sonst starr im Gesicht, trug sie eine lange Ballade vor, viele litaneienhaft gleichmäßige Strophen komischen und schaurigen Inhalts. Viel groteskes Leid kam darin vor, ein lahmer Hund, ein alter Dichter und eine Jungfrau. Und nun sah man beinahe, wie Fräulein Franziska der Bart sproß – ein schwarzer, wirrer Mörderbart um ihr bemaltes Gesicht – wenn sie mit ihrer rauhen Stimme unbewegt erzählte:

»Ein Mädchen zählte vierzig Jahr
derweil sie stets noch Jungfrau war,
noch keusche Jungfrau war.
Um sie dafür zu strafen hart
Schuf Gott ihr einen Knebelbart
Ihr einen Knebelbart.«

Und Andreas mußte es im Halbschlaf beobachten, wie um dieses sonderbaren Mägdeleins Miene der große Knebelbart hing. – Aber dann schüttelte sie ihn ab, sang die strenge und höhnische Moral des Liedes, verneigte sich bitterernst und ging ab in ihrer lächerlichen Kabarettvermummung.

Otto Dix, Mittelteil aus »Großstadt-Triptychon«

Paulchen tanzte nach ihr. Eine kleine, süße, sentimentale Zaubermelodie wehte aus dem Orchester, und Paulchen, in violetter Seide bis zum Kinn, flog, gewichtslos, beschwingt, ohne Gedanken wie ein sich neigendes Blatt, hingegeben den Biegungen, den schwärmerischen Neigungen seines Körpers, zwischen den Vorhängen, vor zu der Rampe, glitt, wie vergehend, zur Erde, hob sich wieder, reckte sich, spannte sich ganz aus, verzückt, selbst hingerissen von der Bewegung, mit der er die Arme hob, ausstreckte, dehnte, auf den Zehenspitzen hoch oben, wippend, zitternd, vibrierend, als wolle er abfliegen in den Raum, sich steigend lösen ins Nichts – den Kopf ein wenig zur Seite geneigt, den leeren, leichten Kopf, den Mund halb geöffnet, die schwarz bemalten Augen wie im Rausche gebrochen. – Dieser Tanz hieß: »Abendgebet des Vogels«. Er hatte den Titel selber sich ausgedacht.

Er verneigte sich, plötzlich schwach und geblendet im Licht, und mit einem Male fühlte Andreas, das Gesicht aufgestützt, von einer tiefen Rührung ergriffen, die er selbst nicht verstand, wie aus diesem milchweißen, gehirnlos frierenden Antlitz der undurchsichtig glanzlose Blick auf ihn zukam, ihn traf und streichelte. –

Franziska und Paulchen kamen später in seine Loge, sagten, daß sie noch ausgehen müßten und ob er nicht mitkommen wollte. Aber er war zu müde und dankte. Er sah übrigens jetzt erst, wie stark und sonderbar sich Franziska geputzt hatte. Ihr Cape war kaiserinnenhaft aus weißem Hermelin und hohe Reiherfedern nickten über ihrem Gesicht. Aber an ihrem Arm klirrten hart die vielen Armbänder. – Neben ihr stand Paulchen ängstlich, mit kleingefältetem Damenmantel und großem, hellgrauen Filzhut. – Erst beim Hinausgehen bemerkte Andreas, daß das Kabarett, in welchem Franziska sang, schlechthin »Die Pfütze« hieß. Das war ihm vorher noch gar nicht aufgefallen.

In seinem großen Zimmer schlief er schnell ein, wie am Abend zuvor – augenblicklich, als habe er ein Mittel genommen. Zu Anfang allerdings fürchtete er sich ein wenig vor diesem neuen Bett, dessen Gefahren er doch noch nicht kannte. Aber auch an diesem Abend falteten sich im Einschlafen seine Hände.

GIUSEPPE TOMASI DI LAMPEDUSA

Letzter Tanz

›Jetzt jedenfalls bin ich hier; weggehen wäre unhöflich. Wir wollen uns die Tänzer ansehen.‹

Der Ballsaal war ganz in Gold gehalten: poliertes Gold am Hauptgesims, gewirktes in den Türfüllungen; damastartiges Gold, hell, fast silbern auf den weniger hellen Flächen an den Türen selbst und an den Läden, die die Fenster schlossen und als solche verschwinden ließen, wodurch sie den Raum in den stolzen Rang eines Schreines erhoben, der jede Beziehung zur Außenwelt, die seiner unwürdig wäre, von sich wies. Es war keine arrogante Vergoldung, womit die Dekorateure heute prunken, sondern ein Gold, das gleichsam verflog, bleich wie das Haar mancher Mädchen des Nordens, als verberge es seinen Wert mit Fleiß unter einer – heutigentags verlorenen – Schamhaftigkeit, ein Gold, das, ein kostbarer Stoff, wohl seine Schönheit zeigen, doch seinen eigentlichen Wert verschleiern wollte. Hie und da auf der Holztäfelung der Wand Gewinde von Rokoko-Blüten von einer so dahinschwindenden Farbe, daß sie nichts weiter schien als ein vergängliches, vom Widerschein der Kronleuchter hervorgerufenes Erröten.

Diese Sonnentönungen, dieses Abwechseln von Glanz und Schatten bewirkten dennoch, daß Don Fabrizio das Herz weh tat: wie er so schwarz und streng in einer Türhöhlung stand, kamen ihm in dem ungemein patrizierhaften Saal ländliche Bilder in den Sinn – das Hin- und Herschwingen der Goldtöne war das gleiche wie auf den endlosen Kornfeldern um Donnafugata, die wie in Ekstase waren, um Gnade flehend unter der Tyrannei der Sonne. Auch in diesem Saale war, wie auf den Lehnsgütern Mitte August, die Ernte lange schon eingebracht, anderswo gelagert, und es blieb – wie dort – nur die Erinnerung in der Farbe der Stoppeln, verbrannt übrigens und unnütz. Der Walzer, dessen Klänge durch die warme Luft hertönten, schien ihm nur eine Stilisierung jenes unaufhörlichen Wehens der Winde, die ihre Trauer in gebrochenen Akkorden über die verdursteten Flächen hinspielen, gestern, heute, morgen, immer, immer und immer. Die Menge der Tanzenden, unter denen er doch so viele Menschen zählte, die, wenn nicht seinem Herzen, so doch dem Blute nach ihm nahe waren, erschien ihm schließlich irreal, zusammengefügt aus jenem Stoff, aus dem die wertlos gewordenen Erinnerungen gewoben sind, ein Stoff, der noch vergänglicher ist als jener, der uns in Träumen verwirrt. Die Götter an der Decke, die sich auf goldenen Sitzen sanft niederneigten, blickten herab, lächelnd und unerbittlich wie der Sommerhimmel. Sie glaubten ewig zu dauern: eine in Pittsburgh/Pennsylvanien hergestellte Bombe sollte ihnen im Jahre 1943 das Gegenteil beweisen.

»Schön, Fürst, schön! So etwas wird heute – beim gegenwärtigen Wert der Goldzechine – nicht mehr gemacht!« Sedàra hatte sich neben ihn gestellt: seine wachen

Äuglein durchliefen den Raum, unempfindlich für die Anmut, aufmerksam nur auf den Geldwert.

Don Fabrizio spürte plötzlich, daß er ihn haßte; diesem Sichselbstbehaupten-Wollen bei Don Calògero und hundert anderen seinesgleichen, ihren dunklen Machenschaften, ihrem zähen Geiz, ihrer Gier verdankte man die Todesstimmung, die jetzt ganz deutlich diese Paläste verdüsterte; und ihm selbst, seinen lieben Freunden, ihrem tatenlosen Groll, ihrem Unterlegenheitsgefühl, der Tatsache, daß es ihnen nicht geglückt war, erfolgreich zu wirken – alledem war es schließlich zu verdanken, daß jetzt auch ihn, Don Fabrizio, die schwarzen Anzüge der Tänzer an die Krähen gemahnten, die auf der Suche nach verwester Beute in die kleinen, weltverlorenen Täler hinabgleiten. Er hatte Lust, Sedàra eine böse Antwort zu geben, ihm zu sagen, er solle sich auf und davon machen. Aber das konnte man nicht: er war Gast, war Vater der lieben Angelica. Er war vielleicht ein unglücklicher Mensch wie die andern.

»Ja, schön, Don Calògero, schön! Aber eines gibt es, was alles übertrifft: unsere beiden Kinder.« Tancredi und Angelica tanzten in diesem Augenblick an ihnen vorüber; seine behandschuhte Rechte berührte kaum ihre Taille, die ausgestreckten Arme waren dicht aneinandergepreßt, ihre Augen schauten sich unverwandt an. Das Schwarz seines *frac*, die rosige Farbe ihres Kleides untermischt, bildeten so etwas wie ein seltsames Juwel. Sie boten ein Schauspiel, das mehr als jedes andere pathetisch ist: das Schauspiel zweier ganz junger, ineinander verliebter Menschen, die zusammen tanzen, gegenseitig blind für ihre Fehler, taub für die Mahnungen des Schicksals, in der Illusion gefangen, daß ihr ganzer Lebensweg glatt sein werde wie der Boden des Saales – so erschienen sie etwa wie Schauspieler, denen ein Regisseur die Rollen von Romeo und Julia zu spielen gäbe (ohne daß sie das Stück kennten), wobei er ihnen Krypta und Gift verheimlicht, die doch schon im Textbuch vorgesehen sind. Keines von beiden war unbedingt gut, eines wie das andere steckte voller Berechnungen, eitel geheime Ziele verfolgend; aber beide waren sie liebenswert und rührend trotz ihres Ehrgeizes, der ihnen ja nicht klar bewußt, sondern der naiv war; zudem wurde er ausgelöscht durch die Worte heiterer Zärtlichkeit, die er ihr ins Ohr flüsterte, durch den Duft ihres Haares, durch das wechselseitige Aneinanderdrängen ihrer Körper, die doch dazu bestimmt waren, zu sterben.

Die beiden jungen Menschen entfernten sich, andere Paare tanzten vorbei, nicht so schön, ebenso rührend, ein jedes in diese Blindheit versunken, die bald vorüber sein würde. Don Fabrizio spürte, wie sein steinernes Herz weich wurde: der Widerwille wich dem Mitleid mit all diesen vergänglichen Wesen, die sich des schwachen Lichtstrahls freuten, der ihnen zwischen den zwei Finsternissen, der vor der Wiege, der nach den letzten Zukkungen, gewährt wird. Wie könnte man gegen jemanden grausam sein, der ja doch würde sterben müssen? Das hieße so erbärmlich sein wie die Fischweiber, die vor sechzig Jahren die Verurteilten auf dem Marktplatz beschimpften. Auch die Äffchen auf den *poufs*, auch seine Freunde, die alten Dummköpfe, waren bejammernswert, unrettbar verloren und liebenswert wie das zum Schlachthaus getriebene Vieh, das nachts in den Straßen der Stadt laut klagt; das Ohr eines jeden würde eines Tages getroffen werden vom Klang des feinen Glöckchens, den er vor drei Stunden hinter San Domenico gehört hatte. Man durfte nichts anderes hassen als die Ewigkeit.

Und all die Menschen, die die Salons füllten, all diese unschönen Frauen, diese unintelligenten Männer, diese beiden eitlen Geschlechter waren Blut von seinem Blut, waren er selbst; nur mit ihnen verstand er sich, nur mit ihnen fühlte er sich wohl. ›Ich bin vielleicht klüger, bin sicher gebildeter als sie, aber ich bin vom selben Schlag, wir tragen die gleiche Verantwortung.‹

Er bemerkte, daß Don Calògero mit Giovanni Finale über die mögliche Preiserhöhung der *caciocavalli*-Käse sprach; seine Augen waren in der Hoffnung auf diese beglückende Möglichkeit weich geworden, wie geschmolzen. Don Fabrizio konnte sich ohne Bedenken von hier fortbegeben.

Bis dahin hatte ihm die angehäufte Gereiztheit Tatkraft verliehen; jetzt, mit der Entspannung, befiel ihn Müdigkeit: es war schon zwei Uhr. Er suchte einen Platz, an dem er ruhig sitzen könnte, fern von den Menschen, die er ja liebte – sie waren seine Brüder, aber doch immer langweilig. Er fand diesen Platz sehr bald: die Bibliothek, klein, still, erleuchtet und leer. Er setzte sich, dann erhob er sich wieder und trank von dem Wasser, das dort auf dem Tischchen stand. ›Nur das Wasser ist wirklich gut‹, dachte er als echter Sizilianer; und er wischte die Tröpfchen nicht ab, die auf der Lippe zurückgeblieben waren. Er setzte sich wieder hin. Die Bibliothek gefiel ihm, hier fühlte er sich rasch wohl; sie ließ es zu, daß er sie in Besitz nahm, denn sie war unpersönlich wie alle wenig benutzten Zimmer: Ponteleone war nicht der Typ dafür, seine Zeit hier drin zu verlieren. Er begann ein Gemälde zu betrachten, das ihm gegenüber hing, eine gute Kopie vom *Tod des Gerechten* von Greuze: der ehrwürdige Alte lag in seinem Bett, in den letzten Zügen, zwischen aufgetürmten Kissen, die Wäsche war äußerst sauber; er war umgeben von den betrübten Enkeln und von Enkelinnen, die die Arme zur Decke hoben. Die Mädchen waren voll Anmut, etwas keck, die Unordnung in ihren Kleidern ließ eher Zügellosigkeit vermuten als Schmerz: man merkte sogleich, sie waren auf dem Gemälde die Hauptsache. Dennoch war Don Fabrizio einen Augenblick davon überrascht, daß Diego eine so traurige Szene immer vor Augen haben wollte; dann beruhigte er sich in dem Gedanken, er käme ja doch höchstens einmal im Jahr in dieses Zimmer.

Sogleich danach fragte er sich, ob sein Tod jenem ähnlich sein würde – wahrscheinlich ja, davon abgesehen, daß die Wäsche weniger untadelig sein würde (er wußte, die Laken Sterbender sind immer schmutzig, da gibt es Speichel, Entleerungen, Flecke von Medizinen ...), und es war zu hoffen, daß Concetta, Carolina und die anderen anständiger gekleidet sein würden. Aber im großen ganzen das gleiche. Wie immer, stimmte ihn die Betrachtung seines eigenen Todes ebenso gleichmütig, wie ihn die vom Tode der anderen trübe stimmte; vielleicht, weil am Ende sein Tod in erster Linie den einer ganzen Welt bedeuten würde?

Das führte ihn dazu, an das Familiengrab zu denken, oben bei den Kapuzinern: man mußte einiges erneuern. Schade nur, daß es nicht mehr erlaubt war, dort die Leichen in der Krypta am Hals aufzuhängen und dann zu sehen, wie sie langsam zu Mumien wurden: er in seiner Größe und Länge hätte an jener Mauer eine prächtige Figur gemacht, in den mächtig langen Hosen von weißem *piqué*, recht, um die jungen Mädchen zu schrecken mit dem unverrückbaren Lächeln im lederngewordenen Gesicht. Aber nein, man würde ihn in Gala kleiden, vielleicht in diesen *frac*, den er anhatte ...

Die Tür öffnete sich. »Großer Onkel, du bist heute abend eine Schönheit. Der schwarze Anzug steht dir ausgezeichnet. Aber was betrachtest du da? Hofierst du den Tod, als wäre er eine schöne Frau?«

Tancredi hatte Angelica am Arm; beide waren, noch unter der sinnlichen Einwirkung des Tanzes, ermüdet. Angelica setzte sich und bat Tancredi um ein Taschentuch, um sich die Schläfen abzutupfen; Don Fabrizio gab ihr das seine. Die beiden jungen Menschen betrachteten das Gemälde vollkommen gleichgültig. Für sie war die Bekanntschaft mit dem Tode noch rein intellektuell, er war sozusagen ein Kulturfaktum, weiter nichts, er vermittelte ihnen noch nicht die Kenntnis, daß er ihnen das Mark in den Knochen verdorren lassen würde. Der Tod – nun ja, ohne Zweifel gab es ihn, aber das war etwas für die anderen. Don Fabrizio dachte daran, daß junge Menschen, da sie diesen höchsten Trost nicht aus der Nähe kennen, Schmerzen härter empfinden als die Alten: für diese ist der Notausgang näher.

»Fürst«, sagte Angelica, »man hat uns gesagt, daß Sie hier seien; wir sind hergekommen, um uns auszuruhen, aber auch, um Sie um etwas zu bitten; ich hoffe, Sie werden es mir nicht abschlagen.« Ihre Augen lachten schalkhaft, ihre Hand legte sich auf Don Fabrizios Ärmel. »Ich wollte Sie bitten, mit mir die nächste Mazurka zu tanzen. Sagen Sie ja, seien Sie kein Spielverderber: es ist bekannt, daß Sie ein großer Tänzer waren.« Der Fürst fühlte sich höchst glücklich, ihm schwoll geradezu der Kamm. Alles andere als die Krypta bei den Kapuzinern! Seine bärtigen Wangen gingen vor Freude hin und her. Die Vorstellung der Mazurka jedoch schreckte ihn ein wenig; dieser Soldatentanz, ganz nur Füßestampfen und Drehungen, war nichts mehr für seine Gelenke. Vor Angelica niederknien wäre eine Lust gewesen – aber wenn er hernach Mühe hätte, sich wieder zu erheben?

»Danke, meine Tochter; du machst mich wieder jung. Ich werde glücklich sein, deinem Wunsche nachzukommen; aber die Mazurka nicht. Schenke mir den ersten Walzer.«

»Siehst du, Tancredi, wie gut der Onkel ist! Er ist nicht so launisch wie du. Denken Sie, Fürst – er wollte nicht, daß ich Sie darum bäte, er ist eifersüchtig.«

Tancredi lachte: »Wenn man einen so schönen, eleganten Onkel hat wie ihn, muß man natürlich eifersüchtig sein! Aber – für diesmal will ich mich nicht widersetzen.« Sie lächelten alle drei, und Don Fabrizio wußte nicht recht, ob sie dieses Komplott geschmiedet hatten, um ihm eine Freude oder um sich über ihn lustig zu machen. Das war nicht wichtig – liebenswert waren sie doch.

Als sie hinausgehen wollten, fuhr Angelica mit den Fingern flüchtig über den gewirkten Stoff eines Sessels. »Hübsch sind die; eine schöne Farbe. Aber die in Ihrem Hause, Fürst . . .« Das Schiff setzte, wie üblich, zu voller Fahrt an. Tancredi legte sich ins Mittel: »Genug, Angelica. Wir beide sind dir gut, auch abgesehen von deinen Kenntnissen in puncto Möbel. Laß die Sessel in Ruh und komm tanzen.«

Auf dem Wege zum Ballsaal sah Don Fabrizio, daß Sedàra noch immer mit Giovanni Finale sprach. Man hörte Worte wie *russella, primintio, marzolino:* sie verglichen die Vorzüge des verschiedenen Saatguts. Der Fürst sah voraus, daß Don Calògero sehr bald würde nach Margarossa eingeladen werden – auf das Gut, für das sich Finale dank seiner landwirtschaftlichen Reformen langsam zugrunde richtete.

Das Paar Angelica–Don Fabrizio machte eine prächtige Figur. Die riesigen Füße des Fürsten bewegten sich mit überraschend zarter Leichtigkeit: nie brachten sie die Atlasschuhchen seiner Dame in die Gefahr, gestreift zu werden. Seine große Tatze umfaßte ihre Taille fest und kräftig, das Kinn ruhte auf der Lethewelle ihrer Haare; aus Angelicas Ausschnitt stieg ihr Parfüm auf, das *bouquet à la Maréchale*, vor allem aber ein Duft nach junger, glatter Haut. Ein Satz Tumeos kam ihm in den Sinn: »Ihre Bettlaken haben sicher den Duft des Paradieses.«

Ein ungehöriger Satz, ein grober Satz; aber ganz richtig. Dieser Tancredi . . .

Sie plauderte. Ihre natürliche Eitelkeit war ebenso befriedigt wie ihr zäher Ehrgeiz. »Ich bin so glücklich. Alle waren so liebenswürdig, so gut. Und Tancredi ist ein Schatz; auch Sie sind ein Schatz. Alles das danke ich Ihnen, großer Onkel: auch Tancredi. Denn man weiß ja, wie es ausgegangen wäre, wenn Sie nicht gewollt hätten.« »Ich bin schuldlos daran, meine Tochter; alles das verdankst du nur dir.« Das stimmte; nie hätte ein Tancredi ihrer mit ihrem Vermögen verbundenen Schönheit widerstanden. Er hätte sie geheiratet, auch wenn er alles hätte niedertreten müssen. Der Fürst verspürte einen Stich im Herzen: er dachte an die stolzen, gedemütigten Augen Concettas. Aber es war ein kurzer Schmerz – bei jeder Drehung des Tanzes fiel ein Jahr von seinen Schultern; bald kam es ihm vor, er sei wieder zwanzig Jahre alt; damals tanzte er in diesem selben Saale mit Stella, damals wußte er noch nicht, was Enttäuschungen sind, Überdruß, all das übrige. Für eine ganz kurze Zeit wurde in jener Nacht der Tod in seinen Augen wieder ›etwas für die anderen‹.

So vertieft war er in seine Erinnerungen, die mit dem augenblicklichen Gefühl so gut zusammenstimmten, daß er nicht sofort merkte, wie auf einmal Angelica und er allein tanzten. Die anderen Paare hatten, vielleicht von Tancredi dazu angestiftet, zu tanzen aufgehört und sahen zu; auch die beiden Ponteleone standen da: sie schienen gerührt, sie waren älter und verstanden das vielleicht. Auch Stella war älter; doch ihre Augen blickten von einer Tür finster herüber. Als das Orchester schwieg, brach ein Beifall nur darum nicht los, weil Don Fabrizio zu löwenhaft aussah, als daß man solche Unziemlichkeit gewagt hätte.

Nachdem der Walzer zu Ende war, schlug Angelica Don Fabrizio vor, er solle an ihrem und Tancredis Tische speisen. Er hätte das sehr gern getan; aber gerade in diesem Augenblick waren die Erinnerungen an seine Jugend viel zu lebhaft, als daß ihm nicht klar gewesen wäre, wie schwer ihm damals, während Stella wenige Schritte entfernt stand, ein Diner mit einem alten Onkel gefallen wäre. Verliebte wollen allein sein, eher noch mit Fremden zusammen; mit Älteren aber und, das Schlimmste vom Schlimmen, mit Verwandten – nie.

»Danke, Angelica, ich habe keinen Appetit. Ich nehme irgend etwas im Stehen. Diniere mit Tancredi, an mich braucht ihr nicht zu denken.«

ANTONIO SKÁRMETA

Das Ende des Tango

Hölle, verdammt, das trübe Bild dessen, was ich bin zwischen den Gläsern, den Krabbenhäppchen und Käse-Petit-bouches, verdammt, diese Hitze zwischen den Beinen, mein gebogenes Kreuz, sich in ein anderes Gestrüpp verbeißend, jenes das du hast, Luder, da unten, wo sich die feinste Membrane meiner Haut versehrt, verdammt, dieses sich schamlose Ergießen von Fleisch, während ich den Tango mit dir tanze (du, die aus dem fernen Land), und der Fuchspelz deiner Mutter fällt über die Falten deines Samtes, und du schwebst über der hohen elfenbeinernen Ebene, von der aus du meinen Verrenkungen beiwohnst, mit einer vagen Geste Rauchringe ausstoßend, so, ah haha, und wenn man bedenkt, daß ich einmal gewieft war, Luder, und daß es diese gleichen Hände waren, die sich in deine Taille verbissen, die durchtrie-

René Bertrand, »Mistinguett et Max Dearly dansants la valse chaloupée«

bene, die rechte, und die heimtückische linke versuchten, in dich einzudringen, und es war eine bessere Zeit, manchmal regnete es im Winter, nicht wie in diesen dahinsiechenden, diesen verdorrten Parks, der armselige Bronzepimmel des Dichters Rubén Darío von seinem Denkmal aus einen dünnen Strahl über den Rasen verspritzend, und der Regen existiert nur in den Zeitungen, es regnet in einem fernen Land, nicht so leer wie du es bist, kleines Luder, Süße, Liebling, ein Land wie Vietnam, das du kennen solltest, um auf einen anderen Planeten zu ziehen, damit du nicht ständig die Vögel verscheuchst, nicht dauernd das Mundstück deiner Zigarette mit Lippenstift beschmierst, damit du deinen Bauch nicht einziehst, meinem Glied ausweichend beim Tango, damit du, Miststück, außerhalb dieser Zone existierst, außerhalb dieser zerbrechlichen Nation, dieser Stupsnase, wo du mit den Engeln zu ficken scheinst, und du verdrehst die Augen, ziehst deine Finger von meiner abgeschabten Wildlederjacke zurück und führst sie zu dem etwas säuerlichen Flaum deiner Oberschenkel, oh verdammt, und lenkst den Freudenpfriem des Erzengels mit deinen eigenen Fingerspitzen (wer bist du? wer?: deine heiße Stimme), und langsam bricht die Flut aus deinem Fleisch, und ich bin ausgeschlossen von deinem Brand, ich tanze Tango mit dir, nicht einmal einen argentinischen von D'Arienzo oder Canaro, sondern einen französischen, den von Brel, den düstersten, vielleicht der geeignetste, um die Musik beiseite zu lassen, dir zuliebe meine Symphonie verbrennend (jene, die in Philadelphia preisgekrönt wurde, eben die), und dann zu sehen, wie dich das kaum berührt, zu sehen, wie deine meergrünen Augen gleichgültig das Abziehen des roten Cellophanstreifens einer neuen Packung Lucky Strike verfolgen, während ich eine Geigenpassage wiederhole, so als ob ich mit dir Zwiesprache halten würde, aber vielleicht nicht einmal das, vielleicht ist das, was erklingt von Tartini oder Mozart, irgend eine andere Scheiße, und morgen, morgen heißt es, in dem alten Landhaus die Bezüge der Möbel zu putzen (es sind die Vögel, die durch das Fenster eindringen und alles vollscheißen), und man denkt, es wird regnen, aber das stimmt nicht, es ist nur, daß alles so schnell vermodert, die Insekten in der Luft, im Radio immer der gleiche Jingle, und ich, immer wieder ich, so unausweichlich, so besessen, so heiß und nah, wenn mich meine verstorbene Mutter sehen würde, ah haha haha, wenn meine Schüler vom Konservatorium mich mit diesem morgendlichen Ständer sehen würden, mit dieser halb ersprießlichen halb schleichenden Vernichtung, so ziemlich das einzige, was mir bleibt, und du, Luder, du entreißt es mir mit dem Tango, meine Zunge dringt unter dein Haar, die Papillen durchbohren deinen Dschungel, ich habe dich stets wie ein Land gesehen, wie einen naiven Atlas, ein fernes Land, für das keine Pässe ausgestellt werden, meine Zunge durchdringt das Gestrüpp, verdorrt, dürstend nach einem Trank, und plötzlich, plötzlich die glänzenden Umrisse deines Ohrs, es nun findend, darin lebend, dich leckend, oh Himmel, Himmel, jede deiner Höhlungen ist das Abbild meines Todes, es ist Saugen, Abgrund, freier Sturz, und wer uns sehen würde, wer wüßte, meine Zunge berührt kaum dein Ohrläppchen, du glühst, doch so gut wie nicht, ich bin eine Feuersbrunst in diesem Saal, aber das macht nichts, denn ich existiere nicht, wenn jemand uns fotografieren würde, wäre nichts zu sehen, vielleicht der vage Schatten eines aufdringlichen Liebhabers, die Blässe eines Flittchens, das es versteht, sich aufzugeilen beim Anblick der hinter den Vorhängen des Saales rauchenden Männer, beim Anblick jenes, der durch die Zähne lacht mitten auf der Tanzfläche, jenes, der düster die Samtfalte auf der Rundung deines Hintern anstarrt und die Linie deines Beines streift, und er tanzt den Tango mit dir – ah, verdammt – sein Knie drückt sich forschend durch die gut geschnittene Hose, um dir ein wenig die Schenkel zu öffnen, er versucht, seine rauhe Wange an dich zu pressen, und du widerstehst mir, du bist eine entfernte Nation, irgend eine Art Holland oder Hindostan, und ich, Vollidiot, stehe fest zum Streik der Symphoniker, von der Loge aus sehe ich dich ficken, und ich bin der Mann, den du liebst, und ich bin der Mann, der dich liebt, und du beugst dich so leicht vor diesem fremden Blick, so betörend ist deine Hingabe, so flexibel und mütterlich die Linie deiner Taille, so als ob ein ferner Sohn sich in deine Knochen einnisten wollte, die Finger weich in dein warmes Fleisch grabend, und fast schwebst du über dem Teppich, wie eine aufsteigende Madonna, und ich müßte dich beten, und ein anderer nimmt dich, und ich existiere kaum noch, ich bin der Mann, den du liebst, aber dein Leib hat sich von mir weggebeugt, mein Geschlecht erleidet Schiffbruch in diesem Saal, stirbt in diesem Tango, dich begattet jetzt ein Gespenst, und Triller des Morgengrauens zerfleischen sich draußen, oder ist es mein Blut, das die Vögel erstickt, jene, die ich so gut kenne, alle diese Vögel, die die Strecke zwischen der Rundung deiner nackten Schulter und den verlassenen Bäumen zurücklegen, diese mir bekannte Morgendämmerung, in der die Zigarette dich nicht mehr zurückhält, in der die vergrauten Laken feindlich sind, fast verschlingen sie deine Beine, aber du singst irgend etwas, irgend eine jämmerliche Melodie, und ich fühle mich so miserabel in meinen Unterhosen, in den Park blickend, und du, wer bist du, und wer ist Brel, und jetzt, du Luder, was hast du mit meinen Händen gemacht, warum drücken sie sich so an dein Fleisch, dich befreiend, wo ich doch morden will, und dieser Wein, der überall kreist, und jetzt der Magen, der sich mir umdreht und – wie man so sagt – in Brand gerät, was ist das für ein Land, von welchen Wölfen wird es bevölkert, welche Sprache wird so atemlos gesprochen, so nutzlos dieses dumpfe Keuchen, das mein Fleisch erdrückt, was tust du mir an, was für ein Tango ist das, der mich tötet ohne jeglichen Tod, was für eine Ohnmacht ist das, verdammtes Luder, welche Kraft, die in mir versiegt, was ich tanze ist ein Quartett von Brahms, und diesen Triumph werde ich dir nicht lassen: nimm meine Liebe, aber nicht meine Wut, und jetzt erinnere ich mich an diesen Typen, der wortwörtlich aus Liebe stirbt in der »Prinzessin von Clèves«, und die Musik war vielleicht von Lully, aber das ist das schlimmste, diese Scheißhosen werden immer hinfälliger, meine Beine entblößen sich, hier, hautnah, verspüre ich irgend einen Ekel, was für eine Tunte bin ich, indem ich dich liebe, so schweigend, wie die Niederlage des Kreisels, wenn er wankt und auf das Straßenpflaster fällt, wer singt, welche Passage ist die beste, die ich schrieb, und jetzt, das Streifen deines Haares, und mein immer blasser werdender Bart, der spärlich sprießende Flaum über meine Lippen, und, Heiliger Vater, sogar der Oberkörper preßt sich mir zusammen und ich klebe an deinem Hemd, die Brust bricht mir auseinander, deine Titten dringen aus mir wie eine Granate, erzeugt in meinen Flanken, meine Beine geben immer mehr nach, dahinwelkender Samt, und wer umschlingt mich, das Holz des Fußbodens versinkt, meine Füße, so klein auf dem Teppich, und ich, wo bin ich, was ist das für eine Stille, und du, die du mich so erbittert führst, was gehst du mich an, und dein hartes Geschlecht zwischen meinen Beinen, als ob es dir gehörte, du mit deinem Thron auf dem Rücken, deiner beschissenen Symphonie und deinen Quartetten, dein Mund, sich in meinen Hals verbeißend, hah, jetzt bist du wirklich pikiert, der Rock rutscht mir rauf und die Männer sehen meine Strumpfbänder, sie sehen, wie mir der Schweiß von den Schenkeln rinnt, und du bringst mich um, und ich weiß schon, was dir passieren wird, du wirst in dir oder in mir enden, wenn der Morgen endgültig dämmert, und du wirst deinen eigenen Widerwillen haben, dein lateinamerikanisches Wissen, deinen billigen Anzug, ich aber, ich werde dort sein, wo du sagst, in einer fernen Nation, dort, wo du sagst, auf einem anderen Stern, das wärs, Genosse: das ist das Ende des Tangos.

Tanzlust und Tanzzwang

JOHANN WOLFGANG GOETHE

Mignons Tanz

Mignon hatte auf ihn gewartet und leuchtete ihm die Treppe hinauf. Als sie das Licht niedergesetzt hatte, bat sie ihn zu erlauben, daß sie ihm heute abend mit einem Kunststücke aufwarten dürfe. Er hätte es lieber verbeten, besonders da er nicht wußte, was es werden sollte. Allein er konnte diesem guten Geschöpfe nichts abschlagen. Nach einer kurzen Zeit trat sie wieder herein. Sie trug einen Teppich unter dem Arme, den sie auf der Erde ausbreitete. Wilhelm ließ sie gewähren. Sie brachte darauf vier Lichter, stellte eins auf jeden Zipfel des Teppichs. Ein Körbchen mit Eiern, das sie darauf holte, machte die Absicht deutlicher. Künstlich abgemessen schritt sie nunmehr auf dem Teppich hin und her und legte in gewissen Maßen die Eier auseinander, dann rief sie einen Menschen herein, der im Hause aufwartete und die Violine spielte. Er trat mit seinem Instrumente in die Ecke; sie verband sich die Augen, gab das Zeichen und fing zugleich mit der Musik, wie ein aufgezogenes Räderwerk, ihre Bewegungen an, indem sie Takt und Melodie mit dem Schlage der Kastagnetten begleitete.

Behende, leicht, rasch, genau führte sie den Tanz. Sie trat so scharf und so sicher zwischen die Eier hinein, bei den Eiern nieder, daß man jeden Augenblick dachte, sie müsse eins zertreten oder bei schnellen Wendungen das andre fortschleudern. Mitnichten! Sie berührte keines, ob sie gleich mit allen Arten von Schritten, engen und weiten, ja sogar mit Sprüngen und zuletzt halb kniend sich durch die Reihen durchwand.

Unaufhaltsam, wie ein Uhrwerk, lief sie ihren Weg, und die sonderbare Musik gab dem immer wieder von vorne anfangenden und losrauschenden Tanze bei jeder Wiederholung einen neuen Stoß. Wilhelm war von dem sonderbaren Schauspiele ganz hingerissen; er vergaß seiner Sorgen, folgte jeder Bewegung der geliebten Kreatur und war verwundert, wie in diesem Tanze sich ihr Charakter vorzüglich entwickelte.

Streng, scharf, trocken, heftig und in sanften Stellungen mehr feierlich als angenehm zeigte sie sich. Er empfand, was er schon für Mignon gefühlt, in diesem Augenblicke auf einmal. Er sehnte sich, dieses verlassene Wesen an Kindes Statt seinem Herzen einzuverleiben, es in seine Arme zu nehmen und mit der Liebe eines Vaters Freude des Lebens in ihm zu erwecken.

Der Tanz ging zu Ende; sie rollte die Eier mit den Füßen sachte zusammen auf ein Häufchen, ließ keines zurück, beschädigte keines und stellte sich dazu, indem sie die Binde von den Augen nahm und ihr Kunststück mit einem Bückling endigte.

Wilhelm dankte ihr, daß sie ihm den Tanz, den er zu sehen gewünscht, so artig und unvermutet vorgetragen habe. Er streichelte sie und bedauerte, daß sie sich's habe so sauer werden lassen. Er versprach ihr ein neues Kleid, worauf sie heftig antwortete: »Deine Farbe!« Auch das versprach er ihr, ob er gleich nicht deutlich wußte, was sie darunter meine. Sie nahm die Eier zusammen, den Teppich unter den Arm, fragte, ob er noch etwas zu befehlen habe, und schwang sich zur Türe hinaus.

Von dem Musikus erfuhr er, daß sie sich seit einiger Zeit viele Mühe gegeben, ihm den Tanz, welches der bekannte Fandango war, so lange vorzusingen, bis er ihn habe spielen können. Auch habe sie ihm für seine Bemühungen etwas Geld angeboten, das er aber nicht nehmen wollen.

JOSEPH VON EICHENDORFF

Tanz unter der Linde

Unterdes marschierte ich fleißig fort, denn es fing schon an zu dämmern. Die Vögel, die alle noch ein großes Geschrei gemacht hatten, als die letzten Sonnenstrahlen durch den Wald schimmerten, wurden auf einmal still, und mir fing beinah an angst zu werden, in dem ewigen einsamen Rauschen der Wälder. Endlich hörte ich von ferne Hunde bellen. Ich schritt rascher fort, der Wald wurde immer lichter und lichter, und bald darauf sah ich zwischen den letzten Bäumen hindurch einen schönen grünen Platz, auf dem viele Kinder lärmten, und sich um eine große Linde herumtummelten, die recht in der Mitte stand. Weiterhin an dem Platze war ein Wirtshaus, vor dem einige Bauern um einen Tisch saßen und Karten spielten und Tabak rauchten. Von der andern Seite saßen junge Bursche und Mädchen vor der Tür, die die Arme in ihre Schürzen gewickelt hatten und in der Kühle miteinander plauderten.

Ich besann mich nicht lange, zog meine Geige aus der Tasche, und spielte schnell einen lustigen Ländler auf, während ich aus dem Walde hervortrat. Die Mädchen verwunderten sich, die Alten lachten, daß es weit in den Wald hineinschallte. Als ich aber so bis zu der Linde gekommen war, und mich mit dem Rücken dranlehnte, und immer fortspielte, da ging ein heimliches Rumoren und Gewisper unter den jungen Leuten rechts und links, die Bursche legten endlich ihre Sonntagspfeifen weg, jeder nahm die Seine, und eh' ichs mich versah, schwenkte sich das junge Bauernvolk tüchtig um mich herum, die Hunde bellten, die Kittel flogen, und die Kinder standen um mich im Kreise, und sahen mir neugierig ins Gesicht und auf die Finger, wie ich so fix damit hantierte.

Wie der erste Schleifer vorbei war, konnte ich erst recht sehen, wie eine gute Musik in die Gliedmaßen fährt. Die Bauerburschen, die sich vorher, die Pfeifen im Munde, auf den Bänken reckten und die steifen Beine von sich streckten, waren nun auf einmal wie umgetauscht, ließen ihre bunten Schnupftücher vorn am Knopfloch lang herunterhängen und kapriolten so artig um die Mädchen herum, daß es eine rechte Lust anzuschauen war. Einer von ihnen, der sich schon für was Rechtes hielt, haspelte lange in seiner Westentasche, damit es die andern sehen sollten, und brachte endlich ein kleines Silberstück heraus, das er mir in die Hand drücken wollte. Mich ärgerte das, wenn ich gleich dazumal kein Geld in der Tasche hatte. Ich sagte ihm, er sollte nur seine Pfennige behalten, ich spielte nur so aus Freude, weil ich wieder bei Menschen wäre. Bald darauf aber kam ein schmuckes Mädchen mit einer großen Stampe Wein zu mir. »Musikanten trinken gern«, sagte sie, und lachte mich freundlich an, und ihre perlweißen Zähne schimmerten recht charmant zwischen den roten Lippen hindurch, so daß ich sie wohl hätte darauf küssen mögen. Sie tunkte ihr Schnäbelchen in den Wein, wobei ihre Augen über das Glas weg auf mich herüberfunkelten, und reichte mir darauf die Stampe hin. Da trank ich das Glas bis auf den Grund aus, und spielte dann wieder von Frischem, daß sich alles lustig um mich herumdrehte.

Die roten Schuhe

Es war einmal ein kleines Mädchen, gar fein und niedlich, aber im Sommer mußte es stets barfuß gehen, denn es war arm, und im Winter mit großen Holzschuhen, so daß der Spann an seinem kleinen Füßchen ganz rot wurde, was recht jämmerlich aussah.

Mitten im Dorfe wohnte die alte Mutter Schuhmacherin. Sie saß und nähte, so gut sie vermochte, von roten alten Tuchlappen ein Paar kleine Schuhe. Plump genug waren sie, aber nichtsdestoweniger hatte die Alte es sehr gut gemeint, als sie die Arbeit für das kleine Mädchen unternahm. Die Kleine hieß Karen.

Gerade am Begräbnistage ihrer Mutter erhielt sie die roten Schuhe und trug sie zum erstenmal. Zum Trauern waren sie freilich nicht recht geeignet, aber sie hatte ja keine anderen, und darum zog sie dieselben über ihre nackten Füßchen und schritt so hinter dem ärmlichen Sarge her.

Da kam auf einmal ein großer altmodischer Wagen angefahren, in dem eine hohe alte Frau saß. Sie betrachtete das kleine Mädchen und fühlte Mitleid mit demselben. Deshalb sagte sie zu dem Geistlichen: »Hört, gebt mir das kleine Mädchen, dann will ich getreulich für dasselbe sorgen!«

Karen bildete sich ein, sie hätte das alles nur den roten Schuhen zu verdanken, aber die alte Frau sagte, sie wären schrecklich, und ließ sie verbrennen. Karen selbst wurde rein und kleidsam angezogen; sie mußte den Unterricht besuchen und Nähen lernen, und die Leute sagten, sie wäre niedlich, aber der Spiegel sagte: »Du bist mehr als niedlich, du bist schön!«

Da reiste einmal die Königin durch das Land und hatte ihre kleine Tochter, die eine Prinzessin war, bei sich. Die Leute strömten vor das Schloß, und auch Karen fand sich da ein. Die kleine Prinzessin stand weißgekleidet an einer Balkontür und ließ sich bewundern; Schleppe oder Goldkrone hatte sie nicht, aber herrliche rote Saffianschuhe, die freilich weit zierlicher waren als die, welche Mutter Schuhmacherin der kleinen Karen genäht hatte. Nichts in der Welt kann doch den Vergleich mit roten Schuhen aufnehmen!

Jetzt war Karen so alt, daß sie eingesegnet werden sollte; sie erhielt neue Kleider, und neue Schuhe sollte sie auch haben. Der reiche Schuhmacher in der Stadt nahm zu ihrem kleinen Fuße Maß. Es geschah zu Hause in seinem eigenen Zimmer, in dem große Glasschränke mit prächtigen Schuhen und glanzledernen Stiefeln standen. Schön nahm es sich aus, aber die alte Frau sah leider nicht gut und hatte darum auch kein Vergnügen daran. Mitten unter den Schuhen standen ein Paar rote, genau wie sie die Prinzessin getragen hatte; wie schön waren die! Der Schuhmacher sagte auch, sie wären für ein Grafenkind gearbeitet, hätten aber nicht gepaßt.

»Das ist wohl Glanzleder?« fragte die alte Frau, »sie glänzen so!«

»Ja, sie glänzen!« sagte Karen; und sie paßten und wurden gekauft; aber die alte Frau wußte nicht, daß sie rot waren, denn nie würde sie sonst Karen erlaubt haben, mit roten Schuhen zur Einsegnung zu gehen, aber nun tat sie es. Alle Menschen sahen ihr nach den Füßen, und als sie über die Kirchenschwelle zur Chortür hineintrat, kam es ihr vor, als ob selbst die alten Bilder auf den Grabsteinen, die Porträts der Prediger und Predigerfrauen, mit steifen Kragen und langen schwarzen Kleidern, die Augen auf ihre roten Schuhe hefteten; und nur an diese dachte sie auch, als ihr der Prediger die Hand auf das Haupt legte und von der heiligen Taufe redete, vom Bunde mit Gott, und daß sie sich nun wie eine erwachsene Christin aufführen sollte. Die Orgel spielte so feierlich, die lieblichen Kinderstimmen sangen, und der alte Kantor sang, aber Karen dachte nur an die roten Schuhe.

Am Nachmittage erfuhr dann die alte Frau von allen Seiten, daß die Schuhe rot gewesen wären, und sie sagte, das wäre häßlich, es schickte sich nicht, und in Zukunft sollte Karen, sooft sie zur Kirche ginge, stets schwarze Schuhe anziehen, selbst wenn sie alt wären.

Am folgenden Sonntage war die erste Abendmahlsfeier der Konfirmanden; Karen sah erst die schwarzen Schuhe an, dann sah sie die roten an – und dann sah sie noch einmal die roten an und zog sie an. Es war herrlicher Sonnenschein; Karen und die alte Frau schlugen einen Fußsteig durch das Korn ein, auf dem es etwas stäubte.

An der Kirchtür stand ein alter Soldat mit einem Krückstock und mit einem merkwürdig langen Barte, der mehr rot als weiß war; ja, rot war er sicher. Er verneigte sich bis zur Erde und fragte die alte Frau, ob er ihr vielleicht die Schuhe abstäuben sollte. Karen streckte gleichfalls ihren kleinen Fuß vor. »Sieh, welch prächtige Tanzschuhe!« sagte der Soldat. »Sitzt fest, wenn ihr tanzt!« und dann schlug er mit der Hand gegen die Sohlen.

Die alte Frau reichte dem Soldaten ein Geldstück und trat dann mit Karen in die Kirche ein.

Alle Menschen drinnen sahen nach Karens roten Schuhen, und alle Bilder sahen nach ihnen, und als Karen vor dem Altare niederkniete und den goldenen Kelch an die Lippen setzte, dachte sie nur an die roten Schuhe. Es war, als ob sie vor ihr im Kelche schwämmen; und sie vergaß das Lied mitzusingen, sie vergaß ihr Vaterunser zu beten.

Alle Leute verließen jetzt die Kirche, und die alte Frau stieg in ihren Wagen. Schon erhob Karen den Fuß, um hinter ihr einzusteigen, als der alte Soldat, der dicht dabeistand, sagte: »Sieh, welch herrliche Tanzschuhe!« Karen konnte sich nicht enthalten, einige Tanzschritte zu tun, sowie sie aber begann, tanzten die Beine unaufhaltsam fort. Es war, als hätten die Schuhe Macht über sie erhalten. Sie tanzte um die Kirchenecke, denn sie vermochte nicht innezuhalten. Der Kutscher mußte hinterherlaufen und sie greifen; er hob sie in den Wagen, aber auch jetzt setzten die Füße ihren Tanz rastlos fort, daß sie die alte gute Frau empfindlich trat. Erst als sie die Schuhe auszog, erhielten die Beine Ruhe.

Daheim wurden die Schuhe in einen Schrank gestellt, aber Karen wurde nicht müde, sie immer wieder zu betrachten.

Nun erkrankte die alte Frau, und wie das Gerücht sagte, lebensgefährlich. Pflege und Wartung war unumgänglich nötig, und niemand stand ihr näher als Karen. Aber in der Stadt war ein großer Ball, zu dem Karen eingeladen war. Sie sah die alte Frau an, die ja doch rettungslos verloren war, sie sah die roten Schuhe an, und es kam ihr vor, als ob keine Sünde dabei wäre. – Sie zog die roten Schuhe an, und das konnte sie ja auch wohl – aber dann ging sie auf den Ball und begann zu tanzen, und das mußte sie nicht tun.

Als sie aber nach rechts wollte, tanzten die Schuhe nach links, und als sie den Saal hinauf wollte, tanzten die Schuhe den Saal hinunter, die Treppe hinab, durch die Straße und zum Stadttore hinaus. Tanzen tat sie, und tanzen mußte sie, gerade hinaus in den finstren Wald.

Da leuchtete es zwischen den Bäumen, und sie glaubte, es wäre der Mond, denn es war ein Gesicht, aber es war der alte Soldat mit dem roten Barte; er saß und nickte und sagte: »Sieh, welch herrliche Tanzschuhe!«

Da erschrak sie und wollte die roten Schuhe abwerfen, aber sie hingen fest, sie schleuderte ihre Strümpfe von sich, aber die Schuhe waren an den Füßen festgewachsen, und tanzen tat sie, und tanzen mußte sie über Feld und Wiese, in Regen und Sonnenschein, bei Tag und bei Nacht, aber nachts war es am entsetzlichsten.

Sie tanzte auf den offenen Kirchhof hinauf, aber die Toten, die dort ruhten, tanzten nicht, sie hatten viel Besseres zu tun als zu tanzen. Sie wollte sich auf das Grab des Armen setzen, wo das bittre Wurmkraut blühte, aber für sie war keine Ruh noch Rast, und als sie auf die offene Kirchtür zutanzte, erblickte sie neben derselben einen Engel in langen weißen Kleidern, mit Flügeln, die von den Schultern bis auf die Erde hinabreichten; sein Antlitz war streng und ernst, und in der Hand hielt er ein breites und leuchtendes Schwert.

»Tanzen sollst du!« sagte er, »tanzen auf deinen roten Schuhen, bis du bleich und kalt wirst, bis deine Haut nur noch ein Knochengerippe umgibt! Tanzen sollst du von Tür zu Tür, und wo stolze, eitle Kinder wohnen, sollst du anklopfen, daß sie dich hören und sich vor dir fürchten! Tanzen sollst du, tanzen – – – –«

»Gnade!« rief Karen. Aber sie vernahm nicht, was der Engel antwortete, denn die Schuhe trugen sie durch die Pforte auf das Feld hinaus, über Weg und Steg, und immer mußte sie tanzen.

Eines Morgens tanzte sie vor einer Tür vorüber, die ihr sehr wohl bekannt war. Drinnen tönte Choralgesang, man trug einen blumenbekränzten Sarg hinaus. Da wußte sie, daß die alte Frau gestorben war, und es überschlich sie das Gefühl, als ob sie von allen verlassen und von Gottes Engel verdammt wäre.

Tanzen tat sie, und tanzen mußte sie, tanzen in der dunklen Nacht. Die Schuhe trugen sie über Dornen und Baumstümpfe, und sie riß sich bis aufs Blut; sie tanzte über die Heide nach einem kleinen einsamen Hause. Hier wohnte, wie sie wußte, der Scharfrichter, und sie klopfte an die Scheiben und sagte: »Kommt heraus! Kommt heraus! Ich kann nicht hineinkommen, denn ich muß tanzen!«

Der Scharfrichter entgegnete: »Du weißt wahrscheinlich nicht, wer ich bin! Ich schlage den bösen Menschen den Kopf ab, und jetzt höre ich, daß meine Axt klirrt!«

»Schlagt mir nicht den Kopf ab!« sagte Karen, »denn sonst kann ich meine Sünde nicht bereuen! Aber schlagt mir meine Füße mit den roten Schuhen ab.«

Darauf beichtete sie ihre schwere Verschuldung, und der Scharfrichter schlug ihr die Füße mit den roten Schuhen ab, aber die Schuhe tanzten mit den kleinen Füßen hin über das Feld in den tiefen Wald hinein.

Er verfertigte ihr Stelzfüße und Krücken, lehrte sie ein Sterbelied, das die armen Sünder zu singen pflegen, und sie küßte die Hand, welche die Axt geführt hatte, und schritt weiter über die Heide.

»Nun habe ich genug um der roten Schuhe willen gelitten!« sagte sie, »nun will ich in die Kirche gehen, damit man mich sehen kann!« Schnell ging sie auf die Kirchentür zu, als sie sich ihr aber näherte, tanzten die roten Schuhe vor ihr her, und sie erschrak und kehrte um.

Die ganze Woche hindurch war sie traurig und weinte viele heiße Tränen, als aber der Sonntag erschien, sagte sie: »Fürwahr, nun habe ich genug gelitten und gestritten! Jetzt möchte ich glauben, daß ich ebenso gut bin wie viele von denen, die in der Kirche sitzen und hochmütig auf die anderen herabschauen.« Mutig trat sie den Weg an; aber sie war erst bis zur Eingangstür zum Friedhofe gelangt, als sie plötzlich die roten Schuhe vor sich hertanzen sah. Sie erschrak, wandte um und bereute von ganzem Herzen ihre Sünde.

Sie ging zur Pfarre und bot sich als Magd an, sie versprach fleißig zu sein und alles zu tun, was in ihren Kräften stände, auf Lohn sähe sie nicht, sie wünschte nur, wieder ein Obdach zu erhalten und bei guten Menschen zu sein. Die Frau Pfarrerin fühlte Mitleid mit ihr und nahm sie in Dienst. Sie war stets fleißig und in sich gekehrt. Still saß sie da und lauschte aufmerksam zu, wenn der Pfarrer des Abends laut aus der Bibel vorlas. Alle Kinder gewannen sie lieb, sobald dieselben aber von Putz und Staat und davon sprachen, wie schön es sein müßte, eine Prinzessin zu sein, schüttelte sie den Kopf.

Am folgenden Sonntage gingen alle zur Kirche und fragten sie, ob sie sie begleiten wollte, aber traurig und mit Tränen in den Augen sah sie auf ihre Krücken, und nun gingen die anderen hin, Gottes Wort zu hören, sie aber ging allein in ihr kleines Kämmerlein, das nur so groß war, um einem Bette und einem Stuhle Platz zu gewähren. Hier setzte sie sich mit ihrem Gesangbuche hin, und während sie frommen Sinnes darin las, trug der Wind die Orgeltöne von der Kirche zu ihr herüber, und sie erhob ihr mit Tränen benetztes Antlitz und sagte: »Gott sei mir Sünderin gnädig!«

Da schien die Sonne hell und klar, und dicht vor ihr stand der Engel Gottes in den weißen Kleidern, derselbe, den sie in jener verhängnisvollen Nacht an der Kirchtür gesehen hatte, aber er hielt nicht länger das scharfe Schwert, sondern einen herrlichen grünen Zweig voller Rosen. Er berührte mit demselben die Decke, die sich höher und höher dehnte und dort, wo sie berührt war, einen goldenen Stern hervorleuchten ließ, und er berührte die Wände, und sie erweiterten sich, bis sie die Orgel erblickte, die gespielt wurde, und die alten Bilder der früheren Pfarrer und Pfarrfrauen sah. Die Gemeinde saß in den festlich geschmückten Stühlen und sang aus dem Gesangbuche. So war die Kirche selbst zu der armen Magd in ihre kleine, enge Kammer gekommen; oder auch war sie dahingekommen. Sie saß in dem Kirchstuhle bei den übrigen Leuten des Pfarrers, und als sie nach Beendigung des Chorals aufblickte, nickten sie ihr zu und sagten: »Das war recht, daß du kamst, Karen!«

»Das war Gnade!« erwiderte sie.

Und die Orgel klang, und der Chor der Kinderstimmen tönte mild und lieblich. Der klare Sonnenschein strömte warm durch das Fenster in den Kirchenstuhl, in dem Karen saß, hinein. Ihr Herz ward so voller Sonnenschein, Friede und Freude, daß es brach. Auf den Sonnenstrahlen flog ihre Seele zu Gott, und vor seinem Thron war niemand, der nach den roten Schuhen fragte.

GOTTFRIED KELLER

Das Tanzlegendchen

> Du Jungfrau Israel, du sollst noch fröhlich pauken und herausgehen an den Tanz. – Alsdann werden die Jungfrauen fröhlich am Reigen sein, dazu die junge Mannschaft und die Alten miteinander.
>
> *Jeremia* 31,4.13

Nach der Aufzeichnung des heiligen Gregorius war Musa die Tänzerin unter den Heiligen. Guter Leute Kind, war sie ein anmutvolles Jungfräulein, welches der Mutter Gottes fleißig diente, nur von *einer* Leidenschaft bewegt, nämlich von einer unbezwinglichen Tanzlust, dermaßen, daß, wenn das Kind nicht betete, es unfehlbar tanzte. Und zwar auf jegliche Weise. Musa tanzte mit ihren Gespielinnen, mit Kindern, mit den Jünglingen und auch allein; sie tanzte in ihrem Kämmerchen, im

Saale, in den Gärten und auf den Wiesen, und selbst wenn sie zum Altar ging, so war es mehr ein liebliches Tanzen als ein Gehen, und auf den glatten Marmorplatten vor der Kirchentüre versäumte sie nie, schnell ein Tänzchen zu probieren.

Ja, eines Tages, als sie sich allein in der Kirche befand, konnte sie sich nicht enthalten, vor dem Altar einige Figuren auszuführen und gewissermaßen der Jungfrau Maria ein niedliches Gebet vorzutanzen. Sie vergaß sich dabei so sehr, daß sie bloß zu träumen wähnte, als sie sah, wie ein ältlicher aber schöner Herr ihr entgegentanzte und ihre Figuren so gewandt ergänzte, daß beide zusammen den kunstgerechtesten Tanz begingen. Der Herr trug ein purpurnes Königskleid, eine goldene Krone auf dem Kopf und einen glänzend schwarzen gelockten Bart, welcher vom Silberreif der Jahre wie von einem fernen Sternenschein überhaucht war. Dazu ertönte eine Musik vom Chore her, weil ein halbes Dutzend kleine Engel auf der Brüstung desselben stand oder saß, die dicken runden Beinchen darüber hinunterhängen ließ und die verschiedenen Instrumente handhabte oder blies. Dabei waren die Knirpse ganz gemütlich und praktisch und ließen sich die Notenhefte von ebensoviel steinernen Engelsbildern halten, welche sich als Zierat auf dem Chorgeländer fanden; nur der Kleinste, ein pausbäckiger Pfeifenbläser, machte eine Ausnahme, indem er die Beine übereinanderschlug und das Notenblatt mit den rosigen Zehen zu halten wußte. Auch war der am eifrigsten: die übrigen baumelten mit den Füßen, dehnten, bald dieser, bald jener, knisternd die Schwungfedern aus, daß die Farben derselben schimmerten wie Taubenhälse, und neckten einander während des Spieles.

Über alles dies sich zu wundern, fand Musa nicht Zeit, bis der Tanz beendigt war, der ziemlich lang dauerte; denn der lustige Herr schien sich dabei so wohl zu gefallen als die Jungfrau, welche im Himmel herumzuspringen meinte. Allein als die Musik aufhörte und Musa hochaufatmend dastand, fing sie erst an, sich ordentlich zu fürchten, und sah erstaunt auf den Alten, der weder keuchte noch warm hatte und nun zu reden begann. Er gab sich als David, den königlichen Ahnherrn der Jungfrau Maria, zu erkennen und als deren Abgesandten. Und er fragte sie, ob sie wohl Lust hätte, die ewige Seligkeit in einem unaufhörlichen Freudentanze zu verbringen, einem Tanze, gegen welchen der soeben beendigte ein trübseliges Schleichen zu nennen sei?

Worauf sie sogleich erwiderte, sie wüßte sich nichts Besseres zu wünschen! Worauf der selige König David wiederum sagte: so habe sie nichts anderes zu tun, als während ihrer irdischen Lebenstage aller Lust und allem Tanze zu entsagen und sich lediglich der Buße und den geistlichen Übungen zu weihen, und zwar ohne Wanken und ohne allen Rückfall.

Diese Bedingung machte das Jungfräulein stutzig und sie sagte: Also gänzlich müßte sie auf das Tanzen verzichten? Und sie zweifelte, ob denn auch im Himmel wirklich getanzt würde? Denn alles habe seine Zeit; dieser Erdboden schiene ihr gut und zweckdienlich, um darauf zu tanzen, folglich würde der Himmel wohl andere Eigenschaften haben, ansonst ja der Tod ein überflüssiges Ding wäre.

Allein David setzte ihr auseinander, wie sehr sie in dieser Beziehung im Irrtum sei, und bewies ihr durch viele Bibelstellen sowie durch sein eigenes Beispiel, daß das Tanzen allerdings eine geheiligte Beschäftigung für Selige sei. Jetzt aber erfordere es einen raschen Entschluß, ja oder nein, ob sie durch zeitliche Entsagung zur ewigen Freude eingehen wolle oder nicht; wolle sie nicht, so gehe er weiter; denn man habe im Himmel noch einige Tänzerinnen vonnöten.

Jules P. Pascin, »Petite Danseuse«

Musa stand noch immer zweifelhaft und unschlüssig und spielte ängstlich mit den Fingerspitzen am Munde; es schien ihr zu hart, von Stund an nicht mehr zu tanzen um eines unbekannten Lohnes willen.

Da winkte David, und plötzlich spielte die Musik einige Takte einer so unerhört glückseligen, überirdischen Tanzweise, daß dem Mädchen die Seele im Leibe hüpfte und alle Glieder zuckten; aber sie vermochte nicht eines zum Tanze zu regen, und sie merkte, daß ihr Leib viel zu schwer und starr sei für diese Weise. Voll Sehnsucht schlug sie ihre Hand in diejenige des Königs und gelobte das, was er begehrte.

Auf einmal war er nicht mehr zu sehen und die musizierenden Engel rauschten, flatterten und drängten sich durch ein offenes Kirchenfenster davon, nachdem sie in mutwilliger Kinderweise ihre zusammengerollten Notenblätter den geduldigen Steinengeln um die Backen geschlagen hatten, daß es klatschte.

Aber Musa ging andächtigen Schrittes nach Hause, jene himmlische Melodie im Ohr tragend, und ließ sich ein grobes Gewand anfertigen, legte alle Zierkleidung ab und zog jenes an. Zugleich baute sie sich im Hintergrunde des Gartens ihrer Eltern, wo ein dichter Schatten von Bäumen lagerte, eine Zelle, machte ein Bettchen von Moos darin und lebte dort von nun an abgeschieden von ihren Hausgenossen als eine Büßerin und Heilige. Alle Zeit brachte sie im Gebete zu und öfter schlug sie sich mit einer Geißel; aber ihre härteste Bußübung bestand darin, die Glieder still und steif zu halten; sobald nur ein Ton erklang, das Zwitschern eines Vogels oder das Rauschen der Blätter in der Luft, so zuckten ihre Füße und meinten, sie müßten tanzen.

Als dies unwillkürliche Zucken sich nicht verlieren wollte, welches sie zuweilen, ehe sie sich dessen versah, zu einem kleinen Sprung verleitete, ließ sie sich die feinen

Füßchen mit einer leichten Kette zusammenschmieden. Ihre Verwandten und Freunde wunderten sich über die Umwandlung Tag und Nacht, freuten sich über den Besitz einer solchen Heiligen und hüteten die Einsiedelei unter den Bäumen wie einen Augapfel. Viele kamen, Rat und Fürbitte zu holen. Vorzüglich brachte man junge Mädchen zu ihr, welche etwas unbeholfen auf den Füßen waren, da man bemerkt hatte, daß alle, welche sie berührt, alsobald leichten und anmutvollen Ganges wurden.

So brachte sie drei Jahre in ihrer Klause zu; aber gegen das Ende des dritten Jahres war Musa fast so dünn und durchsichtig wie ein Sommerwölkchen geworden. Sie lag beständig auf ihrem Bettchen von Moos und schaute voll Sehnsucht in den Himmel, und sie glaubte schon die goldenen Sohlen der Seligen durch das Blau hindurch tanzen und schleifen zu sehen.

An einem rauhen Herbsttage endlich hieß es, die Heilige liege im Sterben. Sie hatte sich das dunkle Bußkleid ausziehen und mit blendend weißen Hochzeitsgewändern bekleiden lassen. So lag sie mit gefalteten Händen und erwartete lächelnd die Todesstunde. Der ganze Garten war mit andächtigen Menschen angefüllt, die Lüfte rauschten und die Blätter der Bäume sanken von allen Seiten hernieder. Aber unversehens wandelte sich das Wehen des Windes in Musik, in allen Baumkronen schien dieselbe zu spielen, und als die Leute emporsahen, siehe, da waren alle Zweige mit jungem Grün bekleidet, die Myrten und Granaten blühten und dufteten, der Boden bedeckte sich mit Blumen und ein rosenfarbiger Schein lagerte sich auf die weiße zarte Gestalt der Sterbenden.

In diesem Augenblicke gab sie ihren Geist auf, die Kette an ihren Füßen sprang mit einem hellen Klange entzwei, der Himmel tat sich auf weit in der Runde voll unendlichen Glanzes, und jedermann konnte hineinsehen. Da sah man viel tausend schöne Jungfern und junge Herren im höchsten Schein, tanzend im unabsehbaren Reigen. Ein herrlicher König fuhr auf einer Wolke, auf deren Rand eine kleine Extramusik von sechs Engelchen stand, ein wenig gegen die Erde und empfing die Gestalt der seligen Musa vor den Augen aller Anwesenden, die den Garten füllten. Man sah noch, wie sie in den offenen Himmel sprang, und augenblicklich tanzend sich in den tönenden und leuchtenden Reihen verlor.

Im Himmel war eben hoher Festtag; an Festtagen aber war es, was zwar vom heiligen Gregor von Nyssa bestritten, von demjenigen von Nazianz aber aufrecht gehalten wird, Sitte, die neun Musen, die sonst in der Hölle saßen, einzuladen und in den Himmel zu lassen, daß sie da Aushülfe leisteten. Sie bekamen gute Zehrung, mußten aber nach verrichteter Sache wieder an den andern Ort gehen.

Als nun die Tänze und Gesänge und alle Zeremonien zu Ende und die himmlischen Heerscharen sich zu Tische setzten, da wurde Musa an den Tisch gebracht, an welchem die neun Musen bedient wurden. Sie saßen fast verschüchtert zusammengedrängt und blickten mit den feurigen schwarzen oder tiefblauen Augen um sich. Die emsige Martha aus dem Evangelium sorgte in eigener Person für sie, hatte ihre schönste Küchenschürze umgebunden und einen zierlichen kleinen Rußfleck an dem weißen Kinn und nötigte den Musen alles Gute freundlich auf. Aber erst als Musa und auch die heilige Cäcilia und noch andere kunsterfahrene Frauen herbeikamen und die scheuen Pierinnen heiter begrüßten und sich zu ihnen gesellten, da tauten sie auf, wurden zutraulich und es entfaltete sich ein anmutig fröhliches Dasein in dem Frauenkreise. Musa saß neben Terpsichore und Cäcilia zwischen Polyhymnien und Euterpen, und alle hielten sich bei den Händen. Nun kamen auch die kleinen Musikbübchen und schmeichelten den schönen Frauen, um von den glänzenden Früchten zu bekommen, die auf dem ambrosischen Tische strahlten. König David selbst kam und brachte einen goldenen Becher, aus dem alle tranken, daß holde Freude sie erwärmte; er ging wohlgefällig um den Tisch herum, nicht ohne der lieblichen Erato einen Augenblick das Kinn zu streicheln im Vorbeigehen. Als es dergestalt hoch herging an dem Musentisch, erschien sogar unsere liebe Frau in all ihrer Schönheit und Güte, setzte sich auf ein Stündchen zu den Musen und küßte die hehre Urania unter ihrem Sternenkranze zärtlich auf den Mund, als sie ihr beim Abschiede zuflüsterte, sie werde nicht ruhen, bis die Musen für immer im Paradiese bleiben könnten.

Es ist freilich nicht so gekommen. Um sich für die erwiesene Güte und Freundlichkeit dankbar zu erweisen und ihren guten Willen zu zeigen, ratschlagten die Musen untereinander und übten in einem abgelegenen Winkel der Unterwelt einen Lobgesang ein, dem sie die Form der im Himmel üblichen feierlichen Choräle zu geben suchten. Sie teilten sich in zwei Hälften von je vier Stimmen, über welche Urania eine Art Oberstimme führte, und brachten so eine merkwürdige Vokalmusik zuwege.

Als nun der nächste Festtag im Himmel gefeiert wurde und die Musen wieder ihren Dienst taten, nahmen sie einen für ihr Vorhaben günstig scheinenden Augenblick wahr, stellten sich zusammen auf und begannen sänftlich ihren Gesang, der bald gar mächtig anschwellte. Aber in diesen Räumen klang er so düster, ja fast trotzig und rauh, und dabei so sehnsuchtsschwer und klagend, daß erst eine erschrockene Stille waltete, dann aber alles Volk von Erdenleid und Heimweh ergriffen wurde und in ein allgemeines Weinen ausbrach.

Ein unendliches Seufzen rauschte durch die Himmel; bestürzt eilten alle Ältesten und Propheten herbei, indessen die Musen in ihrer guten Meinung immer lauter und melancholischer sangen und das ganze Paradies mit allen Erzvätern, Ältesten und Propheten, alles, was je auf grüner Wiese gegangen oder gelegen, außer Fassung geriet. Endlich aber kam die allerhöchste Trinität selber heran, um zum Rechten zu sehen und die eifrigen Musen mit einem lang hinrollenden Donnerschlage zum Schweigen zu bringen.

Da kehrten Ruhe und Gleichmut in den Himmel zurück; aber die armen neun Schwestern mußten ihn verlassen und durften ihn seither nicht wieder betreten.

RAINER MARIA RILKE

Wartet . . ., das schmeckt . . . Schon ists auf der Flucht.
. . . Wenig Musik nur, ein Stampfen, ein Summen –:
Mädchen, ihr warmen, Mädchen, ihr stummen,
tanzt den Geschmack der erfahrenen Frucht!

Tanzt die Orange. Wer kann sie vergessen,
wie sie, ertrinkend in sich, sich wehrt
wider ihr Süßsein. Ihr habt sie besessen.
Sie hat sich köstlich zu euch bekehrt.

Tanzt die Orange. Die wärmere Landschaft,
werft sie aus euch, daß die reife erstrahle
in Lüften der Heimat! Erglühte, enthüllt

Düfte um Düfte. Schafft die Verwandtschaft
mit der reinen, sich weigernden Schale,
mit dem Saft, der die Glückliche füllt!

ALFRED DÖBLIN

Die Tänzerin und der Leib

Sie wurde mit elf Jahren zur Tänzerin bestimmt. Bei ihrer Neigung zu Gliederverrenkungen, Grimassen und bei ihrem sonderbaren Temperament schien sie für diesen Beruf geeignet. Läppisch bis dahin in jedem Schritt, lernte sie jetzt ihre federnden Bänder, ihre zu glatten Gelenke zwingen; sie schlich sich behutsam und geduldig in die Zehen, die Knöchel, die Kniee ein und immer wieder ein, überfiel habgierig die schmalen Schultern und die Biegung der schlanken Arme, wachte lauernd über dem Spiel des straffen Leibes. Es gelang ihr, über den üppigsten Tanz Kälte zu sprühen.

Mit achtzehn Jahren hatte sie eine kleine seidenleichte Figur, übergroße schwarze Augen. Ihr Gesicht fast knabenhaft lang und scharfgeschnitten. Die Stimme hell, ohne Buhlerei und Musik, abgehackt; ein rascher ungeduldiger Gang. Sie war lieblos, sah klar auf die unbefähigten Kolleginnen und langweilte sich bei ihren Klagen.

Mit neunzehn Jahren befiel sie ein bleiches Siechtum, so daß ihr Gesicht abenteuerlich fahl vor dem blauschwarzen Haarknoten schimmerte. Ihre Glieder wurden schwer, aber sie spielte weiter. Wenn sie allein war, stampfte sie mit dem Fuße, drohte ihrem Leib und mühte sich mit ihm ab. Keinem sprach sie von ihrer Schwäche. Sie knirschte mit den Zähnen über das Dumme, Kindische, das sie eben zu besiegen gelernt hatte.

Als Ella sich in Schmerzen auf die Lippen biß, warf sich die Mutter über das Sofa hin und weinte stundenlang. Nach einer Woche faßte die alte Frau einen Entschluß und sagte, während sie auf den Boden sah, zu ihrer Tochter, sie solle ein Ende machen und ins Krankenhaus gehen. Worauf Ella kein Wort antwortete, nur einen gehässigen Blick auf das runzlige, hoffnungslose Gesicht warf.

Sie fuhr schon am nächsten Tage ins Krankenhaus. Im Wagen weinte sie unter ihrer Decke vor Wut. Ihren leidenden Körper hätte sie anspeien mögen, bitter höhnte sie ihn; es ekelte sie vor dem schlechten Fleisch, an dessen Gesellschaft sie gebunden war. In leiser Angst öffnete sie die Augen, als sie die Glieder betastete, die sich ihr entzogen. Wie machtlos sie war, o wie machtlos sie war. Sie rasselten über das Pflaster des Hofes. Die Tore des Krankenhauses schlossen sich hinter ihr. Die Tänzerin sah mit Abscheu Ärzte und Kranke. Die Schwestern hoben sie weich ins Bett.

Nun verlernte die Tänzerin zu sprechen. Das Befehlerische ihrer Stimme hörte sie nicht mehr. Es geschah alles ohne ihren Willen. Man achtete aber auf jede Äußerung ihres Leibes, behandelte ihn mit einem maßlosen Ernst. Täglich, fast stündlich fragten sie die Tänzerin nach seinen Dingen, schrieben es sorgfältig in Akten auf, so daß sie erst darüber unwillig wurde, dann sich immer tiefer verwunderte. Sie trieb bald in eine dunkle Angst und Haltlosigkeit hinein; ein Grauen überkam sie vor diesem Leib. Sie wagte gar nicht, ihn zu berühren, an ihm zu wischen, starrte auf ihre Arme, ihre Brüste, erschauerte, als sie sich lange im Spiegel besah. Ihr Mund schluckte Medizin, die sie ihm zu trinken gab; sie begleitete die bitteren Tropfen, wie sie hinunterrannen und sann darüber nach, was er daraus machte, er der Leib, der kindische, o der herrische, der finstere. Klein wie eine Fliege wurde sie; und nachts stand die Todesangst hinter ihrem Bett. Ihre Augen, die in Unheimliches sahen, wurden steif. Die Spöttische mit dem Knabengesicht war nun fromm und betete vor Anbruch der Nacht mit den Schwestern. Die Mutter erschrak, als sie die Tochter besuchte. So kleinmütig, hilfsbedürftig war ihr Kind nie gewesen. »Wir stehen alle in Gottes Hand«, tröstete die Mutter die Verfallene, die sich an ihr festhielt. »Ja«, flüsterte die Tänzerin, »wir stehen alle in Gottes Hand.«

Das gleichmäßige Treiben um sie beruhigte sie wieder, schnell schwand das Entsetzen, wie es hereingebrochen war. Der Widerwillen gegen die Kranken im Saal flakkerte auf. Und die Empörung lungerte in den scharfen Zügen, daß man ihm Ehrfurcht zolle, dem Verderbten, Verderbenden, und über sie fortsehe, als wäre sie tot. Das beleidigte die Herrische. Sie sperrte den Leib ein, legte ihn in Ketten. Es war nun ihr Leib, ihr Eigentum, über das sie zu verfügen hatte. Sie wohnte in diesem Haus; man sollte ihr Haus zufrieden lassen. Jeden Tag schlugen sie mit Hämmern gegen ihre Brust und belauschten das Gespräch ihres Herzens. Sie malten ihr Herz auf die Brust, so daß es alle sehen konnten; rissen an das Licht, das sich drin versteckt hatte. Oh man beraubte sie. Mit jeder Frage trugen sie ein Stück von ihr weg. Man drang mit Giften auf sie ein, die feiner waren als Nadeln und Sonde; kamen ihr auf alle Schliche, trieben sie ganz in ihren Fuchsbau zurück. Alles nahmen ihr die Diebe, und so wunderte sie sich nicht, daß sie täglich schwächer wurde und totblaß dalag. Jetzt wurde sie erbittert und wehrte sich. Sie belog die Ärzte, beantwortete ihre Fragen nicht, ihren Schmerz verheimlichte sie. Und als man sie wieder befragen wollte, machte sie sich im Bette steif, stieß die Schwestern zurück, ja lachte in plötzlich aufloderndem Hasse den Ärzten, die den Kopf schüttelten, ins Gesicht und schnitt ihnen eine höhnische Fratze.

Aber so krampfhaft tapfer konnte sie sich nicht lange halten. Täglich gingen ohne Unterlaß die weißen Mäntel durch die Säle, klopften an den Kranken, schrieben alles auf. Täglich und stündlich kamen die Schwestern, brachten ihr Nahrung und Heilkräfte: daran erlahmte die Tän-

Erwin Lang, »Grete Wiesenthal, ›Allegretto‹«

zerin. Sie warf das Spielzeug wieder hin; dumpf verachtend ließ sie mit sich geschehen. Es ging sie nichts an, was geschah. Ein kindisches Wesen lag da, das sie elend machte; was sollte sie um ihn kämpfen, was sollte sie ihn um seine Ehren beneiden? Schlaff ruhte sie in ihrem Bett. Der Leib lag wieder, ein Stück Aas, unter ihr; um seine Schmerzen kümmerte sie sich nicht. Wenn es sie nachts stach und quälte, sagte sie zu ihm: »Sei ruhig bis morgen zur Visite; sag es den Ärzten, deinen Ärzten, laß mich zufrieden.« Sie führten getrennte Wirtschaft; der Leib konnte sehen, wie er sich mit den Doktoren abfand. »Es wird schon protokolliert werden.« Damit schnitt sie der Belästigung das Wort ab.

Oft empfand sie ein lächelndes Mitleid mit diesem dummen kranken Kindchen, das in ihrem Bette lag. Sie teilte ruhig und gewissenhaft mit, was ihn drückte. Gleichgültig und leicht ironisch beobachtete sie die Ärzte und konstatierte ironisch die Erfolglosigkeit ihrer Anstrengungen. Eine Spannung und Lustigkeit kam wieder über sie und eine wild sich schüttelnde Schadenfreude über das Mißgeschick der Ärzte und den Verderb des Leibes. Wie sie unter Gelächter ihren Mund in das Kissen drückte, hatte sie ihren alten Hohn und ihre Kälte wieder.

Als am Mittag Soldaten mit klingender Marschmusik an dem Krankenhause vorbeizogen, saß die Tänzerin jach in ihrem Bette auf, mit glühenden Augen, gepreßten Lippen, ganz über sich gebückt. Nach einer Weile rief eine scharfe, wenn auch leise Stimme die Schwester an das Bett. Die Tänzerin wollte sticken und begehrte Seide und Leinwand. Mit einem Bleistift warf sie rasch auf das weiße Tuch ein sonderbares Bild. Drei Figuren standen da: ein runder unförmiger Leib auf zwei Beinen, ohne Arm und Kopf, nichts als eine zweibeinige dicke Kugel. Neben ihm ragte ein sanftmütiger großer Mann mit einer Riesenbrille, der den Leib mit einem Thermometer streichelte. Aber während er sich ernst mit dem Leib beschäftigte, machte ihm auf der andern Seite ein kleines Mädchen, das auf nackten Füßen hüpfte, eine lange Nase mit der linken Hand und stieß mit der rechten eine spitze Schere von unten in den Leib, so daß der Leib wie eine Tonne auslief in dickem Strahl.

Mit roten Fäden stickte die Tänzerin das Bild roh aus und lachte lustig zwischendurch für sich.

Sie wollte wieder tanzen, tanzen.

Wie einstmals, als sie Kälte über jede Üppigkeit des Tanzes sprühte, als ihr straffer Leib wie eine Flamme geweht hatte, wollte sie ihren Willen wieder fühlen. Sie wollte einen Walzer, einen wundersüßen, mit ihm tanzen, der ihr Herr geworden war, mit dem Leib. Mit einer Bewegung ihres Willens konnte sie ihn noch einmal bei den Händen fassen, den Leib, das träge Tier, ihn hinwerfen, herumwerfen, und er war nicht mehr der Herr über sie. Ein triumphierender Haß wühlte sie von innen auf; nicht er ging zur Rechten und sie zur Linken, sondern sie – sie sprangen mitsamt. Sie wollte ihn auf den Boden kollern, die Tonne, das hinkende Männlein, Hals über Kopf es hintrudeln, ihm Sand ins Maul stecken.

Sie rief mit einer Stimme, die urplötzlich heiser geworden war, nach dem Doktor. Über sich gebeugt, sah sie ihm von unten ins Gesicht, wie er erstaunt die Stickerei betrachtete, sagte dann mit ruhiger Stimme zu ihm auf: »Du – du Affe – du Affe, du Schlappschwanz.« Und stieß sich, die Decke abwerfend, die Nähschere in die linke Brust. Ein geller Schrei stand irgendwo in einer Ecke des Saales. Noch im Tode hatte die Tänzerin den kalten, verächtlichen Zug um den Mund.

MAX FRISCH

Julika und das Ballett

Die Beziehung zwischen der schönen Julika und dem verschollenen Stiller begann mit der Nußknacker-Suite von Tschaikowsky (zum Verdruß der jungen Tänzerin bezeichnete Stiller, ebenfalls noch jung, dazu beflissen, der schönen Julika irgendwie Eindruck zu machen, diese Musik als Seifenblasenzauber, als virtuose Impotenz, als illuminierte Limonade, als Kitsch für Vorgerückte usw.), und es blieb, nach Julikas jüngsten Andeutungen zu schließen, eine Nußknacker-Suite über all die Jahre ihrer Ehe. Julika war damals beim Ballett. Auf einem alten Foto, das sie mich vorgestern beiläufig hat sehen lassen, erscheint sie als Page oder Prinz, glückselig in einer Verkleidung, die ihr in der Tat aufs entzückendste steht; man kann sich kaum sattsehen an ihrer ephebenhaften Grazie von damals. In ihren großen und ungemein schönen, scheinbar so offenen Augen war damals, im Gegensatz zu heute, eine merkwürdige Verschüchterung, etwas wie ein Schleier von heimlicher Angst, sei es nun Angst in bezug auf ihr eigenes Geschlecht, wovor die entzückende Verkleidung sie doch nur zeitweise zu bewahren vermochte, oder Angst in bezug auf den Mann, der da irgendwo jenseits der Kulissen auf die Preisgabe ihrer silbernen Verkleidung warten mochte. Julika war damals dreiundzwanzigjährig. Jeder einigermaßen erfahrene Mann – Stiller war es offenbar durchaus nicht – hätte in diesem so faszinierenden Persönchen ohne weiteres einen Fall hochgradiger Frigidität erkannt, mindestens auf Anhieb vermutet und seine Erwartung danach geregelt. Im Ballett war Julika damals eine anerkannte Hoffnung. Wie viele Männer, Zürcher von gutem Ruf, hätten Julika auf der Stelle geheiratet, Persönlichkeiten, wäre diesem seltsamen und schon darum so faszinierenden Mädchen nicht die Kunst (Ballett) über alles gegangen, dergestalt, daß sie alle außerkünstlerischen Unternehmungen von vornherein als Störung empfand. Tanz war ihr Leben! Mit einem kicherigen Lachen, das manch einen verdroß oder zumindest jedes ernsthafte Gespräch verunmöglichte, hielt sie die Herren von sich, und ob Sie es nun glauben wollen oder nicht, die schöne Julika lebte damals wie eine Nonne, allerdings von Gerüchten umwittert, die sie als Vamp erscheinen ließen, aber auch darüber konnte

Julika nur kichern. Warum ließ man sie nicht, wie sie nun einmal war? Nie ohne frische Blumen im Arm verließ sie das Theater, nie ohne eine leise und ehrliche Angst, daß draußen der nächste Verehrer wartete, der Spender dieser Blumen, ein Student vielleicht oder ein Herr mit glänzendem Auto. Julika hatte Angst vor Autos. Zum Glück erkannten sie Julika meistens gar nicht; mit einer schulmädchenhaften Wollmütze auf dem Kopf, so daß ihr immer schon rötliches Haar versteckt war, huschte sie vorbei, ein sehr unscheinbares Mädchen, sobald sie nicht in den Fluten des Scheinwerfers stand. Wie ein Meertier, das nur unter Wasser zu seinem Farbwunder gelangt, hatte auch Julika ihre geisterhafte Schönheit nur im Tanz, vor allem im Tanz; nachher war sie müde. Begreiflicherweise; im Tanz gab sie ihr Letztes. Also war sie müde, berechtigterweise, und Julika sagte es auch jedem wartenden Verehrer, daß sie müde sei. Nur Stiller glaubte immer, daß Julika bloß müde für ihn sei. Was hatte er davon, daß er sie zu einem Wein nötigte oder, da Julika keinen Wein trank, zu einem Tee? Stiller redete dann sehr viel, scheint es, wie einer, der sich allein für die Unterhaltung verantwortlich dünkt; Julika war müde und schwieg. Stiller redete damals viel von Spanien, er kam gerade aus dem Spanischen Bürgerkrieg zurück, bereits vom schweizerischen Militärgericht verurteilt. Stiller tat ihr nicht leid wegen der Gefängnisstrafe, die ihm bevorstand und die er mit einem etwas aufdringlichen Stolz erwähnte, sondern einfach so; Julika wußte nicht eigentlich warum. Kaum lächelte sie einmal, hatte Stiller schon Angst, nicht ernstgenommen zu sein, schob seine Hand vor die Stirn oder vor den Mund, und als sie sich auf dem kurzen Heimweg verbat, Arm in Arm zu gehen, war er bestürzt, entschuldigte sich vor ihrer Haustür noch lange für seine Zudringlichkeit, die ihm selbst widerlich wäre. Dabei gefiel er Julika wie kein anderer. Stiller war denn auch der erste, jedenfalls einer der wenigen, die von der schönen Julika je ein Brieflein erhielten, ein paar Zeilen, worin sie bestätigte, daß sie leider sehr müde gewesen wäre, und die Gelegenheit eines Wiedersehens andeutete. Sie wußte, wie sehr dieser junge Mann sie begehrte, und zugleich, daß Stiller sie in keiner Weise vergewaltigen würde; dazu fehlte ihm irgend etwas, und das gefiel ihr ganz besonders an ihm. Und es gefiel ihr, daß dieser Mann, der eben noch in Spanien an einer Front gewesen war, ein Mann von schlanker und doch kräftiger Gestalt, der Julika um einen Kopf überragte, nicht im mindesten eine Entschuldigung ihrerseits erwartete, wenn sie ihn fast eine Stunde lang vor dem Theater hatte stehen lassen, im Gegenteil, er entschuldigte sich seinerseits für seine Beharrlichkeit und hatte schon wieder Angst, lästig zu sein. All dies gefiel Julika sehr, wie gesagt; jedenfalls rühmt sie ihren verschollenen Stiller immer aufs herzlichste, wenn sie jener frühen Zeiten gedenkt. Es war März, und sie machten einen ersten Spaziergang über Land, der für die zarte Julika viel zu lang war, mühsam und auch zu dreckig, die Erde war noch sehr naß, wennschon die warme Sonne schien, einmal stak ihr sogar der linke Schuh in dem zähen Morast, als Stiller sie querfeldein zu führen nicht hatte unterlassen können, und Stiller mußte sie greifen, halten, damit Julika nicht auch noch mit ihrem bloßen Strumpf in den Schmutz trat, dabei gab es sich offenbar, daß Stiller sie zum erstenmal küßte. Julika ist der festen Meinung, daß auch sie ihn damals geküßt hätte. Übrigens ließ Stiller es bald bewenden, um Julika nicht lästig zu werden, und war trotzdem auf dem weiteren Spaziergang sehr munter, knickte Weidenruten wie ein Bub und schlug sich beim Gehen damit auf seinen offenen Mantel. Julika empfand ihn wie einen Bruder. Und auch das gefiel ihr. Es störte ihn nicht, daß Julika auch in der Landschaft ausschließlich vom Ballett plauderte, insbesondere von den Leuten um so ein Ballett herum, von Dirigenten, Bühnenbildnern, Friseuren, Ballettmeistern; das war ja doch ihre Welt. Andere Verehrer hatten ihr schon Vorwürfe gemacht, daß sie nichts anderes im Kopf hätte als Klatsch. Nicht so Stiller. Er gab sich viel Mühe hinzuhören, zeigte ab und zu auf eine besonders schöne Aussicht, die aber Julika nicht abzulenken vermochte, Stiller schämte sich dann, daß er von der Kunst des Balletts so wenig verstünde. In einer simplen Bauernwirtschaft, wie Stiller sie offenbar schätzte, aßen sie dann Speck und Brot, und Julika genoß es, eigentlich zum ersten Mal einen Mann getroffen zu haben, vor dem sie sich nicht fürchtete. Wieder redete er von seinem Spanien-Krieg. Denn wenige Tage nach jenem Spaziergang mußte er, eine eidgenössische Wolldecke unter dem Arm, irgendwo antreten, um seine paar Monate abzusitzen. Sie sahen einander lange nicht. In jener Zeit schrieb Julika mehrere Briefe, die zwar, ihrer scheuen Art gemäß, nicht wörtlich ihre Liebe zu ihm aussprachen; aber als feinfühlender Mensch mußte Stiller wohl merken, was die schöne Julika, ihrer scheuen Art gemäß, vielleicht empfand, ohne es ausdrücken zu können, und jedenfalls beruft sich Frau Julika Stiller-Tschudy heute noch auf jene Briefe als untrügliche Zeugnisse dafür, wie innig und voll zärtlicher Hingabe sie den verschollenen Stiller geliebt hat.

Sie heirateten nach einem Jahr.

Als Fremder hat man den Eindruck, daß diese zwei Menschen, Julika und der verschollene Stiller, auf eine unselige Weise zueinander paßten. Sie brauchten einander von ihrer Angst her. Ob zu Recht oder Unrecht, jedenfalls hatte die schöne Julika eine heimliche Angst, keine Frau zu sein. Und auch Stiller, scheint es, stand damals unter einer steten Angst, in irgendeinem Sinn nicht zu genügen; es fällt auf, wie häufig dieser Mensch sich glaubte entschuldigen zu müssen. Woher seine Angst gekommen sein mag, weiß Julika nicht zu sagen. Überhaupt redet Julika gar nicht von Ängsten, wenn sie von ihrer bedauerlichen Ehe mit dem verschollenen Stiller erzählt; aber fast alles, was sie erzählt, deutet doch darauf hin, daß sie ihren Stiller nur durch sein schlechtes Gewissen glaubte fesseln zu können, durch seine Angst, ein Versager zu sein. Sie traute sich offenbar nicht zu, einem wirklichen und freien Mann genügen zu können, so daß er bei ihr bliebe. Man hat den Eindruck, daß auch Stiller sich an ihre Schwäche klammerte; eine andere Frau, eine gesunde, hätte Kraft von ihm verlangt oder ihn verworfen. Julika konnte ihn nicht verwerfen; sie lebte ja davon, einen Menschen zu haben, dem sie immerfort verzeihen konnte.

– – –

Ich will aber versuchen, in diesen Heften nichts anderes zu tun als zu protokollieren, was Frau Julika Stiller-Tschudy, der ich so gerne gerecht werden möchte, schon damit sie mich nicht für ihren Gatten hält, mir oder meinem Verteidiger von ihrer Ehe selber erzählt hat: – Eine leichte Tuberkulose, aber wirklich nur eine leichte, die nicht zum Alarm nötigte, hatte der Theaterarzt schon vor etlichen Jahren feststellen müssen, auch immer wieder gemeint, Julika sollte doch den Sommer unbedingt in der Höhe verbringen. Das war ein guter Rat, der allerdings Geld voraussetzte, und Stiller, ihr Mann, verdiente damals mit seiner Bildhauerei überhaupt nichts, fast nichts, jedenfalls nicht genug, damit seine arme Gattin hätte aussetzen können. Julika machte ihm nie einen Vorwurf daraus, daß er nicht wie ein Direktor verdiente. Julika ging sogar so weit, den ärztlichen Rat vor Stiller zu verschweigen, um ihn zu schonen, um ihm nicht das Gefühl zu geben, daß er zu wenig verdiente. Julika erwartete von ihm nur, daß er auch sie ein bißchen schonte. Ihre Ehe in jenen ersten Jahren soll wundervoll gewesen sein. Julika verdiente also beim Ballett ihre sechshundertzwanzig Franken im Monat, und wenn Stiller einmal Glück hatte und eine Figur verkaufen konnte, sei es für einen öffentlichen Brunnen oder so, ging es ganz ordentlich. Julika war ja bescheiden. Julika war zu sehr Künstlerin, als daß sie je von einem Mann, den sie ja doch liebte, im Ernst verlangt hätte, er sollte seine Begabung verraten, um besser für seine Frau sorgen zu können; höchstens im Scherz sagte sie so etwas. Wie begabt er nun eigentlich war, ihr verschollener Stiller, darüber gingen die Meinungen offenbar von Anfang an auseinander, und es gab Leute, die ihn nie für einen Künstler hielten. Julika glaubte natürlich an ihn. Und jedenfalls arbeitete er verbissen. Ihre Erfolge im Ballett, denen Stiller keine eigenen entgegenzustellen vermochte, machten ihm etwas zu schaffen, trugen wohl auch dazu bei, daß Stiller ziemlich menschenscheu war, in jeder Gesellschaft drehte man sich um Julika, er wurde begrüßt als ihr Gatte. Kinder kamen bei ihrem damaligen Einkommen nicht in Frage; es wäre für Julika ein Ausfall von einem Jahr gewesen. Nicht daß Stiller so ein unbändiges Bedürfnis empfunden hätte, Vater zu werden; er machte sich nur manchmal ein komisches Gewissen daraus, daß Julika gewissermaßen doch seinetwegen auf Kinder verzichten mußte, und sann immer wieder einmal daran herum, ob ein Kind nicht gerade für Julika sehr wichtig sein könnte. Wieso gerade für Julika? Ein Kind, meinte Stiller, könnte Julika als Frau in einer Weise erfüllen, wie er es nie vermochte. Das war so ein Gedanke von ihm, der ihm nicht auszureden war, und er kam immer wieder mit dem Kind. Was wollte er denn von Julika? Irgendwie zeigte es ihr, daß Stiller ihre Künstlerschaft nicht ganz vollnahm, vielleicht aus unbewußtem Neid auf ihren Erfolg, und jedenfalls verstimmte es Julika, daß er immer und immer wieder mit dem Kind kam. War sie denn nicht erfüllt genug? Erst als Julika es einmal rundheraus sagte, daß er sie als Künstlerin beleidigte, verstummte er, insbesondere aber nach ihrer Frage: Wozu ein Kind von einer tuberkulösen Mutter? Damit war das Kind für immer begraben. Indessen kam er nun mit ihrer Tuberkulose, mahnte zu passender und unpassender Zeit, Julika sollte wieder einmal zum Arzt gehen. Die arme Julika wagte schon nicht mehr zu husten, so lag ihr seine Mahnung nachgerade auf den Nerven. Was wollte er nur immerzu von ihr? Stiller war rührend, doch verbohrt in seiner Meinung, Julika käme nicht zu ihrem vollen Leben. Julika war gewiß keine Gefährtin für endlose Wanderungen, keine Genossin für nächtelange Zecherei mit seinen Bekannten; sie bedurfte der Schonung, weiß Gott, aber eigentlich war Julika damals ganz zufrieden mit ihrem Leben. Warum war Stiller es nicht? Wenn im Laufe einer Ballettprobe draußen das Wetter umgeschlagen hatte, wartete Stiller vor dem Bühnenausgang mit ihrem wärmeren Mantel, hatte auch den Schirm und den Schal nicht vergessen; er war wirklich ein rührender Hüter ihrer leider so gefährdeten Gesundheit, nur sein stetes Drängen zum Arzt verdroß Julika. Sie empfand es als heimliche Kündigung seiner zärtlichen Rücksicht, ja als Anzeichen von Lieblosigkeit, und all das machte sie eher trotzig. Sie fühlte sich zum Arzt geschickt, gestoßen, gezwungen, nur damit sein Gewissen beruhigt wäre; damit sein männlicher Egoismus keine Rücksicht mehr zu nehmen brauchte; es empörte sie, wenn Stiller nur fragte, ob sie jetzt beim Arzt gewesen wäre. Es war etwas unvernünftig von Julika, mag sein, aber begreiflich; sie war immer ein sensibles Wesen. Jahrelang tanzte sie also auf die Gefahr hin, einmal mitten auf der Bühne zusammenzubrechen; alle bewunderten Julika wegen dieser Energie, der Direktor, das ganze Ballett, das ganze Orchester, nur Stiller nicht. Er nannte es idiotisch! Vermutlich aus purer Angst, nicht ernstgenommen zu werden, hatte er Anfälle von ordinärer Grobheit, die nur vor ihrem Schluchzen verstummte. Alles war jetzt nicht recht an ihr; er nörgelte an Julika herum, weil sie, wenn sie vom Tisch in die Küche ging, nicht auf dem gleichen Gang etwas Geschirr hinaustrug, und behauptete steif und fest, sie könne mit der Hälfte ihrer Kräfte leben, wenn sie ein wenig Vernunft annähme, ein wenig von Stiller lernte. Was sollte Julika darauf antworten? Seine Kleinlichkeit machte sie nur traurig. Ein Mensch von Geist, wie Stiller es zu sein meinte, eine geschlagene Stunde lang konnte er darüber sprechen, daß Julika, wenn sie vom Tisch in die Küche ging, nicht auf dem gleichen Gang etwas Geschirr hinaustrug! Julika griff sich an den Kopf. Aus so etwas konnte er eine halbe Philosophie machen, während Julika, nach Proben und Haushalt, einfach zum Umsinken müde war. Dann wieder soll er entzückend gewesen sein. Aber die Gereiztheiten, scheint es, häuften sich doch. Eimal, als die arme Julika trotz starkem Fieber ihr abendliches Auftreten nicht absagen wollte, weil sie doch wußte, wieviel von ihrem Part an diesem Abend abhing, tat Stiller es über ihren Kopf hinweg, buchstäblich, er nahm das Telefon über die liegende Julika hinweg, sagte, seine Frau könnte heute abend leider nicht auftreten, eine Eigenmächtigkeit, welche die Künstlerin sich nicht gefallen lassen konnte. Was bildete Stiller sich eigentlich ein! Sie bestellte, indem sie ihrem Mann sogleich das Telefon aus der Hand nahm, ein Taxi und fuhr trotzdem zum Theater. Der Krach war da, einer der ersten in dieser Ehe, und kurz darauf war auch das Taxi da. Stiller schrie noch ins Treppenhaus hinunter: »Mache dich nur kaputt, meinetwegen, mache dich kaputt, aber meine Schuld ist es nicht . . .« In solchen Augenblicken erschrak sie über ihn; Stiller schien in solchen Augenblicken zu vergessen, wen er geheiratet hatte, zwar nicht eine Tochter aus reichem, aber aus kultiviertem Haus; ihre Mutter, die Ungarin, war eine Dame aus erster Gesellschaft gewesen, irgendwie aristokratisch, ihr verstorbener Vater immerhin Gesandter in Budapest, wogegen Stiller (es muß gesagt werden) aus kleinbürgerlichem Milieu kam, eigentlich überhaupt aus keinem Milieu, höchstens erzählte er einmal von seinem Stiefvater, der irgendwo im Altersasyl untergebracht war, überhaupt nie von seinem Vater, und seine Mutter war die Tochter eines Eisenbahners gewesen. Es ist komisch und gräßlich, daß solche Dinge zwischen zwei Menschen, die sich lieben, plötzlich eine Rolle spielen, aber es ist so. Natürlich sagte Julika nie ein diesbezügliches Wort, fast nie. Sie empfand es nur, beispielsweise wenn Stiller so in das Treppenhaus brüllte. Es muß furchtbar gewesen sein. Nachher taten ihm solche Ausbrüche jedesmal sehr leid. Stiller entschuldigte sich und hatte oft sehr nette Einfälle, etwas wiedergutzumachen, sei es mit einer Lieblingsspeise von Julika, die nur er zu kochen verstand, sei es mit einem seidenen Schal, da sie den früheren eben verloren hatte, oder mit Flieder, den er auf dem Weg zum Theater, wo er sie nach der Vorstellung abholte, irgendwo über den Zaun gestohlen hatte; immer wieder ging es aufs beste, ja eigentlich und im Grunde genommen soll es doch eine äußerst glückliche Ehe gewesen sein – bis diese andere auftauchte.

[. . .]

Einmal im Spaß, etwas angetrunken, soll der verschollene Stiller in einem Freundeskreis gesagt haben: »Ich habe eine wunderbare Frau, ich freue mich jedesmal auf das Wiedersehen, und jedesmal, wenn sie da ist, komme ich mir vor wie ein öliger, verschwitzter, stinkiger Fischer mit einer kristallenen Wasserfee!« Und das war kurz nach der Heirat . . . Man hat den Eindruck, daß der verschollene Stiller, wie sehr er von Julika fasziniert war, etwas im Wesen dieser Frau ganz einfach nicht angenommen, wahrscheinlich überhaupt nicht einmal erkannt hat, eben ihre Frigidität. Und daß es so etwas gibt, und zwar nicht bloß als krankhafte, sondern im Gegenteil als naturhafte Erscheinung, scheint die schöne Julika selber nicht gewußt zu haben. Ob sie es heute weiß? Neulich war sie doch ziemlich verdutzt bei meiner beiläufigen Erwähnung der wissenschaftlichen These, daß in der ganzen Natur kein einziges Weibchen, ausgenommen die menschliche Frau, den sogenannten Orgasmus erfährt. Wir sprachen dann nicht weiter davon. Vermutlich hat die schöne Julika unter dieser Tatsache, daß die männliche Sinnlichkeit sie immer etwas ekelte, auf die einsamste Art und Weise gelitten, wirklich gelitten, obschon es natürlich kein Grund ist, sich deswegen als ein halbes Geschöpf, ein mißratenes Weib oder gar als Künstlerin vorzukommen. So manches an dieser Frau, zumal wenn sie von ihrem verschollenen Stiller redet, ist doch wohl eine Selbsttäuschung von rührender Verstocktheit, ja, man könnte versucht sein, nicht einmal ihre ärztlich beglaubigte und in ihrem Leben so ungeheuer kostspielige Tuberkulose ganz zu glauben. Warum hat Julika mit niemandem sprechen können? Möglicherweise sind es sogar nur wenige Frauen, die ohne Schauspielerei jenen hinreißenden Sinnenrausch erleben, den sie von der Begegnung mit dem Mann erwarten, glauben erwarten zu müssen auf Grund der Romane, die, von Männern geschrieben, immer davon munkeln; hinzu kommt die eitle Lüge der Frauen unter sich, und vielleicht war die schöne Julika nur etwas ehrlicher, dabei allerdings erschreckt, so daß sie nach außen verstummte, sich in Prinzen und Pagen verkleidete, sich in ein Dickicht einsamer Nöte verkroch, wohin ihr kein Mann zu folgen vermochte. Kein Wunder also, daß ihr das Ballett und was immer mit Ballett zusammenhing, auch ein Ballett mittelmäßiger Art, wie es an Stadttheatern üblich ist, schlechterdings über alles ging, jedenfalls über Stiller. Ein paar verzagte Anläufe, sich als Lesbierin zu versuchen, scheinen ebenfalls nichts verändert zu haben; das Ballett blieb die einzige Möglichkeit ihrer Wollust. Andere Frauen ersparen sich das Ballett, indem sie dafür die Mutterschaft haben, und werden, indem sie den Mann als notwendigen Erzeuger ertragen und dann überspringen, glücklich mit ihren Kindern, die ihnen genau so über alles gehen wie einer Balletteuse eben ihr Ballett; sie können nur noch von Kindern reden, von ihren Kindern, auch wenn sie scheinbar von anderen Kindern reden, und geben sich selber auf, scheinbar, um sich selbst in ihren Kindern besser liebkosen zu können, was sie dann für mütterliche Liebe, für Hingabe und Opfer und schließlich sogar für Kindererziehung halten. Natürlich ist es der pure Narzißmus. Bei der schönen Julika, könnte man sagen, hatte dieser Narzißmus der Frigiden wenigstens den Vorzug, daß er keine leibhaftigen Menschen mißbrauchte, sondern nur Kunst, Tschaikowsky und Rimsky-Korsakow, mitunter auch Ravel, gewiß, und Strawinsky, aber keine Kinder, die nur diese einzige Mutter haben. Frau Julika Stiller-Tschudy, denke ich, würde allerdings aufbrausen, wenn ich ihr so offen heraus sagte, daß die Frau in der Kunst mir meistens verdächtig ist; vergeblich könnte ich ihr beteuern, daß darin keine Geringschätzung der Frau liegt, anderseits auch wieder keine Geringschätzung der Kunst. Unbewußtermaßen mag der verschollene Stiller (es liegt mir sonst wenig daran, mit dem Verschollenen einig zu sein) ähnlich empfunden haben; nur machte er einen Vorwurf daraus, scheint es, einen in Zärtlichkeit verborgenen Vorwurf, daß Julika ihre Wollust nie mit ihm erlebte, einen Vorwurf gegen Julika und einen ebenso albernen Vorwurf gegen sich selbst. Als wäre jede Frau dazu erschaffen, auch in diesem Sinne die Gefährtin des Mannes zu sein!

Es ist auffallend, wie schon gesagt, und bezeichnend, daß dieser Mann sich immerzu glaubte entschuldigen zu müssen; er nahm es offenbar als Niederlage seiner Männlichkeit, wenn die schöne Balletteuse, vielleicht nur etwas ehrlicher als andere Mädchen, nicht in Empfindung zerschmolz unter seinem Kuß. Ihre Spröde war erschrekkend, mag sein, aber echt. Sie tat nicht spröde, um aufzureizen, im Gegenteil, diese Julika versuchte eher nachzugeben, um alles Aufreizende zu mindern, und erlebte dann allerdings sehr bald, daß sich beim Nachgeben für sie der Ekel einstellte, jener einsame Ekel, den sie unter allen Umständen verbergen mußte. Sie wollte ihn doch nicht verletzen. Sie wollte ihn ja nicht verlieren. Stiller war ihr lieber als ein anderer Mann. Und anderseits widerstrebte es ihr einfach, jene Miene wilder Auflösung und seliger Ohnmacht zu heucheln, die der Mann in seiner Eitelkeit fast immer glaubt, sie kann noch so schlecht gespielt werden, diese Miene des Überwältigtseins, die er haben muß, um an die Liebe einer Frau und vor allem an seine Männlichkeit glauben zu können. Ach, es war gräßlich! Und dagegen war es einfach ein Labsal, auf der Bühne zu stehen; tausend fremde Blicke auf ihrem Körper zu fühlen, Blicke so unterschiedlicher Art, Blicke von Gymnasiasten und verheirateten Biedermännern, Blicke, die alles eher als die tänzerische Leistung erfaßten, in der Tat, es machte Julika weniger aus, als wenn Stiller, ihr Mann, seine harte und von der Bildhauerei etwas rauhe Hand auf ihren Körper legte. Ihre hilflose Ausrede, daß sie müde sei, verdroß ihn oft genug. Stiller hielt sich für die Zärtlichkeit in Person, konnte aber nicht verstehen, daß man müde war. Stiller bezog immer alles auf sich! . . . Irgendwie war Julika fast erleichtert, als ihr der Theaterarzt zum erstenmal mitteilte, sie hätte es ein wenig auf der Lunge, müßte sich jedenfalls schonen. Die immer etwas staubige Luft auf der Bühne war nun gerade für

Julika gar nicht günstig, jedoch in ihrem Beruf unvermeidlich, um so mehr mußte Julika sich außerhalb der Bühne schonen. So sagte es der Arzt. Es war also keine Laune von der schönen Julika , es war ein Gebot der Vernunft, wenn sie um Schonung und Rücksicht und viel Ruhe bat. Es ging um ihre Gesundheit. Julika war nun einmal ein zartes, ein besonders zartes Geschöpf; deswegen liebte sie ihren Stiller ja nicht weniger. Nur mußte er, wie gesagt, etwas Verständnis haben.

ISABELLA NADOLNY

Unvollkommene Liebesgeschichte

Der junge Mann, der im halbdunklen Bühnenhaus steht, um Irina zu interviewen, die durch eine Rollenumbesetzung unvermutet zum Star aufgestiegen ist, wird von Bühnenarbeitern mit »Heda« und »Hoppla« immer wieder beiseitegedrängt. Endlich zeigt ihm einer die junge Tänzerin, an die er seine Fragen zu richten hat. Irina, die ein Frottiertuch um den Hals trägt, tritt verlegen auf ihn zu. Die hochgebundenen Haare hängen ihr in einem Pferdeschweif um die kindlichen Schultern. Sie antwortet mit leiser Stimme, kaum mehr als ja oder nein, stellt das linke Bein auf die Spitze und läßt das Knie spielerisch nach außen schnellen. Einige Freundinnen kommen, noch ein wenig verschwitzt und aufgelöst von der Probe, umdrängen sie und den jungen Mann, legen Irina einen Mantel um und zwitschern Glückwünsche in ihr Ohr. Sie wird die Hauptrolle tanzen, ihre Chance ist da. Darüber hätte sie den jungen Mann fast vergessen, und so sagt sie rasch und ein wenig schuldbewußt zu, als er den Auftrag seiner Zeitung überschreitet und sie zum Essen einlädt, weil er sie entzückend findet.

Im Restaurant sitzt sie sehr aufrecht, ohne sich anzulehnen und ohne mit dem jungen Mann zu flirten. Der spricht von Büchern, von Filmen. Irina lächelt zerstreut. Sie liest niemals und geht nur sehr selten ins Kino. Vom Tanzen wiederum versteht er nichts. Die Suppe wird gebracht. Ob sie etwa Diät halten müsse, um ihre Figur zu erhalten? Irina antwortet nicht, sie hat den Kopf gesenkt. Hat er sie beleidigt? Ihre Lippen bewegen sich, sie betet. Dann blickt sie auf, greift unbefangen nach dem Löffel und sagt ernsthaft: »Man muß Suppe essen. Suppe gibt Kraft. Man braucht beim Tanzen vor allem Kraft.« Es ist der erste längere Satz, den sie spricht, und der junge Mann ist begeistert. Was sie denn sonntags täte oder in ihrer freien Zeit? »Nichts Besonderes.« Ihre Eltern seien tot. Ja, ihre Ballettmeisterin sei Russin, wie sie. Sie sei eine wunderbare Lehrerin. Sonst noch etwas, fragt Irina und sieht dem Reporter voll ins Gesicht. Der junge Mann, der nicht gewagt hat, ihre Hand zu ergreifen, errötet und beschließt bei sich, in seinem Artikel den Ausdruck »Nicht von dieser Welt« für Irina zu gebrauchen. Er setzt sie in ein Taxi und sieht sie ein wenig wehmütig davonfahren, die Primaballerina von morgen.

In Irinas Zimmer ist die Wand bedeckt mit den Fotos der großen Kolleginnen in ihren schönsten Tanzposen. Neben dem Spiegel hängt an einer Kette der Ikon, vor dem Irina betet, ehe sie zum Training geht, und den sie vor den Aufführungen mit ins Theater nimmt. Die langen Mandelaugen des Heiligen blicken mit derselben Gleichgültigkeit an ihr vorüber, wie die mit Gold, Blau und Schminkstrichen vergrößerten Augen der großen Vorbilder. Der Ikon lehnt auch zwischen den Schminktöpfen in Irinas staubig riechender Garderobe, deren

Fenster auf einen Hof geht, in den niemals jemand hinabblickt. Es ist zwei Stunden vor der Premiere. Irina macht Gelenkigkeitsübungen in einem verschossenen schwarzen Badeanzug. Wenn es klopft, läuft sie zur Tür und schaut gebückt und vorsichtig um die Türklinke, ehe sie ganz öffnet. Es kommt die Lehrerin, die Garderobiere, es kommen Presseleute, Fotografen und vorzeitige Blumenspenden. Nach und nach wird es sehr voll in dem kleinen Raum. Der junge Mann von der Zeitung, der ebenfalls da ist, wird ganz an die Wand gedrängt. Klingeln schrillen, Türen schlagen. Irina steht in der Kulisse, preßt den Ikon an die Brust und küßt ihn, ehe sie ihn der Ballettmeisterin in die Hand gibt. Sie tanzt hinaus in die Flut von Licht auf der leicht geneigten Fläche. Nach den ersten Takten sieht sie viele hundert Operngläser auf sich gerichtet, die aus dem Abgrund des Zuschauerraumes blitzen wie die Augen von Nachttieren oder wie Diamanten in einer dunklen Höhle. Schweißnaß und vollständig glücklich nimmt sie den Beifall entgegen. Sie wird gefeiert und gehätschelt. Es dauert sehr lange, bis sie abgeschminkt und umgezogen ist. Sie fährt nicht mit dem jungen Mann in die Mondscheinnacht hinaus, sondern verabschiedet sich von allen und geht früh schlafen.

Der Zeitungsreporter geht noch zweimal ins Theater, um sie tanzen zu sehen. Er steht als letzter im Parkett und klatscht – Irina lächelt ihm zu, ehe sie durch die Tür im eisernen Vorhang verschwindet. Das Programm wechselt. Die Plakate werden überklebt. Irina tritt in einer anderen Rolle auf, aber der junge Mann findet es albern, daß er dieser flüchtigen Begegnung das Gewicht einer Beziehung zu geben versucht hat, und geht statt dessen ins Kino.

Dann ist plötzlich Krieg. Er hat sehr verschiedene Aspekte. Der junge Reporter geht als Kriegsberichter an die Front. Irina sorgt sich um Kollegen, die eingezogen werden. Man kann auch nur noch Engagements ins neutrale Ausland annehmen, und die langen Netztrikots sind jetzt so schwer zu bekommen. Es werden neue Stücke einstudiert für Theater, die am Tag der Premiere vielleicht nur noch rauchende Schutthaufen sind. Die Zeitungen berichten von heroischen und schrecklichen Dingen. So kommt es, daß ein Unfall, der sich bei einer Probe zu einem neuen Ballett ereignet, ganz unbeachtet bleibt. Irina ist gestürzt. Sie kann nicht auftreten und wird von der Bühne getragen.

Um die Zeit etwa, als der junge Mensch beim Schein einer Taschenlampe unter Geschützdonner seine Berichte schreiben muß, liegt Irina in einem Krankenhaus. Über ihrem schmalen, ängstlichen Gesicht, das ohne die Schminke wie das eines Schulkindes wirkt, stoßen die gewaltigen, gestärkten Hauben frommer Schwestern zusammen. Die Kollegen besuchen sie, in Straßenkleidung sehen sie manchmal etwas seltsam aus. Auch die Ballettmeisterin kommt und spricht mit ihr über kommende Rollen, wenn der Fuß wieder heil ist. Irina weint. Sie weint zum ersten Mal seit dem Sturz. Unter der Bettdecke hat sie den verletzten Fuß umfaßt, und wenn niemand da ist, spricht sie leise und zärtlich mit ihm. So hat sie vielleicht noch mit niemandem gesprochen, außer mit der Katze ihrer Zimmerwirtin. Es ist zweifelhaft, ob in ihren Erinnerungen manchmal der junge Reporter auftaucht. Ihr Krankenlager ist langwierig. Die Welt verliert Irina aus den Augen.

Eines Tages ist der Krieg aus. Der junge Zeitungsmensch sieht die Hauptstädte Europas wieder, sieht, wie sie sich verändert haben, wie sie langsam wieder aufblühen. Er geht auch wieder ins Theater, ein Freund nimmt ihn mit. Eines Abends glaubt er, im Foyer ein Frauengesicht zu erkennen. Wer war das nur und wie hieß sie doch? Iris? Irene? –

Nach der Vorstellung treffen sich die Darsteller und die Ballettfreunde in einem Restaurant. An allen Tischen wird applaudiert, als die Tänzer und Tänzerinnen blumenbeladen das Lokal betreten. Sie sind viel kleiner, als sie auf der Bühne gewirkt haben, und bestellen riesengroße Menüs. Der Reporter sucht sich einen Platz. An einem Tisch sitzt ein etwas welk aussehender Mann und unterhält sich mit einer jungen Frau, die aufrecht sitzt, wie beim Fotografen. Ihr Haar liegt in einem schweren Knoten im Nacken, in den Ohren trägt sie zu große Perlen. Sie blickt gelangweilt auf die Vorübergehenden. Noch ehe der Reporter erfaßt hat, wie schön sie ist, leuchtet in ihrem Gesicht plötzliches Erkennen auf. Stimmt, es ist die kleine Tänzerin, die so rührend wirkte und vor Tisch betete. Es fällt ihm jetzt auch wieder ein, daß sie Irina heißt und daß er sehr in sie verliebt war. Zu seinem Erstaunen begrüßt sie ihn so überströmend liebenswürdig, daß ihr Begleiter aufsteht. Die beiden Herren machen sich durch Murmeln unverständlicher Namen bekannt. Er muß sich zu den beiden setzen. Irina legt ihm die Hand auf den Arm, sie spricht mit heller, singender Stimme auf ihn ein und blickt ihm aus solcher Nähe ins Gesicht, daß er verlegen errötet. Während der verlebte Mann höflich zuhört, erinnert Irina ihn, Bestätigung heischend, an tausend Einzelheiten jener Aufführung, über die zu berichten er damals von seiner Zeitung beauftragt war. Er nickt eifrig zu den vielen unbekannten Namen, um der bezaubernden Frau eine Freude zu machen, die er ganz anders in Erinnerung hat. Sie lacht und plaudert, sie kokettiert herausfordernd, ja sie behandelt ihn wie einen ehemaligen Liebhaber, den sie nach Jahren wiedergetroffen hat. Sie wirft ihrem Begleiter einen flüchtigen Blick zu und sagt, als sei das Erklärung genug: »Sergeij hat mich in der Rolle nie gesehen!« Dieser bleibt nachsichtig zerstreut. Erst als Irina aufsteht und einen Moment hinausgeht, wird er lebhaft. Er beugt sich plötzlich über den Tisch und sagt rasch: »Meine Frau hat sich vor einigen Jahren verletzt, sie kann nie mehr tanzen. Bitte machen Sie uns doch die Freude und besuchen Sie uns einmal, damit sie von damals sprechen kann.« Seine nikotinvergilbten Finger zittern ein wenig, er benutzt ein aufdringliches Parfum. Der Reporter würde ihm vielleicht die Hand drücken, wenn er ihn sympathischer fände. So blickt er vor sich auf das Tischtuch nieder und fühlt ein heftiges, schmerzliches Bedauern. Ihm ist, als hätte er, der Unbeteiligte, irgend etwas Kostbares verloren, irgend etwas Entscheidendes falsch gemacht, das schon lange zurückliegt und nun nicht mehr nachzuholen ist. Er weiß, daß er die Visitenkarte, die der fremde Herr jetzt, gegen den Rauch seiner Zigarette anblinzelnd, aus seiner Brieftasche holt, sofort wegwerfen wird, blickt auf die Uhr, stammelt eine Entschuldigung und verabschiedet sich. Als Irina zurückkommt, schmal und graziös, mit affektiert hochgezogenen Schultern, ängstlich darauf bedacht, noch ebenso jung und ebenso schön zu sein wie damals, ist er gegangen.

GÜNTER GRASS

Die Ballerina

In der Wohnung eines Restaurateurs fand ich einige Stiche, welche Szenen in der Manier der Commedia dell'arte, pantomimische Schaustellungen, allerlei allegorischen Bühnenzauber illustrierten. Von einem dieser Bildchen soll hier die Rede sein.

Kleine, sichere, in der Tiefe des Zimmers, im offenen Dunkel des Fensters netzartig übereinandergelegte Striche, ein hochbeiniges, zerwühltes Bett – als hätte ein Schlafloser es verlassen –, im Hintergrund der schmale Schrank, ein Bücherbord halb geahnt, zuvorderst mit kühner Hand entworfen, sorgsam den Ton des Papiers bewahrend, entwickelt sich die bewegteste Szene: auf seinem armen Stuhl, nachlässig mit Hemd, Tuch und Hose bekleidet, sitzt der Dichter. Er hat sich zurückgelehnt, läßt die Hand mit der Feder hängen, hat links das blanke Papier ergriffen. So, ungläubig noch, erblickt er die Ballerina. In spitzem Schuh steht sie auf seinem Tisch. Man sieht noch die gekreuzten Bänder über dem Knöchel, dann wölbt sich ein reicher, gewichtloser Rock, unter Perlen und durchbrochenem Besatz atmet die Büste. Schlank von der Taille aufwärts streckt sie sich mit erhobenen Armen bis in den letzten Finger. Unter dem leichten Schmerz in der Zeichnung der Brauen lächelt sie kaum und blickt den Beschauer des Blattes an, als tanze sie für ihn und nicht für den Dichter. Die ruhigen Konturen dieser Positionen lassen glauben, daß eine Folge ausgesuchter Bewegungen so abschließt. Vielleicht jedoch wird sie von neuem beginnen, wird diesen mit Schrank, Tisch, Stuhl und zerwühltem Bett fast verstellten Raum nun auch mit Pirouetten füllen oder sie wird in zerbrechlicher Arabeske, einer Waage gleich, Harmonie bedeuten. Vielleicht aber wird sie ein Sprung, ein langsamer, bis ganz zum Schluß deutlicher Sprung in aufsteigender Linie durch das offene Fenster in den Nachthimmel tragen und den leeren Tisch zurücklassen. Er, Papier und Feder in den Händen, wird nach ihr greifen wollen, wird halten wollen, was nicht zu halten ist; gewiß nicht von einem, der mit gefüllten Händen greift. So wird er wieder zu seinem Stuhl finden, wird lange sitzen, hängend die Hand mit der Feder, links das jäh ergriffene Papier, wird auf dem Tisch die Stelle suchen, an welcher alles stattfand, und wird einen Kratzer finden – dumm wie alle Kratzer. Und dann wird er schreiben, der Dichter, auf jenem Stich.

Wir mögen lächeln bei der Betrachtung dieses naiven Bildchens und mit dem Finger die Stellen suchen und finden, welche uns gar zu peinlich den staubigen Porzellanschnörkeln in großmütterlichen Vitrinen gleichen. Die Intimität dieser Begegnung zwischen Poet und Muse werden wir in die Gartenlaube verbannen und derlei unbestellte Darbietungen auf unserer Schreibtischplatte nicht dulden. Und dennoch könnte es sein, daß heute, da wir Gartenzwerge und zerbrechliche Schäferidylle gegen Bakelitaschenbecher und die Vitrine gegen den Nierentisch um einen fragwürdigen Gewinn eintauschen, der Dichter mit seiner Schreibmaschine dieses besondere Ereignis nötig hat. Auch heute entsteht kein Gedicht, wenn sich nicht hilfreich eine der Musen beugt.

Wenn es den Dichter ankommen sollte, die Ballerina zu beschreiben – Anlaß genug gab ihm ihr Tanz, der sprödkühle Raum aus ihrer Bewegung entworfen – wird er nähertreten, wird er dahinterblicken, entzaubern wollen. Er gleicht dem Briefmarkensammler, welcher ein kleines, begehrtes Viereck prüfend ins Licht hält, um Zahnung und Wasserzeichen deutlich zu haben. Krone und Lächeln der bunten Königin, so wohlgelungen die Miniatur sein mag, beeinflussen niemals sein wertendes Auge.

Kehren wir zu unserem Stich zurück. Jenem Dichter hinterließ ein Augenblick künstlichster Darbietung nur die Spur der Ballettschuhe auf der Tischplatte. Davon wird er schreiben. Die Darbietung wird zur Erscheinung, der Kratzer zum Zeichen werden. Die Ballerina jedoch? Von dem Fenster, durch welches sie kam und ging, wird die Rede sein, und sollte ein guter Dichter dort an dem Tisch gesessen haben – nach dem Bildchen können wir es nicht beurteilen – wird er darauf verzichten, der Ballerina Augen gülden, ihr Antlitz hold und ihre Füßlein gar fein zu nennen. Derlei Feststellungen über Augen, Gesicht und Füße machen sich nicht in so vagen Momenten. Dafür bedarf es der Erlaubnis, hinter der Kulisse zu stehn, in die Garderobe zu schauen.

Ihr Körper, ihr Requisit

Jeder Tenor, wenn es seine Stimme verlangt, wird hinter sich nach der Stuhllehne fassen – und immer wird ein Stuhl oder sonst Greifbares in seiner Nähe stehen – wird mit diesem Griff neue Kraft seinem Organ geben, gewinnender wird ihm die Arie gelingen. Nicht so die Ballerina. Ihr ist nicht viel erlaubt. Ihr Körper, dieser dem leicht hysterischen Weinen nahe Auswuchs gequälter, auswärtsgedrehter Schönheit, bleibt, sobald sie mit winzigen pas de courus aus der Kulisse entlassen, ihr einziges Requisit. Einsam zeichnet sie ihre Figuren und erreicht zwischen der dritten und vierten Pirouette jenen Grad der Verlassenheit, den selbst das deutscheste Dichterlein nicht erreicht. Wird nun mit jeder beliebigen Drehung, wenn sie nur schwungvoll genug ist, dieser Ort der Verbannung bezogen? Ist es genau so, wenn Irmchen sich im Walzertakt dreht und die Augen selig dabei schließt? Wir werden sehen, daß mit der Pirouette, dieser geschraubten, gekünstelten Abstraktion, die letztmögliche Drehung geglückt scheint, daß hier das Kunststück gezeigt wird. Kunst weil nicht mehr Natur, weil hier die papierne Rose – wir kennen sie von den Schießbuden her – aller Vegetation voraus ist und niemals welken wird. Und nochmals Kunst, weil Gewaltsamkeit, Verleugnung der dummen, begrenzten Glieder, kleinliches Feilen an einer leeren Form hier und immer wieder zu gewichtsloser Schönheit ohne Vor- und Zunamen gereicht.

Der Garderobe bleibt es dann vorbehalten diesem nun schwitzenden siebenundzwanzigjährigen Geschöpf ein Vera oder Tascha zuzurufen, einen von harter Arbeit gezeichneten Körper aufzunehmen, welcher lispelt und keinen Blinddarm mehr hat. Nun zeigt es sich, wie harmlos und banal die Pause zwischen zwei anmutig anstrengenden Spitzenleistungen verbracht werden kann. Die Ballerina strickt Wollsocken für ihren kleinen Bruder, die Ballerina redet dummes Zeugs, die Ballerina hat sich kürzlich verlobt, jedoch ist es nicht ausgeschlossen, daß sie sich bald wieder entlobt. Die Ballerina setzt eine Brille auf, sie ist etwas kurzsichtig, und blättert in der Illustrierten, bis das Kreuzworträtsel gefunden und auch zur Hälfte gelöst wird. Nun weint die Ballerina ein bißchen. Sie hat heute eine schlechte Balance gehabt, sie hat »die Arabeske verwackelt« und ist während der dritten Pirouette »von der Spitze geknallt« – und das darf sie nicht.

Der Tenor darf hilfesuchend nach der Stuhllehne greifen, wenn er nur singt. Irmchen darf sogar mitten im Walzer ein wenig torkeln und tiefsinnig feststellen, daß sich ja alles dreht. Niemand wird ihr deshalb böse sein. Nur wenn die Ballerina »von der Spitze knallt«, dann gefriert das Parkett, dann wird es heiß auf den Rängen, taghell und nüchtern dehnt sich die Bühne, Programme werden gefaltet, entfaltet, und alles Flüstern besagt, daß die Ballerina schon siebenundzwanzig ist, lispelt und keinen Blinddarm mehr hat.

Vom Barfußtanz

Feind und todernstes Gegenteil der Ballerina ist die Ausdruckstänzerin. Während die Ballerina ihren Körper nach festen Regeln bewegt und dabei lächelt, als sei ihr die Belanglosigkeit in die Mundwinkel gepinselt, tanzt die Ausdruckstänzerin mit ihrer schwierigen Seele und rührt ihre Glieder dazu, als sei ihr privates und obendrein krummes Knie Anlaß genug, das achtel Parkett und halbvolle Ränge zwei lange Stunden zu fesseln. Die Ballerina wohnt bei ihrer Mutter, raucht nicht, ißt Joghurt und Bananen, füttert ein Hündchen und fühlt sich vor und nach dem Training müde, nichts als müde.

Die Ausdruckstänzerin ist gebildet. Sie weiß die Weise von Liebe und Tod auswendig herzusagen und hat Cocteaus »Orphée« schon fünfmal gesehen. In ihrem möblierten Zimmer hängt eine afrikanische Maske, eine Reproduktion nach Paul Klee und das Foto einer siamesischen Tempeltänzerin. Sie schneidert sich ihre Kleider selber und trägt ihre langen, wunderschönen Haare niemals zum Friseur. Da die Ballerina früh zu Bett geht, ist ihr Nachtleben, bis auf einige Kinobesuche, auf recht harmlose Art geregelt. Die Ausdruckstänzerin hat einen Pianisten zum Freund. Beide leben in ständiger Angst vor dem Kinde, wünschen sich aber ein Kind, sie sogar Kinder, Mutterschaft. Nun, wie zum Ersatz, tanzt sie mit aufgelöstem Haar – daher die Scheu vor dem Friseur – in sackähnlichem Gewand Wiegenlieder, Erwartungen, Erlösungen – ihre letzte Kreation hieß: Weinendes Embryo.

Die Ausdruckstänzerin tanzt barfuß, deshalb könnte man sie auch Barfußtänzerin nennen. Monotonem, preußischem Reglement gleich ist das Exercice der Ballerina. Ein zerquältes, zerdrücktes Fleisch versteckt sich in weißen, roten, gar silbernen Ballettschuhen. Die Füße der Ballerina sind häßlich zu nennen. Geschundene, offene Zehen, ein übergroßer Spann. Sie scheinen die wahren Opfer all dieser gültig gezeigten Schönheit zu sein. Hier unten sammelt sich, was oben harmonisierte Geste und weiches Lächeln kaschiert. Das Maß dieser Schuhe bestimmt noch Mittelalter und Inquisition. So dürfen wir denn die erstrebenswerten zweiunddreißig Fouettés als ein Geständnis werten, und nichts, kein Barfußtanz, wird dieses Geständnis, diesen Schmerz ersetzen können.

Askese vor dem Spiegel

Die Ballerina lebt, einer Nonne gleich, allen Verführungen ausgesetzt, im Zustand strengster Askese. Dieser Vergleich darf deshalb nicht überraschen, da alle auf uns gekommene Kunst stets Ergebnis konsequenter Beschränkung und nie genialischer Maßlosigkeit war. Auch wenn zeitweise Ausbrüche ins Unerlaubte zu denken gaben und geben, der Kunst sei alles erlaubt, erfand sich immer, und gerade der beweglichste Geist, Regeln, Zäune, verbotene Zimmer. So ist auch der Raum unserer Ballerina beschränkt, übersehbar und erlaubt Veränderungen nur innerhalb der zur Verfügung stehenden Grundfläche. Die Erfordernisse der Zeit werden der Ballerina immer wieder ein neues Gesicht abverlangen, werden ihr exotische und pseudoexotische Masken vorhalten wollen. Sie wird diese dekorativen Spielchen mitmachen, wissend, daß alle Mode ihr gut steht. Die wahre Revolution wird sich jedoch im eigenen Palast ereignen müssen.

Wie ähnlich verhält es sich in der Malerei. Wie sinnlos scheinen doch alle Versuche, grundlegende Entdeckungen im Erfinden neuer Materialien, im Austausch der Ölmalerei gegen ein Lackspritzverfahren auf Aluminium zu sehen. Niemals wird der Dilettantismus, an seinen Manieriertheiten leicht zu erkennen, das zähflüssige, selbst in der Revolution konservative Metier verdrängen können.

Der Spiegel wird durch die Ballerina zum unnachsichtigen Werkzeug der Askese. Hellwach trainiert sie vor seiner Fläche. Ihr Tanz ist nicht der Tanz mit geschlossenen Augen. Nichts anderes ist ihr der Spiegel als ein Glas, welches alles zurückwirft, überdeutlich, ein unerbittlicher Moralist, dem zu glauben ihr zum Gebot wird. Was tut der Dichter alles dem Spiegel an. Welch mystische, unleserliche Postkarten steckt er in seinen Barockrahmen. Ihm ist er Ausgang, Eingang, er sucht wie junge, noch unwissende Katzen hinter der Scheibe und findet dort allenfalls ein zerbrochenes, mit ungleichen Knöpfen gefülltes Kästchen, den Stoß alter Briefe, welchen er nie mehr zu finden hoffte, und einen Kamm voller Haare. Nur in den Augenblicken endgültiger Wandlung, da unser Körper bereichert oder verarmt scheint, stehen auch wir mit gleich wachen Augen wie sie vor dem Spiegel. Er zeigt den Mädchen die Pubertät an, ihm entgeht keine Schwangerschaft, kein fehlender Zahn – falls ihn ein Lachen provozieren will. Vielleicht, daß der Friseur, der Taxichauffeur, der Schneider, der Maler beim Selbstporträt, die Prostituierte, welche ihr Zimmerchen mit einer Zahl solch deutlichmachender Scherben versehen hat, etwas Gemeinsames mit der Ballerina haben. Es ist der sorgenvolle Blick des Handwerkers, des Menschen, der mit dem Körper arbeitet, es ist der Blick in den Beichtspiegel.

Applaus und Vorhänge

Der Applaus ist das Kleingeld der Ballerina. Sie zählt es sorgfältig, und hätten diese Münzen, wie anderes Hartgeld, die Eigenschaft, sich in einen Strumpf stecken zu lassen, sie würde sie sparen für spätere Zeiten, da es an Händen fehlen wird, da niemand mehr klatschen will, da das Klatschen weh tun könnte, da der Mann, der dem Vorhang befiehlt, keinen Grund mehr haben wird, auf einem Täfelchen Striche zu machen, bis daß es heißt: Sechzehn Vorhänge heute, zwei mehr als gestern.

Dieselbe Gründlichkeit und Besorgnis, mit der wir die Rufe des Kuckucks während eines Sonntagsspazierganges im Stadtforst zählen, zeigt auch die Ballerina, wenn es gilt, der Dauer und Dichte des Beifalls die mögliche Zahl der Vorhänge zu entnehmen. Sie zählt und möchte Parkett und Ränge mit ihren präzisen und anmutigen Reverenzen versuchen, wie wir den Kuckuck versuchen, der unsere Jahre ausruft. – Dann, nach dem letzten Vorhang, fällt die Ballerina gleich einem Kartenhaus, das plötzlich der Zugluft ausgesetzt wird, in sich zusammen. Jedes ihrer sonst so gewogenen Glieder rutscht ins Beliebige. Die Ordnung in ihrem Gesicht, in diesem Teller voll kosmetischer Speisen, lockert sich. Ihren Augen gelingt kein Blick mehr, überspannt rutschen sie ab und erweitern sich schreckhaft. Desgleichen der Mund. Jederzeit bereit, in Hysterie laut zu werden, strengt ihn ein Lächeln, harmlos gemeint, derart an, daß ihm der Krampf in den Winkeln sitzt. Wozu dieses ständige Stirnrunzeln, dieses Heben der Brauen. Jedes Stück der mit viel Mühe und Können arrangierten Ausstellung verläßt seinen Platz. Die Ballerina scheint außer Rand und Band.

Das Pünktchen

Sie hebt den Arm in leichter Beugung. Oben ergibt sich die Hand, ein unnütz vielgliedriger Fortsatz. All das ohne Bedeutung, nur tauglich zum Ansehen, nicht mal ein Gruß oder die Einladung, näher zu treten. Halb auf dem Wege zum Ornament will es nur zeigen, was da ist, daß sich ein Arm da beugt und den Hintergrund einteilt, daß dort, wo der kleine Finger hindeutet, ein Pünktchen ist, welchem alle Schönheit gehorcht – und so auch die Ballerina. Nie käme ihr der Gedanke, man könne den Arm auch anders beugen, beugen, daß er nur Kraft, Verzweiflung oder gar häßlich geknickt einen Unfall bedeutet. Nie würde sie anderen Punkten den Finger hinschikken als jenem, welcher sinnlos ist wie ein Goldfisch und doch so geräumig, so unersättlich, daß all unser Ballast sich in ihm verlieren könnte. Denn sagten wir zu unserer Ballerina: »Ach, tanzen Sie uns doch einmal die Atombombe!«, sie würde sieben Pirouetten drehen und hernach lächelnd zum Stand kommen. Und käme einer und wünschte das Verkehrsproblem oder die Wiedervereinigung getanzt zu sehen, sie zeigte ihm sofort jene Kombination ästhetischer Figuren, an deren Ende dann eine Arabeske die Wiedervereinigung vollzieht und das Verkehrsproblem löst, indem sie aufs Pünktchen weist.

Zu all diesen Demonstrationen erklingt der »Türkische Marsch« oder ein Stückchen aus der Nußknackersuite, es bleibt sich gleich, die Ballerina ist nicht unbedingt musikalisch zu nennen. Sie läßt sich vom Pianisten den Takt ansagen, erklären, vorzählen und übergibt sich in schöner Gläubigkeit dem Ballettmeister, damit er Zahl und Reihenfolge der Attituden, Touren, Relevés bestimmt und ihren Auftritt insgesamt formuliert.
Es darf auch der Radetzky-Marsch sein, dessen unüberhörbare Klänge in verblüffender Abwegigkeit ihren Weg auf der Bühne begleiten, wenn nur am Ende, mit dem letzten Ton und Paukenschlag, der Finger wieder aufs Pünktchen weist, dann ist es schon recht.

Natur und Kunst

Noch einmal zurück zu dem Bildchen. Die Ballerina, in steifen, leicht knüllenden Stoffen, tanzte auf dem Tisch. Das geöffnete Fenster ließ ahnen, daß Auftritt und Abgang keiner Tür bedurften. Leicht läßt sich Zimmer, Tisch und Fenster mit einer Bühne, Podest, Kulissen vertauschen. Der Dichter, auf dem Stich etwas schmalbrüstig, wandelt sich gleichfalls, wird zum springenden, tanzenden Troubadour. In einem pas de deux nimmt die Geschichte ihren weiteren Verlauf. Liebe, Trennung, Versuchung, Eifersucht und Tod. Einfach ist diese Handlung, bloßer Vorwand, die Ballerina in ihrer schwierigen Existenz, auf Spitzen tanzend, zu zeigen. Im reichsten Décor erfüllt sich hier, was tägliches Exercice zu den Klängen eines verstimmten Klaviers dem Körper und nur dem Körper vorschreibt.

Wer zwingt die Ballerina, dieses empfindliche, im Alltag fast ein wenig fade Wesen, sich an die Stange zu stellen und unter der Aufsicht einer ältlichen, oftmals recht zynischen Ballettmeisterin Jahr um Jahr zu trainieren? Ist es nur Ehrgeiz, nur Sucht zum Erfolg hin? – Widerstrebend betritt sie den Übungssaal, sucht ihren Platz auf. Widerstrebend kommt sie den ersten Bewegungen nach. Und dann packt es sie. Plötzlich ist ihr dieser Kampf gegen den Körper auf ähnliche Art faszinierend, wie einem erklärten Pazifisten ein todernster Vorbeimarsch im Stechschritt.

Ist es schon ein hausbackener Witz, dem Dichter den allzu gut gemeinten Rat auf den Weg zu geben, immer recht natürlich zu schreiben, um wieviel unerträglicher wäre dem feinen Auge die Tänzerin, welche es wagte – weiß ich, welchem Drang immer folgend – natürlich, das heißt ohne jeden Anstand, geschwätzig und maßlos wie die Vegetation eines Urwaldes oder auch Treibhauses über die Bühne zu hüpfen.

Es ist uns zur Selbstverständlichkeit geworden, ein Stück Hammel nicht in rohem, noch blutigem Zustand barbarisch zu verschlingen. Nein, wir braten, kochen oder dünsten es, tun immer wieder noch ein Gewürz in den Topf, nennen es am Ende gar und schmackhaft, essen es manierlich mit Messer und Gabel, binden uns eine Serviette um. So sollte nun endlich den anderen Künsten dieselbe Ehre wie der Kochkunst zuteil werden und – wenn dann und wann Stimmen laut werden und das klassische Ballett totsagen wollen – bewundernd festgestellt werden, daß bislang diese Kunst, mehr noch als Kochkunst und Malerei, eine der unnatürlichsten und damit formvollendetsten aller Künste zu nennen ist.

Erst wenn es gelingen sollte, aus all den Experimenten – und bisher wurden nur Experimente gezeigt – gleichstarke Formeln der tänzerischen Bewegung zu kristallisieren, welchen gleich dem Ballett alle Zufälligkeit abgeht, wird sich die Ballerina zum letztenmal verbeugen.

Vielleicht zeigt sich dann die große, ganz und gar künstliche Puppe. In seinem Traktätchen über das Marionettentheater weist Kleist auf sie hin, Kokoschka ließ sich solch ein unempfindliches Mädchen schneidern, in Schlemmers Triadischem Ballett machten kühn entworfene Figurinen den ersten, wichtigen Schritt. Vielleicht werden sich beide vertragen und eine Ehe eingehen, die Marionette und die Ballerina. –

Die Tänzerin

Die Fanfarlo

Samuel ging ins Theater und begann die Fanfarlo auf den Brettern zu studieren. Er fand sie leicht, kräftig, großartig, sehr geschmackvoll in ihren Kostümen, und schätzte Monsieur de Cosmelly sehr glücklich, sich für ein solches Prachtstück ruinieren zu dürfen.

Er sprach zweimal bei ihr vor, – ein kleines Haus, eine Treppe mit Samtläufer, rings Portieren und Teppiche, in einem neuen Gartenviertel; doch er fand keinen vernünftigen Vorwand, der ihm Zutritt verschafft hätte. Eine Liebeserklärung war gänzlich unangebracht, vielleicht sogar gefährlich. Ein Fehlschlag hätte ihn der Möglichkeit beraubt, jemals wiederzukommen. Er hätte sich ihr vorstellen lassen können, doch er erfuhr, daß die Fanfarlo niemanden empfing. Von Zeit zu Zeit sah sie einige nahe Freunde bei sich. Was hätte er bei einer Tänzerin auch zu sagen oder zu suchen gehabt, die glänzend bezahlt und ausgehalten wurde, und die ihr Liebhaber anbetete? Was hätte er ihr zu bringen gehabt, er, der weder Schneider noch Näherin, weder Ballettmeister noch Millionär war? – So faßte er einen einfachen, rohen Entschluß: er wollte die Fanfarlo so weit bringen, daß sie zu ihm kam. Damals hatten die lobenden oder tadelnden Kritiken einen sehr viel größeren Wert als jetzt. *Die Bedenkenlosigkeiten* der Feuilletonisten, wie ein wackerer Verteidiger sich kürzlich in einem Prozeß ausdrückte, der eine traurige Berühmtheit erlangt hat, gingen sehr viel weiter als heutzutage. Da einige begabte Künstler gelegentlich vor den Journalisten kapituliert hatten, kannte die Frechheit dieser leichtfertigen, übermütigen jungen Leute keine Grenzen mehr. Und so verlegte Samuel, – der von Musik nichts verstand, – sich denn auf das Fach der Singspieltheater.

Von nun an wurde die Fanfarlo allwöchentlich in einer einflußreichen Zeitung unter dem Strich verrissen. Man konnte von ihr weder sagen noch zu verstehen geben, daß ihre Beine, ihre Fesseln oder ihre Knie nicht wohlgeformt wären; das Spiel der Muskeln war unter den Strümpfen sichtbar; und alle Operngläser hätten derartige Behauptungen als Lästerungen verschrien. Die Vorwürfe lauteten, daß sie roh, gewöhnlich und geschmacklos sei, daß sie Gewohnheiten von jenseits des Rheins und der Pyrenäen bei uns einführen wolle, Kastagnetten, Sporen, Stiefelabsätze, – ganz abgesehen davon, daß sie sich betrank wie ein Grenadier, daß sie die kleinen Hunde und die Tochter ihrer Hausmeisterin zu sehr liebte, – und andere schmutzige Wäsche aus ihrem Privatleben, wie sie das tägliche Fressen gewisser Winkelblätter sind. Mit jener den Journalisten eigenen Taktik, die darin besteht, Unvergleichliches miteinander zu vergleichen, stellte man ihr eine ätherische Tänzerin entgegen, die stets ganz in Weiß gekleidet auftrat, und deren keusche Bewegungen keinem Gewissen seine Ruhe raubten. Die Fanfarlo schrie und lachte manchmal sehr laut in den Zuschauerraum hinein, während sie mit einem Sprung an der Rampe landete; sie wagte es, tanzend zu schreiten. Niemals trug sie jene abgeschmackten Gewänder aus Gaze, die alles sehen und nichts erraten lassen. Sie liebte die Stoffe, die ein Geräusch verursachen, die langen, krachenden, mit Pailletten und kleinen Blechstücken besetzten Röcke, die man mit kräftigem Knie hochwerfen muß, die bunten Mieder, wie Seiltänzerinnen sie tragen; sie tanzte, nicht etwa mit Ohrringen, sondern mit Ohrgehängen, fast möchte ich sagen, mit ganzen Lüstern. Am liebsten hätte sie unten an ihren Röcken eine Anzahl jener seltsamen kleinen Puppen angebracht, wie man sie

»Génie élémentaire« im Ballett »Zénis et Almasie«
(Figurine)

bei den alten Zigeunerinnen sieht, die einem mit drohenden Worten die Zukunft weissagen, und denen man am hellen Mittag unter verfallenen römischen Bogen begegnet; lauter Dreistigkeiten, in die der romantische Samuel – einer der letzten Romantiker, die Frankreich besitzt, – vernarrt war.

Derart daß er, nachdem er die Fanfarlo drei Monate lang heruntergemacht hatte, sich sterblich in sie verliebte, und daß sie endlich wissen wollte, wer denn das Ungeheuer, der herzlose, von allen guten Geistern verlassene Pedant wäre, der die königliche Überlegenheit ihres Genies mit solcher Verbissenheit leugnete.

Man muß der Fanfarlo die Gerechtigkeit widerfahren lassen, daß, was sich bei ihr regte, nur Neugier war, sonst nichts. Trug ein solcher Mann die Nase wirklich mitten im Gesicht, war er wie andere seinesgleichen gebaut? Nachdem sie einige nähere Erkundigungen über Samuel Cramer eingezogen und erfahren hatte, daß er ein Mensch wie andere auch wäre, kein Narr und auch nicht unbegabt, begann sie zu ahnen, daß es hier etwas zu erraten gab, und daß diese schrecklichen Artikel, die jeden Montag erschienen, nur so etwas wie ein wöchentlich zugesandtes Bukett bedeuten mochten, oder die Visitenkarte eines hartnäckigen Bittstellers.

So empfing sie ihn eines Abends in ihrer Garderobe. Zwei mächtige Leuchter und ein helles Feuer warfen ihre zitternden Lichter auf die bunten Kostüme, die in diesem Boudoir herumlagen.

Die Königin des Ortes stand im Begriff, das Theater zu verlassen; schon war sie in das Gewand einer gewöhnlichen Sterblichen zurückgeschlüpft; sie hockte auf einem Stuhl und zog einen Halbstiefel an, wobei sie ohne Scham ihr anbetungswürdiges Bein zeigte; mit ihren langen, weichen Händen warf sie das Schnürband wie ein Weberschiffchen durch die Ösen, ohne des Unterrocks zu achten, den sie hochgeschlagen hatte. Dieses Bein war für Samuel schon seit langem ein Gegenstand ewiger Begierde. Lang, schlank, stark, weich und sehnig zugleich, besaß es die ganze Fehlerlosigkeit des Schönen und den ganzen lockenden Reiz des Hübschen. Im senkrechten Querschnitt an seiner breitesten Stelle hätte der Unterschenkel eine Art Dreieck ergeben, dessen Spitze auf dem Schienbein gelegen wäre und dessen gewölbte Basis die geschwungene Linie der Wade gebildet hätte. Ein echtes Männerbein ist zu hart, die Frauenbeine auf Devérias Zeichnungen sind zu weich, um hier eine zulängliche Vorstellung zu liefern.

In dieser anziehenden Stellung, das Haupt gegen den Fuß geneigt, zeigte sie den Nacken eines Prokonsuls, breit und kräftig, und ließ die Furche zwischen den Schulterblättern ahnen, die von üppigem, braunem Fleisch bedeckt waren. Das schwere, dichte Haar fiel zu beiden Seiten herab, kitzelte ihr die Brust, und verdeckte die Augen derart, daß sie es immer wieder beiseiteschieben und zurückwerfen mußte. Eine verspielt mutwillige Ungeduld, wie bei einem verwöhnten Kind, dem es nicht schnell genug geht, warf das ganze Geschöpf und seine Kleidung hin und her, und ließ einen alle Augenblicke neue Aussichten, neue Linien- und Farbwirkungen entdecken.

Samuel blieb respektvoll stehen –, oder tat doch so, als ob er respektvoll stehen bliebe; denn bei diesem Teufelskerl weiß man nie so recht, wo der Komödiant beginnt.

»Ah! da sind Sie!« rief sie, ohne ihre Haltung zu ändern, obwohl Samuels Besuch ihr einige Minuten zuvor gemeldet worden war. »Sie wollen etwas von mir, nicht wahr?«

Die großartige Unverschämtheit dieser Worte traf den armen Samuel mitten ins Herz; acht Tage lang hatte er Madame de Cosmelly wie eine romantische Elster mit seinem Geschwätz unterhalten; hier antwortete er in aller Ruhe: »Ja, Madame.« – Und Tränen traten ihm in die Augen.

Das hatte einen ungeheuren Erfolg; die Fanfarlo lächelte.

»Aber was zum Teufel ist denn in Sie gefahren, Monsieur, daß Sie mich derart zerfetzen? Was für ein schreckliches Metier ...«

»Schrecklich, allerdings, Madame ... denn ich bete Sie an.«

»Ich ahnte es«, erwiderte die Fanfarlo. »Aber Sie sind ein Scheusal; diese Taktik ist niederträchtig. – Wir armen Mädchen!« fügte sie lachend hinzu. »Flora, mein Armband. – Geben Sie mir den Arm bis zu meinem Wagen, und sagen Sie mir, ob ich Ihnen heut abend gefallen habe.«

Und so gingen sie denn, Arm in Arm, wie zwei alte Freunde; Samuel liebte, oder fühlte wenigstens, wie sein Herz heftig pochte. Er war vielleicht ein seltsamer Kauz, aber diesmal jedenfalls war er nicht lächerlich.

In seiner Freude hätte er beinahe vergessen, Madame de Cosmelly von seinem Erfolg zu benachrichtigen, und ihr ein wenig Hoffnung in ihre Verlassenheit zu bringen.

Einige Tage später spielte die Fanfarlo die Rolle der Kolombine in einer großen Pantomime, die einige geistreiche Leute für sie verfaßt hatten. Sie trat da in einer reizvollen Folge von Verwandlungen auf, als Kolombine, Gretchen, Elvira und Zephirine, und empfing, auf die heiterste Art der Welt, die Küsse von Vertretern mehrerer Generationen, die verschiedenen Ländern und verschiedenen Literaturen entlehnt waren. Ein großer Komponist hatte es nicht verschmäht, eine der Seltsamkeit des Sujets angepaßte, phantasievolle Musik zu schreiben. Die Fanfarlo war abwechselnd sittsam, feenhaft, ausgelassen, munter; sie war hinreißend in ihrer Kunst, ebenso sehr

Schauspielerin mit den Beinen wie Tänzerin mit den Augen.

Nebenbei bemerkt, die Tanzkunst wird bei uns viel zu wenig geschätzt. Alle großen Völker, vorab die der Antike, die Inder, die Araber, haben sie im gleichen Maße wie die Dichtkunst gepflegt. Der Tanz steht ebenso hoch über der Musik, in gewissen heidnischen Gesellschaften jedenfalls, wie das Sichtbare und Erschaffene höher steht als das Unsichtbare und Unerschaffene. – Nur diejenigen können mich verstehen, bei denen die Musik malerische Vorstellungen weckt. – Alles, was die Musik Geheimnisvolles in sich birgt, kann der Tanz zum Vorschein bringen, und er hat darüber hinaus den Vorzug, menschlich und faßlich zu sein. Der Tanz ist die Poesie der Arme und Beine, er ist die anmutige, schreckliche, durch Bewegung beseelte und verschönte Materie. – Terpsichore ist eine Muse des Südens; ich vermute, daß sie sehr braun war, und die Füße oft in goldenen Kornfeldern geschwungen hat; jede ihrer rhythmisch abgemessenen Bewegungen liefert dem Bildhauer ein göttliches Motiv. Doch nicht zufrieden, mit Terpsichore zu wetteifern, rief die katholische Fanfarlo die ganze Kunst der neueren Gottheiten zu Hilfe. Im Nebel verschwimmen und mischen sich die Gestalten mancher handfesteren und aufdringlicheren Feen und Undinen. Sie war zugleich ein shakespearisches Capriccio und eine italienische Harlekinade.

Der Dichter schwamm in Entzücken; er glaubte den Traum seiner längst vergangenen Jugendtage vor sich zu sehen. Er war nahe daran, in seiner Loge die lächerlichsten Freudensprünge zu vollführen und sich an irgendetwas den Kopf einzurennen, ein solcher Taumel hatte von ihm Besitz ergriffen.

Eine niedrige, dichtgeschlossene Kalesche brachte den Dichter und die Tänzerin in rascher Fahrt zu dem kleinen Haus, von dem schon die Rede war.

Unser Freund gab seiner Bewunderung durch stumme Küsse Ausdruck, die er ihr inbrünstig auf Füße und Hände preßte. – Auch sie war voller Bewunderung für ihn; nicht, daß sie die Macht ihrer Reize nicht gekannt hätte, aber ein so bizarrer Mensch, eine solche elektrisierende Leidenschaft waren ihr noch nicht vorgekommen.

ELSE LASKER-SCHÜLER

Ich tanze in der Moschee

Du mußt mich drei Tage nach der Regenzeit besuchen, dann ist der Nil zurückgetreten, und große Blumen leuchten in meinen Gärten, und auch ich steige aus der Erde und atme. Eine sternenjährige Mumie bin ich und tanze in der Zeit der Fluren. Feierlich steht mein Auge und prophetisch hebt sich mein Arm, und über die Stirne zieht der Tanz eine schmale Flamme und sie erblaßt und rötet sich wieder von der Unterlippe bis zum Kinn. Und die vielen bunten Perlen klingen um meinen Hals .... oh, machmêde macheiï .... hier steht noch der Schein meines Fußes, meine Schultern zucken leise – machmêde macheiï, immer wiegen meine Lenden meinen Leib, wie einen dunkelgoldenen Stern. Derwi, Derwisch, ein Stern ist mein Leib. Machmêde, macheiï, meine Lippen schmerzen nicht mehr ... rauschesüß tröpfelt mein Blut, und immer träumender hebt sich mein Finger – geheimnisvoll, wie der Stengel der Allahblume ..... Machmêde, macheiï, fächelt mein Antlitz hin und her – streckt sich viperschnell, und in den Steinring meines Ohres verfängt sich mein Tanz. Machmêde macheiï, machmêde machmêde ....

Tanz-Soiree in einem feinen Haus

»Aber ganz etwas anderes: Wir haben eine Privatsoirée.«

»Wann?«

»Wann? Heute abend natürlich.«

»Oh!«

»Was ›Oh!‹? Stört es dich etwa?«

»Nein. Führen wir die ›Pantoche‹ auf?«

»Nein, die wäre zu ernst. Du wirst tanzen. Und ich gebe meinen ›Neurasthenischen Pierrot‹.«

Ehrlich entsetzt springe ich auf.

»Ich soll tanzen! Ich kann nicht! Und außerdem habe ich doch meine Noten in Aix verloren! Und ich weiß die neue Adresse von der Kleinen nicht, die mich begleitet hat ... Wenn wir wenigstens zwei Tage Zeit hätten ...«

»Nichts zu machen«, sagt Brague unbeirrbar. »Die Badet hätte auftreten sollen, und nun ist sie krank.«

»So ist das also! Das fehlte gerade noch! Ich als Lükkenbüßerin! Spiel den ›Pierrot‹, wenn es dir Spaß macht, ich tanze nicht.«

Brague zündet sich eine Zigarette an und sagt nur ein einziges Wort:

»Fünfhundert? Für dich allein. Ich hab' dasselbe.«

Fünfhundert! ... Ein Viertel meiner Miete ... Brague raucht weiter, ohne mich anzusehen: Er weiß genau, daß ich annehmen werde.

»Also fünfhundert ... Um wieviel Uhr?«

»Um Mitternacht, natürlich ... Beeil dich, damit du die Noten und alles in Ordnung hast, ja? Auf Wiedersehen. Bis heute abend ... Ja richtig, die Jadin ist zurück!«

[...]

Um Viertel nach zwölf kommen Brague und ich in die Avenue du Bois. Ein schönes Haus! Hier kann man sich prächtig langweilen ... Der steife Diener, der uns in das »Künstlerzimmer« führt, will mir aus meinem Pelzmantel helfen; unhöflich lehne ich ab: Glaubt er vielleicht, daß ich in dieser Aufmachung – vier blaue Halsketten, ein geflügelter Skarabäus und ein paar Meter hauchdünnen Stoffes – darauf warten werde, bis es den Herrschaften beliebt, mich zu rufen?

Viel wohlerzogener als ich sieht der steife Diener über meine Ungezogenheit hinweg und läßt uns allein. Brague reckt sich vor dem Spiegel. In seiner weißen Maske und dem weiten Kittel des Pierrot wirkt er unheimlich mager ... er mag Privatsoireen auch nicht. Nicht, daß ihm die »Feuerwand« zwischen ihm und »ihnen« so sehr fehlt wie mir, aber er legt wenig Wert auf den »Salonkunden«, wie er sich ausdrückt, und gibt damit dem eleganten Publikum nur ein wenig von der gehässigen Gleichgültigkeit zurück, die es uns gegenüber an den Tag legt.

»Da schau her«, sagt Brague und reicht mir ein Kärtchen. »Glaubst du, daß sich diese Leute auch nur die Mühe geben, meinen Namen richtig zu schreiben? Bragne steht auf dem Programm!«

Zutiefst verletzt, die roten Lippen zusammengepreßt, verschwindet er hinter einer Tapetentür, nachdem ihn ein zweiter, ebenso steifer Diener sehr höflich mit seinem verstümmelten Namen dazu aufgefordert hat.

In einer Viertelstunde bin ich an der Reihe ... Ich betrachte mich im Spiegel und finde mich häßlich ohne das grelle elektrische Licht, das in meiner Garderobe die Wände weiß erstrahlen läßt, das die Spiegel umgibt und der Schminke einen samtenen Schimmer verleiht ... Wird ein Teppich auf der Bühne sein? Und ob sich die Herrschaften, wie Brague sagt, wohl eine kleine Rampe geleistet haben? ... Die Perücke der Salome drückt an den Schläfen und verschlimmert meine Migräne ... Mir ist kalt ...

»Du bist dran, meine Liebe. Geh und tanz ihnen was vor!«

Brague, bereits wieder im Künstlerzimmer, trocknet sich das weißgeschminkte, schweißnasse Gesicht und zieht den Mantel an.

»Sehr feine Leute, nichts Besonderes. Sie machen nicht allzuviel Lärm. Natürlich unterhalten sie sich miteinander und reißen ihre Witze, aber nicht sehr laut ... Hier sind zwei Francs fünfzehn, mein Anteil am Fahrgeld für das Taxi ... Ich gehe jetzt.«

»Wartest du denn nicht auf mich?«

»Wozu denn? Du fährst in die Ternes und ich nach Montmartre, das liegt weit auseinander. Und außerdem muß ich morgen früh um neun eine Stunde geben. Gute Nacht! Bis morgen.«

Also los! Ich bin an der Reihe. Meine rachitische kleine Pianistin ist auf ihrem Posten. Ich lege mir, zitternd vor Nervosität, mit einer Hand den Schleier um, der mein ganzes Kostüm bildet, einen fünfzehn Meter langen, blauvioletten Schleier ...

Anfangs kann ich durch das zarte Gewebe meiner Maske hindurch nichts unterscheiden. Meine bloßen Füße treten auf das harte, dünne Wollgewebe eines Perserteppichs ... ach, und leider gibt es keine Bühne ...

Ein kurzes Vorspiel belebt und erweckt den blauschillernden Schmetterling, den ich darstelle, und bewegt langsam meine Glieder. Nach und nach löst sich der Schleier, bläht sich auf, flattert, fällt zu Boden und gibt mich den Blicken der Anwesenden preis, die, um mich besser betrachten zu können, sogar ihr lautes Geschwätz unterbrochen haben ...

Ich sehe sie. Ich sehe sie, obgleich ich sie nicht sehen

will. Während ich tanze, mich drehe und am Boden krieche, sehe ich sie – und erkenne sie! . . .

Da, gleich in der ersten Reihe, sitzt eine noch junge Frau, die lange Zeit die Geliebte meines Ex-Gatten war. Sie war nicht darauf gefaßt, mich heute abend hier zu sehen, und ich habe schon lange nicht mehr an sie gedacht. Ihre traurigen blauen Augen – das einzig Schöne an ihr – zeigen Bestürzung und Angst . . . Mich fürchtet sie ja nicht, aber mein unerwarteter Anblick hat ihr schonungslos die Vergangenheit in Erinnerung gerufen. Die Erinnerung daran, wie sehr sie um Adolphe gelitten hat, sie, die alles für ihn aufgegeben hatte, die unbesonnen, unter lautem Geschrei und Tränen, ihren Mann und auch mich töten wollte, um mit Adolphe zu fliehen. Er liebte sie damals schon nicht mehr, sie war für ihn eine Last. Ich mußte ganze Tage mit ihr verbringen und hatte den Auftrag – was sage ich da? den Befehl! –, sie erst um sieben Uhr abends nach Hause zu begleiten. Und es hat wohl nie zuvor ein traurigeres Paar gegeben als uns beide, zwei betrogene Frauen, die einander haßten. Manchmal brach das arme Geschöpf – am Ende ihrer Kräfte – in Tränen aus, und ich sah zu, wie sie weinte, und blieb ungerührt, stolz darauf, daß es mir gelang, meine eigenen Tränen zurückzuhalten . . .

Und hier sitzt sie nun in der ersten Reihe. Man hat den Raum nach Möglichkeit ausgenützt, und ihr Stuhl steht so nahe dem Podium, daß ich ihr in einer spöttischen Liebkosung über die Haare streichen könnte – Haare, die sie blond färbt, weil sie allmählich grau werden. Sie ist alt geworden in den vier Jahren, und sie sieht mich entsetzt an. Durch mich wird sie an ihre Sünde erinnert, an ihre Verzweiflung, ihre Liebe, die vielleicht schon gestorben ist . . .

Hinter ihr erkenne ich noch eine . . . und dann wieder eine . . . Sie kamen jede Woche zum Tee zu mir, als ich noch verheiratet war. Vielleicht haben sie mit meinem Mann geschlafen. Das ist nun belanglos ... Keine einzige scheint mich zu kennen, aber etwas verrät doch, daß sie mich erkannt haben; die eine heuchelt Zerstreutheit und flüstert angeregt mit ihrer Nachbarin, die andere betont übertrieben ihre Kurzsichtigkeit und die dritte fächelt sich Luft zu, schüttelt den Kopf und flüstert immer wieder:

»Diese Hitze! diese Hitze!«

Sie haben ihre Frisuren geändert seit der Zeit, als ich dieser »feinen Gesellschaft« und den falschen Freunden den Rücken kehrte. Sie tragen alle den heute üblichen Haarschnitt, der die Ohren bedeckt und von einem breiten Seiden- oder Metallband gehalten wird, und sehen aus, als wären sie leidend oder schlecht gewaschen. Man sieht keine verführerischen Nacken mehr, keine zarten Schläfen, nur armselige, häßliche Fratzen – Backenknochen, Kinn, Mund, Nase – wie sehr doch die Mode dieses Jahres den Gesichtern alles Menschliche raubt ...

An den Seiten und im Hintergrund stehen die Herren im dunklen Anzug. Sie drängen und beugen sich vor und fixieren mich mit der unverschämten Neugier des Weltmannes auf eine sogenannte »deklassierte« Frau, der man in ihrem Salon die Fingerspitzen geküßt hatte und die nun halbnackt auf dem Podium tanzt ...

Na, na! Heute abend sehe ich aber wirklich zu klar, und wenn ich mich nicht zusammennehme, wird mein Tanz darunter leiden ... Ich tanze und tanze ... Eine schillernde Schlange windet sich über den Perserteppich, eine ägyptische Amphore neigt sich vor, eine Flut duftenden Haares fließt hernieder, eine Wolke steigt auf und entschwindet, stürmisch und bläulich schimmernd; ein katzenartiges Raubtier springt hoch, krümmt sich zusammen; eine Sphinx, gelblich wie Wüstensand, streckt sich und stützt sich auf, das Kreuz hohl und die Brüste gestrafft ... Ich vergesse nichts, ich habe mich wieder ganz in der Gewalt. Vorwärts! Diese Leute, gibt es die denn überhaupt? ... Nein, nein, nur der Tanz, die Lichter, die Freiheit und die Musik sind wirklich. Nur der Rhythmus, der in schönen Bewegungen Gedanken ausdrückt, ist wirklich. Eine einzige Drehung meiner Hüften, frei von allen Fesseln, genügt doch, um all diese Leiber verblassen zu lassen, die, in Mieder gezwängt, verkümmern, weil die Mode eine schlanke Linie fordert! Aber es gibt noch etwas Besseres, als sie zu demütigen; ich will sie für einen Augenblick nur bezaubern! Noch eine kleine Anstrengung: Schon folgen die mit Juwelen beladenen Nacken mit leichtem Wiegen gehorsam meinen Bewegungen ... Nun wird in ihren Augen dieses rachsüchtige Leuchten gleich verlöschen — und sie werden unterliegen und lächeln, alle diese verzauberten Bestien ...

Der Tanz ist zu Ende – diskret gedämpfter Applaus unterbricht den Zauber. Ich verschwinde, komme wieder heraus und verneige mich lächelnd ... ganz hinten im Salon sehe ich undeutlich einen Mann, der wild gestikuliert und »Bravo« ruft. Diese Stimme, diesen langen schwarzen Kerl kenne ich doch ...

Aber das ist ja der Schwachsinnige von neulich! Das ist der »dumme Junge«! ... Mein letzter Zweifel verfliegt, als er mit gesenktem Kopf in den kleinen Salon tritt, wo ich mich mit meiner Pianistin getroffen habe. Er ist nicht allein, ein zweiter schwarzgekleideter Kerl begleitet ihn, und der sieht ganz so aus, als ob er der Hausherr wäre.

Er verneigt sich: »Madame ...«

»Monsieur ...«

»Gestatten Sie mir, daß ich Ihnen dafür danke, daß Sie in letzter Minute eingesprungen sind, und ... und daß ich Ihnen meine Bewunderung ausdrücke ...«

»Sie sind zu gütig, Monsieur ...«

»Henri Dufferein-Chautel.«

»Sehr erfreut ...«

»Und das ist mein Bruder, Maxime Dufferein-Chautel, der innig wünscht, Ihnen vorgestellt zu werden ...«

Mein »dummer Junge« vom Vorabend erwidert meinen Gruß, und es gelingt ihm, meine Hand, die den blauen Schleier zusammenrafft, zu ergreifen und zu küssen ... Dann steht er vor mir und bringt kein Wort heraus, er fühlt sich viel unbehaglicher als in meiner Garderobe ...

Unterdessen knetet Dufferein-Chautel Nr. 1 verlegen an einem geschlossenen Kuvert herum:

»Ich ... ich weiß wirklich nicht, ob ich das Ihrem Impresario, Herrn Salomon, oder Ihnen selbst ...«

Dufferein-Chautel Nr. 2, der unter seinem braunen Teint plötzlich puterrot geworden ist, wirft ihm einen wütenden, beleidigten Blick zu. Und nun sehen beide gleich dumm aus! Wozu das ganze Getue? Freundlich helfe ich ihnen aus der Verlegenheit:

»Aber gewiß auch mir, Monsieur, das ist ganz einfach! Geben Sie mir das Kuvert, oder besser noch, schieben Sie es zwischen meine Noten – denn ich muß Ihnen offen gestehen, daß ich in meinem Tanzkleid keine Taschen habe ...«

Beide lachen erleichtert und anzüglich, und nachdem ich das hinterhältige Angebot von Dufferein-Chautel Nr. 2, mich vor den Rowdys in den Ternes zu beschützen, abgelehnt habe, kann ich endlich nach Hause gehen, vergnügt meine schöne Fünfhundert-Francs-Note verwahren, mich hinlegen und schlafen ...

RUDOLF BORCHARDT

Ave atque vale
Sonett auf die Tanzende

Der ganze mächtige Tanz war nur ein Leiden.
Was aber war das Ruhn, das nach dem Tanze?
In den Mundwinkeln trug sie doch das ganze
Qualvolle Reden, das nun in den beiden
Zu süßen Schultern schwieg – das nicht im Meiden
Und wonnigen Wiederkehren, nicht im Glanze
Der Arme lag: sondern, im tiefen Kranze
Wohnte sie wie im Schlaf, daraus zu scheiden

Ein Leiden, Reisen, Abschiednehmen war –
Als sie zu trinken auf den Becher Wasser
Den Hals so fallen ließ als ob ihr Haar
Von hinten eine Hand mit Tod belüde,
War sie nicht nur vom halben Lichte blasser:
Die schönen Kränze wurden an ihr müde.

MAX BROD

Das Ballettmädchen

Albrecht Blank hatte das Unglück, als kaum Zwanzigjähriger, seinen Vater zu verlieren. Mit einem Schlag sah er sich im Besitz eines Millionenvermögens, zum unumschränkten Leiter einer der größten Textilfabriken in Brünn bestellt und auch zum Herrn im Hause, denn den schwächlichen Vormund wies er bald aus dem Gehege und seine Mutter mit seinen drei jüngeren Schwestern ordnete sich ihm als dem einzigen Arbeitenden der Familie in der natürlichsten Weise unter.

Er war durch theoretische und tätige Studien zu eben diesem Berufe eines Großfabrikanten bereits so weit aufgezogen, daß er das Regiment sofort übernehmen konnte. Eine Zeitlang führte er es in kluger Ausnützung seines Prokuristen und seiner Werkmeister wie einen Versuch, eine Lehrzeit, eines Tages aber richtete er sich gleichsam in plötzlicher Überrumpelung einer Staatsverfassung auf und saß, von allen bewundert, als der rechtmäßige Gebieter an seinem Schreibtisch.

Mit seinen gesunden, noch durch nichts angerissenen Nerven, seinem blühenden Körper und seiner stets bereiten Schlagkraft der Seele war er ein Vorbild an Arbeitsfähigkeit und Energie. Er verstand es, alles diesem obersten Ziel, der Arbeit, unterzuordnen, und da er erkannt hatte, daß seine Leistungen von seinem Befinden abhingen, wurde ihm dieses Befinden mit trockener Selbstverständlichkeit zu der ersten und einzigen Wichtigkeit der Welt. Er arbeitete von früh bis Abend, schonte sich nicht, zum Entgelt mußte aber rings um ihn alles seiner Bequemlichkeit dienen, und die kostbarste Sache, die seine Gesundheit, Erholung, gute Laune nur um ein Geringes steigern konnte, wurde augenblicklich in seinen Dienst gestellt. Er teilte die Geschäftsleute ein in solche, die sparen wollen, und solche, die viel verdienen wollen. Wer viel verdienen will, darf nicht sparen. Und mit diesen hielt er's. Er verschwendete, für seine Person, kannte keine finanzielle Grenze des Komforts und der Eleganz, dabei wußte er aber eben, daß diese seine Person so wertvoll war, mit einem Blitzwort, einem Brief Zehntausende ins Rollen zu bringen. Da er von keinem Vorurteil behindert, auch der übertriebenen Rechenwut und Zukunftsangst älterer Großkaufleute ledig war, konnte seine Jugend den Typ des amerikanisierten modernen Menschen, wie er wohl auch den traditionellen und beirrten Gemütern seiner Kreise in aufrichtigeren Stunden als Ideal vorschwebt, ganz rein darstellen. [...]

In Wien lernte er durch gefällige Freunde die Wlasta Muhr kennen, eine hübsche Ballettfigurantin der Oper. Als er sie aus dem Weinrestaurant in seine Wohnung führte, ließ sie das Auto unterwegs plötzlich stoppen und stieg aus, nur um an die Türe eines verrufenen Hauses zu springen und mit aller Kraft »Brigade!« hineinzuschrein. Dann lief sie lachend ins Auto zurück und ermahnte zu schnellster Fahrt. Es stellte sich schlicht heraus, daß dies eine ihrer Lebensgewohnheiten und unbedingtes Bedürfnis war: prostituierte Mädchen, die sie aus dunklen Gründen unsäglich verachtete, zu beschimpfen, und eben dieses Schimpfwort »Brigade« hatte ihr Gefühl hiefür sich ausgedacht. – Doch weniger diese Besonderheit beschäftigte Albrecht in dieser Nacht, als die Tatsache, daß überhaupt jemand gewagt hatte, sein Auto anzuhalten, ihn bei einem Geschäft – denn nur als solches kannte er bis dahin die Liebesangelegenheiten – zu unterbrechen und um Zeit zu bringen. Gerade dieses kleine Ereignis machte ihn auf Wlasta aufmerksam, die sich im übrigen vor seinen bisherigen, stets sehr flüchtigen Verhältnissen wenig auszeichnete. Er begann sie auszufragen, sie interessierte ihn. – Doch kannte er sich zunächst in ihr gar nicht aus. Noch nie hatte er ein so schleuderhaftes unbestimmtes Wesen aus der Nähe betrachtet, es war ihm einfach unverständlich, wie man nichts tun, aber auch nichts erwarten, sich an nichts erinnern und nicht bedauern konnte. Sie schien ihm, vollkommen leer, auch in einem luftleeren Raume zu hängen, infolge der innern und äußern Leere als unregelmäßiges Pendel hin- und herzuschwingen. Sagte sie ihm etwas, so gab er sich zwar den

Anschein, als denke er über das Gesprochene nach oder an seine Antwort; in Wirklichkeit aber überlegte er nur, woher, aus welchem inneren Druck, da doch kein Inneres war, die Worte ihr überhaupt bis an die Lippen steigen konnten. Allmählich nur gewöhnte er sich an sie und fand das hübsche Ding doch wieder in einer Art von Ordnung und Gesetz beschlossen, die freilich von ihm aus gesehn die pure Unordnung war, aber doch wenigstens nicht mehr ganz unsinnig und ohne Gewicht erschien . . . Sie stammte aus irgendeinem vertrackten Winkel Mährens, wo deutsches, slawisches und ungarisches Blut durcheinanderfloß. Geprügelt, auf die Weide geschickt, jung verführt, nach Wien gelaufen: mehr wußte sie nicht und wollte sie auch nicht wissen. Hie und da fielen ihr Schulden ein, sie konnte aber nicht genau sagen, wofür. In dieser Beziehung verließ sie sich ganz auf den Gerichtsboten, der pfänden kam. Manchmal tauchten in ihren Reden Geschwister auf, genaue Auskunft konnte sie nicht geben. Gestern hatte sie im Prater einen schönen Ring verloren. Daß man das auf der Polizei meldet, war ihr unbekannt; aber auch aufgeklärt tat sie nichts weiteres, als daß sie zwei Tränen wie auf das Grab dieses Ringes niederfallen ließ. Wozu sie lebte, wußte sie nicht. Was so rundherum geschah, war ihr gleichgültig, mit Ausnahme eines gewissen Taumels, den sie scheinbar wahllos um irgendeine Begebenheit schlug, mit viel Geschrei, aber einer Lässigkeit oder gar Faulheit auf dem Grunde, die bald auch an die Oberfläche, wie Blut wohlig ihr in das Gesicht stieg und aus allem einen dicken Traum machte. So verbrachte sie denn, die lästigen Proben abgerechnet, den ganzen Tag im Bett, schlief oder gähnte, zu den Mahlzeiten aber ließ sie sich von der Wirtin energisch wecken, denn auf das gute Essen verzichtete sie nicht. Gegen Abend las sie, immer noch im Bett, Operettentexte, denn sie hatte ein schlechtes Gedächtnis und mochte gern zuweilen ein Liedchen mit den richtigen Worten vor sich hinsummen, das freute sie. Sie wurde frisch und straff bei dieser Lebensweise. Abends tanzte sie nämlich, nicht gerade mit Kunst, aber temperamentvoll, das angesetzte Fett sofort wieder hinunter. Aber erst nach der Vorstellung ließ sie wie eine lange festgehaltene Spiralfeder ihre gesammelten Kräfte losschnurren, wenn sie nun mit Kavalieren (in letzter Zeit stets an der Seite Albrechts) durch die Kabaretts und Weinlokale zog und ihrem quecksilbernen Wahnsinn, den ein rascher Schwips kaum mehr steigerte, die Freiheit gab. Da war mit einem Male für ihr Geplapper kein Zusammenhang unerreichbar, alles wußte sie und alles schleppte sie gehäuft in einem Wirbel sinnloser Witzworte, wie ihre Tanzschleppe gedreht, hinter sich her. Sie lachte, sie preßte immer wieder die Hand fest auf den Mund, um ein Wörtchen zurückzuhalten und nur in sich hinein zu flüstern, sie bog den Oberkörper und verschluckte es tief, während oben auf den Wangen schon das nächste Lachen vorwärtsrannte. Ohne Maß war alles, was sie tat; selbst die einfache Bewegung, mit der sie ein Streichholz reichte und knapp vor der wartenden Zigarette durch ein Fingerschnalzen auszulöschen wußte, hatte etwas Verrücktes und Räubermäßiges. Und wie sie irgendein Wort aufgriff, das im ernsteren Gespräch ihrer männlichen Gesellschaft gefallen war, und nun als Refrain die ganze Nacht hindurch tothetzte, wie sie etwa, man hatte von irgendeinem »Protest« geredet, den Kellner mit »Protest« anschrie und die Passantinnen auf der Kärntnerstraße wütend mit »Protest« erschreckte und, betrat man ein Kaffeehaus, sofort ans Büfett eilte, dort ihre kleine weiße fleischige Faust auf den Tisch schlug und »Protest, Protest, Protest« den farbigen Likeurflaschen und der entsetzten Dame quietschend zuschwor, um sich dann ihren Begleitern zuzuwenden und einem nach dem andern um den Hals zu fallen, weinend vor Seligkeit über ihren guten Einfall! Und »Protest« brüllte sie, wenn man sie draußen auf der Gasse nach ihrem Wunsch um die Taille festhielt, damit sie die Beine, wie sie es gelernt hatte, hoch emporschlagen konnte mit gereckten Fußspitzen und, wenn sie im Bett lag, war sie imstande, dem Geliebten immer noch »Protest« ins Ohr zu kichern und zu küssen.

Ihre Ausgelassenheit tat dem strengen jungen Mann wohl. Aber dann kamen plötzlich Tage, an denen sie melancholisch war. Ohne ersichtlichen Grund. Sie hatte dann etwas Sanftes in ihrem Wesen, sie schwieg gern und schien über etwas nachzudenken, aber, wenn man sie ausfragte, hatte sie nur an einen alten Hut gedacht oder, ob die Mizzi, ihre Freundin, heute nachmittag mit ihr spazieren gehen werde. Wenn sie dann mit einem schwermütigen Lächeln diese, wie es offenbar war, für sie höchst niederdrückenden Überlegungen von sich schob, war sie wirklich schön, wie gänzlich aufgelöst in Kämpfen und Sorgen, mit den ernsten großen Augen einer jungen Mutter. Albrecht suchte sie zu trösten, er beschäftigte sich immer angelegentlicher mit ihr, es reizte ihn, daß es da etwas gab, was er mit all seinem Zweckeifer und mit seinen Geldmächten nicht aufzulösen vermochte. Dabei war ihre Traurigkeit nicht Laune oder Unart, man bemerkte vielmehr deutlich, wie sie ihrem Gaste gefällig sein und Späße machen wollte; aber es gelang nicht, in ihrer Seele gingen Regengüsse nieder und so war sie redlich verrostet und verstimmt. Sie pflegte sich dann zu verantworten: »Ich bin halt heut mit dem linken Fuß aufgestanden« und küßte ihn wie zur Entschuldigung. Er war von Zärtlichkeit so bewegt, daß er ans Fenster treten mußte. Irgendwoher, aus fremden Richtungen der Windrose, hatte ein Unendliches ihn angeweht, er fühlte, wie fern und fremd ihm zur Seite dieses unschuldige bewußtlose junge Leben war, dieses Händchen an seinem Arm faßte wie aus den dumpfen Gestrüppen eines Urwaldes hervor, in dem auch er vielleicht einmal (Spiele der Knabenzeit fielen ihm ein, Indianerbücher, eine Fregatte mit ihren Wimpeln, braune, nackte, wilde Leute im Ufergras) in dem auch er seine Heimat gehabt hatte. Aber nun war alles ausgerodet und geebnet, in der Lichtung wohnte er – und er war auch stolz genug, nicht mehr zurück zu wollen; nur einen Blick in diese träumerische Welt noch offen haben, das wollte er und allmählich war es ihm, als verstände er das arme Ballettmädel durchaus und verliebt war er jetzt auch in ihren Leichtsinn, gerade in den, und mochte sie ächzend zu Hause faulenzen oder Sektgläser an die Decke schmettern, etwas Edles fand er darin, daß sie immer Zeit hatte, nichts ausnützte und nichts verstand, nie von irgendwem etwas erreichen wollte und einer kindlichen Gottheit glich in ihrem Nichtstun und Hingetriebensein, in ihrer bald übermütigen, bald schmerzlichen Sinnlosigkeit.

Da sie bald darauf ihre Stellung verlor, nahm er sie ganz zu sich. Sie hatte auf der Bühne, da sie ihn in seiner Loge bemerkte und zum Lachen bringen wollte, als Palmenträgerin in der Prozession oder gar als feierlicher Engel längs eines Palmenzweiges die unanständigen Bewegungen einsamer Knaben nachgeahmt. Man hatte den Skandal gesehen und entließ sie sofort.

»Revolutioniere nur du«, dachte er beifällig, »auf deine Art. Ich kann ja nichts machen, ich bin in mein System eingespannt und muß stupid weiterarbeiten.« Dann nahm er sie auf eine Reise mit. Sie sahen Luzern, Lugano, Bellagio; Wlasta wurde nicht müde, die grüne Farbe der Seen anzustaunen. In Mailand unterließ sie es nicht, ihren Kampfruf »Brigade« in das Palais »Al vero Eden«, dessen Bestimmung sie augenblicklich durchschaute, hineinzuschleudern. Dann aßen sie viel Obst in der Provence, badeten in San Sebastian und kehrten zurück. Albrecht war die ganze Zeit über glücklicher als je in seinem Leben.

Er vernachlässigte sein Geschäft nicht, aber er hatte das Gefühl, als sei erst jetzt durch die fast trotzig entgegengesetzte Art des Mädchens Balance in sein Leben gekommen. »Hier ist«, sagte er sich, »glücklicherweise das Unberechenbare, das Alogische, das ich brauche, um in meinem Präzisionsuhrwerk nicht selbst zur Maschine zu werden. Überhaupt scheint es mir jetzt das wichtigste Problem der ganzen Menschheit: ob die Frau imstande sein wird, die ihr eigentümliche schöne Gesetzlosigkeit auch noch in unserem Zeitalter, in dem alle Dinge schon zum Erschrecken mechanisiert sind, aufrecht zu erhalten. Das ist natürlich etwas ganz anderes und viel, viel Wesentlicheres als dieser dumme Emanzipationsunfug ... Man darf dabei eins nicht übersehen: es gibt bei den vielbeschäftigten Männern meines Schlages schon eine neue Art zu lieben, den modernen Bedürfnissen assimiliert. Sie brauchen nach Tages Arbeit ein Bett, ein Weib mit den zweckdienlichen bequemen Allüren, damit ihr Wachen schließlich mit Vergnügen und Schlaf zugesiegelt wird wie ein fertiger Brief. Mehr wollen sie nicht und das andere gibt es für sie auch nicht mehr: Sehnsucht des Unerfüllbaren, Schüchternheit, Schmachten, Süßigkeit kleiner Annäherungen, Eifersucht, Auseinandersetzungen, Geschenke, Schmeicheleien. Und schon ist auch ein Typ von Frauen entstanden, der sich diesem Typ Mann angepaßt hat, wie ihm die schnelle, heftig-bequeme Untergrundbahn, das Warenhaus, das Kartell, das dienstbereite Tischtelephon angepaßt sind. Nun ist die große Frage: werden die Frauen auf ihr altes Recht im Ziellosen, Unendlichen, Romantischen, trostreich Übersinnlichen verzichten? Werden sie ihre Umarmungen mathematisch regeln, ihr Feuer bei aller Trunkenheit rationell machen? ... Eines ist gewiß: in einer

Welt, in der dieser letzte gottgewollte Rest von Größe verschwindet, möchte ich keinen Augenblick länger leben wollen.« – Und er bedankte sich bei Wlasta mit einem Handkuß, den sie nicht verstand.

Es gab jetzt Stunden, in denen sich Albrecht so harmonisch bewegt fühlte, daß er mit weicher Stimme zu seiner Mutter, seinen Schwestern sprach. Den Arbeitern näherte er sich gütig und war, noch aus der Atmosphäre seiner früheren Exaktheit heraus, die ersten Male ganz erstaunt, daß sie bei seiner Freundlichkeit in ihren Leistungen nicht nachließen. Er begann für sie in weiterem Maße als bisher zu sorgen und suchte dabei Menschlichkeit und Geschäftstüchtigkeit in Ausgleich zu bringen. Manchmal gelang es. Oft aber, und namentlich, als er wollüstig fortschreitend für die rosige und smaragdblaue Luft rings um die Werke alter Dichter hellsichtig geworden war, verzagte er und fand sich, bei Verlust seiner ehemaligen Einheit, im Banne zweier Gesinnungen, die einander doch aufhoben, verzweiflungsvoll geteilt. Dann dachte er und ersehnte irgendeinen Ruck durch und durch, eine Erschütterung zu schrankenloser Freiheit hin, die ihn sprengen und seine Seele ins ewige Licht tragen sollte. Er wußte, daß dies nicht von seinem guten Willen abhing, daß er warten mußte. So leicht wie Wlasta hat nicht jeder die Erlösung, sagte er mit halbem Lächeln vor sich hin. Aber er wurde der Gedanken nicht froh, die ihm eine schließliche Vereinigung in sich selbst verhießen. Böse Vorahnungen bedrängten ihn, auch wenn er demütig war.

Da warf ihn einmal sein Automobil, an die Theaterrampe prallend, auf die Straße, und von einer vorüberfahrenden Elektrischen wurden ihm die Beine abgefahren. – Er erwachte im Sanatorium, nach der Operation, die ihm nur kurze Stümpfe gelassen hatte. Wochenlang lag er im Fieber. In Visionen beschäftigte er sich mit seiner Zukunft, die als ein Knäuel hilfloser, die Hände zum

Himmel emporstreckender Bilder vor seinen entsetzten Augen vorbeizog. Endlich beruhigte er sich, er hatte, noch halb in Träumen, einen Liegestuhl erfunden, der ihm gestatten würde, in der Fabrik zu arbeiten wie bisher. Das war ja Tradition der Familie: bis zum Schluß auszuharren, auch sein Vater hatte sich nicht geschont. Bei normaler Wärme wußte er dann, daß es solche Liegestühle schon gebe, daß er nichts zu erfinden brauche. Es war eigentlich nichts Besonderes passiert. Benötigte er denn mehr als seinen Kopf, um zu organisieren und Geld zu verdienen! Es war also auf dieser Seite des Lebens alles in Ordnung.

Aber die Geliebte? – Er ließ sie kommen. Im Fauteuil sitzend, von den Hüften an in ein Plaid gewickelt, wie alte Leute abends auf Bänken der Kurpromenaden sich verwahren, so erwartete er sie in der gemeinsamen Wohnung. Der Diener, den er jetzt immer bei sich haben mußte, war in einem Nebenzimmer eingesperrt, nachdem er alles nach Albrechts Winken vorbereitet hatte. Was würde Wlasta sagen? Natürlich hatte sie den schrecklichen Vorfall in der Zeitung gelesen, aber sie mußte längst daran vergessen haben, sie mußte – so dachte er es sich – ihm dumme Vorwürfe machen oder ihren natürlichen Abscheu ausdrücken oder irgendwie diese traurige schwere Sache in ihre sinnlose Welt hinüberzaubern, daß nur eine nebelhafte, allgemein leichte Schicksalsbitterkeit oder eine nicht zutreffende Ironie übrig blieb. Oder wenn sie so dasitzen würde, trostlos, fassungslos, weinend wie eine Quelle im Walde und die Haare schüttelnd vor Wut oder auch nur deshalb, weil man sich erlaubt hatte, sie, das Kindchen, so bös zu erschrecken – würde es nicht süß sein, ihre Hand zu ergreifen, ihr Trost zuzusprechen wie einst und zu fühlen, daß man nicht zu ihr hinüberkann, weil man in seine Gescheitheit eingesperrt ist und dort drüben in ihrem

Revier die unbegreifliche Wildheit sich austoben muß bis zum letzten Zucken! . . . Sie kam. Aber, wie seltsam, noch nie war sie Albrecht so bescheiden und überlegt erschienen wie diesmal. Sie klagte nicht, sie suchte ihn vielmehr zu zerstreuen, sie setzte ihre Worte wie bei einem Krankenbesuch. Vielleicht waren seine überreizten Nerven daran schuld, daß ihm sogar ihre Fußbewegungen nicht ballettmäßig gewandt erschienen, sondern wie von absichtlicher Plumpheit, ihm, dem Krüppel, zu Gefallen. Warum war sie nicht wenigstens roh! Er schäumte auf. Wie, von nun an würde alles ihm zur Bequemlichkeit dienen, alles bezahlt sein, durchsichtig und zweckentsprechend! Argwöhnisch sah er seine Erinnerungen an die bizarre Reise durch, vielleicht war das alles Verstellung gewesen, vielleicht gab es die heroisch übertriebenen Frauen gar nicht, diese ursprünglichen unangepaßten Labsale, vielleicht – nein jedenfalls: für ihn war der liebliche Unsinn vorbei, der wie Tanzmusik eines Elfenreigens und Nachttau seine von Berechnungen heiße Stirn gekühlt hatte, alle Frauen, die jetzt noch kommen würden, müßten sich wie Wlasta benehmen, als strebsame Vorrichtungen, wie die Apparate in seiner Fabrik. Mit einem kranken Mann gab es eben keine Witze, entweder man bediente ihn gradlinig und nützlich, oder man bediente ihn gar nicht. O das flache Schicksal, dieses mühsame Leben mit erstarrtem Herzen! Da erfaßte ihn der Ekel vor allem, was ihm noch beschieden sein mochte, so, daß er dem Mädchen, das ihn gerade wie einen Säugling mit pflichteifriger Anstrengung ins Bett hob, mit der Faust mitten ins Gesicht schlug. Sie nahm es für eine krampfhafte oder ungeschickte Bewegung, und mit derselben Hand, die sie flüchtig über ihre Nase führte, riß sie schon, ohne zu lachen und ohne zu zanken, an den Druckknöpfen ihrer Bluse. »Dienstbereit, wie mein Tischtelephon!« höhnte er stumm, und eine tiefere

Stimme sagte, in Erinnerung einer glücklichen Nacht, mit schon wehmütigerem Spott: »Protest, Protest!« – Bald darauf war Wlasta gleichgültig eingeschlafen, als hätte sie ihn noch recht deutlich der Hoffnung berauben wollen, ihre Kälte als verhaltenes Mitgefühl, nicht als schale Industrie zu deuten. Albrecht aber, an ihrer Seite gelagert, fühlte sich in einem Sausen wie an den Rand der Erde entrückt, wo der scharfe Abgrund und der allmächtige Äther ihre Atemzüge schwarz-feurig vermischen ...

Es ist die Ansicht des Freundes, der mir diese Geschichte erzählt, daß Albrecht Blank in dieser Nacht den Weg zur erlösenden Ekstase betreten hat, indem er aus der kaufmännischen und notwendigen Ordnung unserer Zeit die Flucht ins Gestaltenlose ergriff. Auch ich glaube dies und finde, daß der Zettel, der am andern Morgen von Albrechts Hand geschrieben neben dem Bett auf der Erde lag, so gedeutet werden muß. Denn hätte Albrecht nichts anderes beabsichtigt, als Wlasta, in deren Haarsträhnen man ihn verknotet und erwürgt fand, vom Verdacht freizuhalten, so hätte er sich wohl deutlicher ausgedrückt, als mit den Worten: Trauert nicht! Ich bin eines natürlichen Todes gestorben.

Brief an die Tänzerin Napierkowska

Gnädige!

Vielleicht entzieht sich nichts dermaßen dem Wort, wie der Tanz. Gewiß, es ist gerade so lächerlich, ungeschickt und taktlos ein Gemälde zu schildern – und was kann man geben, außer dem Eindruck. Jedoch an diesen Irrtum gewöhnte man sich schon längst. Es ist dem hornäugigen Bürger wohl schmeichelhaft, wenn ein Bild möglichst rasch seinem Dasein der Form zur Allegorie entzogen wird. Aber der Tanz, ein Rhythmus, dessen Sinn nur in der Komposition Ihrer uns so teuren Gesten ruht, der nur körperlich ist.

Ich sehe nur ein Mittel, hier im Richtigen zu bleiben. Eine Sprache, die sich ganz dem Sichtbaren nähert, deren Klang wiederum zum Dank den Körper bewegt; aber dies ist der Dichter, der über seiner inneren Schönheit, über seinen Worten sich unterfinge, Ihren Tanz zu einer neuen – uns hier gleichgültig – umzusingen. Wir aber wollen nicht vom Dichter entzaubert werden, sondern im Kreis Ihrer Bewegungen gefangen bleiben. Und so ist es nichts als ein Enthusiasmus, den wir sagen, aber wir berichten nicht Ihren Tanz. Der gehört nur Ihnen, der Tanzenden.

Gesten, beschlossen von der Klugheit Ihres Körpers, das Wissen Ihrer Glieder. Linien, die den Raum durchschmeicheln, Kurven, die unvergeßlich in dem leeren Theater Nächte lang wirbeln. Es ist Ihnen alles einheitliche Bewegung voller Form. Wir besannen uns auf den ganzen Körper, nicht auf partielle Eigenschaften.

Ah, es war eine Pantomime, eine melodramatische Rührung. Psychologie statt Aktion – russische Musik.

Wir mußten vorher und später irgendwelche Tricks über uns ergehen lassen. Die Statisten; auch die Tänzerin ist heute isoliert, Ihre Gesten bleiben unerwidert, Sie rangen die Arme gegen einen orientalisch oder kasubisch behangenen Garderobenständer; aber Ihre geschleuderten Hände umspannten eine köstlich ausgeschnittene Kurve – dieses modellierte Stück Raum. Was sie spielten, war jedoch nicht das Melodrama, vielmehr eine Folge von Gesten, geordnet, voller Komposition, frei von jedem Klassizismus. Wir gedachten der Tänzerinnen von Sakkarah, griechischer Vasen, deren unabänderliche Motive neu gedeutet wurden. Wir erkannten Ihren Willen zum Klassischen, zur Überlieferung, aber nicht jene der Pawlowa, Trümmer eines morbid schleichenden Rokoko, sondern eine selbsteroberte Tradition. Wir waren froh, uns mit Ihnen eins zu wissen, und Gesten zu sehen, nicht weniger kostbar, als die der klagenden Kinder auf einem A–men–ho–tep-Relief, oder die umfassende Kraft der Himmelsgöttin Nuht. Nur Ihr Körper zuckte vor unsern Augen, alles was an Gefühltes oder Seelisches – unsichtbare dunkle Regungen – gemahnen konnte, war erloschen. Plato muß die eindeutige Richtigkeit dieses Tanzes geliebt haben. Alles Dunkle vergessen wir, es bleibt das unzerstörbare Gewebe Ihrer Kurven. Wir wußten kaum noch, daß so vieles unnötig ist. Aufgebeugt von spirituellen Büchern, gewahrten wir einen Körper, der sich selbst genügt, und in uns Bewegungen erregt, ach, nie beschreibbare. Kunst und Leben trafen sich, wie in einem Zweig, über den die Sonne gleitet, wodurch der Wind sich schlingt. Wir vergaßen ganz der Tatsache, daß Ihr Tanz irgendeinen Statisten erschüttern soll. Diese undenkliche Zeit begann, wo neue Körper erfunden wurden, die Geste erwachte. Sie beschenkten uns mit einer Lust, daß wir – wie selten – verstanden, warum Menschen sich für schön halten können, vielleicht, daß sie sich einer mythischen Tänzerin erinnern. Jedoch Sie gaben keine Schönheit, die nur beachtet wird, wenn sie Sentimentalität zum Vorschub macht; wir genaßen an einer Leidenschaft, die gänzlich unspirituell ist. Wenn der Rhythmus unserer Epen solche Bewegung hervorbrächte. Und all dies – Sie waren weise, vernünftig. Ihr Tanz ist voller Vernunft und Sachlichkeit. Sie geben keine Beispiele dressierter Zehen – Mensch und Raum bleiben unbewegt – nicht die Alltäglichkeit poussierender Finger – Sie vergessen nie die Einheit Ihres ganzen Körpers.

Unsere Gebärden werden sparsamer, verkniffener. Plötzlich der hemmungslose Überfluß eines Körpers. Wir vergessen das Melodrama; – Sie verderben Ihre Gesten nicht durch die Zutaten des Rührstücks – angezeigt vom Programm – Sie werden nicht getäuscht durch die lächerliche Anekdote; die Geste ist tendenzlos. Wir versuchen hier, keine Dilettanten-Ideologie einer »reinen« Kunst. Jedoch Sie ignorieren das Drama, weil Ihr Körper die Steigerung durch literarische Inhalte verschmähen darf. Denn sonst wäre der Partner ein schlechter, störender Spieler, statt Garderobenständer.

Wir sehen Ihren Tanz, gleichsam wie Sie ihn erfinden, wir belauschen ihn im Entstehen. Welche Ökonomie der Geste. Wir begreifen bei Ihnen, wie je Dinge erfunden wurden, und ist dies nicht die erlauchte Mitteilung eines schöpferischen Körpers? Ihre Steigerung, kaum ertragbar, aber nicht literarisch; eine logische Folge von Gesten, und mit Ihnen, wenn Sie auf der Bühne zusammenstürzen, ist eine mythische Sache zerstört, die unvergeßlich in unserem trägen Blut bleibt. Vor Ihnen sitzen Krüppel und Lahme – sonst tätige, scheinbar unverletzte Menschen – fast entmutigt durch ihre Häßlichkeit. Ich weiß nicht ganz, wie wir froh weiterleben können, wir sahen soviel Schönheit. Wir werden in Zukunft noch mehr verschmähen; Sie zogen uns in ein Großes, damit uns noch mehr als früher vor der Geste des Bürgers schaudert. Denn wir sahen nie so deutlich, daß Kunst nur eine Art von Schönheit ist.

ANTON KUH

Das k. k. Ballettmädel

Längere Zeit hindurch saß ich Abend für Abend in einem Wiener Barraum, der zugleich den Hintergrund einer Tanzbühne bildet; durch geschlossene Vorhänge und halbgeschlossene Portieren drang wie im Halbschlaf Fiedelbrummen, zugedecktes Musizieren, hie und da ein Paukentakt; da drinnen begab sich also Tolles; plötzlich wurden die Portieren aufgerissen, schwacher, von Kellner- und Geschäftsführerhänden zeugender Beifall klippklappte nach, die Kapelle rührte voll Abschiedselan einen Tusch, und herein stürmten, zu Tod erhitzt, Hautdunst verbreitend und die Lungen ausatmend, ein bis drei Mädchen und eilten an ihren Nachfolgerinnen vorbei, die bereits unruhig und vom nächsten Musikstück gewiegt an der Tür Posto faßten, zu raschem Kostümwechsel in die Garderobe.

Die Kenner hier im kleinen Vorraum beurteilten die Leistungen, ohne sich ein einziges Mal deren Anblick zu vergönnen, danach, wie die Mädchen vorher und nachher aussahen. Sie konnten vorher noch so entzückend, durchprickelt und lausbübisch aufs Zeichen warten – kamen sie nachher statt süß zerpatscht und dennoch beintrocken, fidel gestimmt, aber weich gewalkt, zurück, so war die Meinung gegen sie.

Einmal standen drei an der Tür. Drei schneeweiße Huldinnen im weiten Spitzenflausch, drei buttermilde Gesichter.

Im Wien der Franz-Joseph-Zeit nannte man solche Gestalten »Engerln«. Ein Engerl, das ist ein liebes rundes Vorstadtgesicht, ein ums Haupt geflochtener Zopf, ein Gretchenschoß solidbürgerlicher Formung und dazu ein hauchzartes, weißes Kleid, wie aus Johann-Straußschen Walzerblüten gewebt.

Diese drei Engerln waren nicht mehr ganz jung; oder vielmehr sie waren es, aber ihr Teint zeigte durch Puderbelag und Schminke hindurch jene Pickel, die das Zeichen der Wohlanständigkeit, Mühe und sozialen Gesichertheit sind. Ihre Körper waren bürgerlich, ohne Leichtigkeit, ihre Mienen gleichgültig und in dem Kußhändchenlächeln erstarrt, woran die Balletteusen alter Schule zu erkennen sind. Drei Telephonistinnen im Flügelkleide.

Es war ein Terzett aus dem k. k. Hofopernballett. Das Donauwellen-Trio. Attraktion für Spießer, Tanzreaktionäre, Jazzgegner und alle jene, die beim Donauwalzer demonstrativ applaudierend aufstehen, als handle es sich um ein »Heil Dir im Siegerkranz!« der Rhythmik. Gut, aber was wollte der pfiffige Nachtdirektor mit ihnen? . . .

Die drei hielten beim Hereinfliegen und Hinausstürmen von den Kolleginnen – die doch nur die Kunst des Nachtlokals vertraten und keine Schule, kein Staatsinstitut, keine Tradition, ja nicht einmal pensionsberechtigt waren – auffällig Distanz; sie scheuten, in sich ruhend wie ein frisch aufgetragener Pudding, deren Berührung.

Das »K. K.« war ihnen auf Stirn und Leib geschrieben. Zwar gibt es, einer Wiener Versicherung zufolge, »ka kaka mehr«. Aber es gibt. Es gibt eine Würde staatsangestellter, altersversicherter Kunst, die sich als Spätblüte

T. H. Maguire, »Le Pas de Quatre«:
Carlotta Grisi, Marie Taglioni, Lucile Grahn
und Fanny Cerrito

vergangener Kulturen bezeichnet. Ich sah durch die weißen Spitzenhüllen durch – nein, nichts, was des Hinsehens wert war – sondern den Dünkel des gesichtslosen Burgtheatermitglieds, das sich gegen die künstlerische Nachbarschaft eines Bassermann oder Pallenberg verwahrt. Ich sah den Staatsbeamten, der auf den Bankbeamten herabblickt. Ich sah die Aktivitätszulage, die sich als Zeitwert gebärdet.

Doch so oder so – Engerln waren es. Sinnbilder jenes zuckersüßen, mittelständisch-molligen Schönheitsideals, das die aufrecht und sittlich Gesinnten gegen den Auswuchs von Bubikopf, Schlankheit und Charleston ins Treffen führen. Da sah man sie also, deren Mütter und Ahnfrauen einst als »süße Mädeln« Anatols windelweiches Herz umfingen, durch Vorhangluken nach ehetauglichen Grafen und Fürsten Ausschau hielten und in straff sitzenden Husarenhosen, denen man wegen ihrer Eignung, die verheerenden Folgen des Mehlspeisgenusses sichtbar werden zu lassen, den Beinamen »fesch« verlieh, gymnasiastische Sinne umgaukelten. Gerechterweise denk ich: Diese Mütter waren jünger, sie wußten noch nicht viel von den Worten: Rhythmus, Geist des Muskels, Melodie des Leibes, machten sich betreffs der Ausübung ihres Berufes kein ästhetisches X für ein sinnliches U vor und ahnten, daß dem Herrn Grafen in seiner Loge weniger an der Sichtbarwerdung von Weltanschauung durch das Medium des Tanzes als an anderen Anblikken gelegen sei. Sie waren sozusagen die Makart-Ausgabe der Revue-Girls. Die Töchter aber, als Erbgeneration, sind schon Beamtinnen. Darum rümpfen sie über jene Mädchen des Nachtlokals die Nase, welche das eigentliche Ballett-Erbe angetreten haben.

Ich konnte mir später einen Blick durch den Vorhang nicht versagen. Oh, ich habe noch nie so anmutslos, so steifgliedrig und gleichgültig tanzen gesehen! Sie rannten von einer Position in die andere, hielten sich aber unterwegs immer ein bißchen auf, um die erlernten Pirouetten vorzubereiten. Hände und Gesichter machten beflissen husch, husch, dieweil die Beine nachließen. Die eine spannte, auf einem Bein stehend, langsam und gründlich ihr Gefieder aus, die zweite trug die ausgespreiteten Rockfalten nach vorn und hockte sich dann zu einem schubertsüßen Menuett-Knicks nieder, die dritte guckte gefaßt hin, wenn die Reihe an sie käme. Ich suchte nach einem Namen für diese Vorführung und fand ihn: »Des k. k. Unterrichtsministeriums Donauwellen!«

Der Tanz der Puppe

Der Tanz der Olimpia

Als er zurückkehren wollte in seine Wohnung, wurde er in Spalanzanis Hause ein geräuschvolles Treiben gewahr. Die Türen standen offen, man trug allerlei Geräte hinein, die Fenster des ersten Stocks waren ausgehoben, geschäftige Mägde kehrten und stäubten mit großen Haarbesen hin und her fahrend, inwendig klopften und hämmerten Tischler und Tapezierer. Nathanael blieb in vollem Erstaunen auf der Straße stehen; da trat Siegmund lachend zu ihm und sprach: »Nun, was sagst du zu unserem alten Spalanzani?« Nathanael versicherte, daß er gar nichts sagen könne, da er durchaus nichts vom Professor wisse, vielmehr mit großer Verwunderung wahrnehme, wie in dem stillen düstern Hause ein tolles Treiben und Wirtschaften losgegangen; da erfuhr er denn von Siegmund, daß Spalanzani morgen ein großes Fest geben wolle, Konzert und Ball, und daß die halbe Universität eingeladen sei. Allgemein verbreite man, daß Spalanzani seine Tochter Olimpia, die er so lange jedem menschlichen Auge recht ängstlich entzogen, zum erstenmal erscheinen lassen werde.

Nathanael fand eine Einladungskarte und ging mit hochklopfendem Herzen zur bestimmten Stunde, als schon die Wagen rollten und die Lichter in den geschmückten Sälen schimmerten, zum Professor. Die Gesellschaft war zahlreich und glänzend. Olimpia erschien sehr reich und geschmackvoll gekleidet. Man mußte ihr schöngeformtes Gesicht, ihren Wuchs bewundern. Der etwas seltsam eingebogene Rücken, die wespenartige Dünne des Leibes schien von zu starkem Einschnüren bewirkt zu sein. In Schritt und Stellung hatte sie etwas

Abgemessenes und Steifes, das manchem unangenehm auffiel; man schrieb es dem Zwange zu, den ihr die Gesellschaft auflegte. Das Konzert begann. Olimpia spielte den Flügel mit großer Fertigkeit und trug ebenso eine Bravour-Arie mit heller, beinahe schneidender Glasglockenstimme vor. Nathanael war ganz entzückt; er stand in der hintersten Reihe und konnte im blendenden Kerzenlicht Olimpias Züge nicht ganz erkennen. Ganz unvermerkt nahm er deshalb Coppolas Glas hervor und schaute hin nach der schönen Olimpia. Ach! – da wurde er gewahr, wie sie voll Sehnsucht nach ihm herübersah, wie jeder Ton erst deutlich aufging in dem Liebesblick, der zündend sein Inneres durchdrang. Die künstlichen Rouladen schienen dem Nathanael das Himmelsjauchzen des in Liebe verklärten Gemüts, und als nun endlich nach der Kadenz der lange Trillo recht schmetternd durch den Saal gellte, konnte er wie von glühenden Ärmen plötzlich erfaßt sich nicht mehr halten, er mußte vor Schmerz und Entzücken laut aufschreien: »Olimpia!« – Alle sahen sich um nach ihm, manche lachten. Der Domorganist schnitt aber noch ein finstreres Gesicht, als vorher und sagte bloß: »Nun nun!« – Das Konzert war zu Ende, der Ball fing an. Mit ihr zu tanzen! – mit ihr! das war nun dem Nathanael das Ziel aller Wünsche, alles Strebens; aber wie sich erheben zu dem Mut, sie, die Königin des Festes, aufzufordern? Doch! – er selbst wußte nicht wie es geschah, daß er, als schon der Tanz angefangen, dicht neben Olimpia stand, die noch nicht aufgefordert worden, und daß er, kaum vermögend einige Worte zu stammeln, ihre Hand ergriff. Eiskalt war Olimpias Hand, er fühlte sich durchbebt von grausigem Todesfrost, er starrte Olimpia ins Auge, das strahlte ihm voll Liebe und Sehnsucht entgegen und in dem Augenblick war es auch, als fingen an in der kalten Hand Pulse zu schlagen und des Lebensblutes Ströme zu glühen.

Bauhaustänze (Figurinen)

Und auch in Nathanaels Innerm glühte höher auf die Liebeslust, er umschlang die schöne Olimpia und durchflog mit ihr die Reihen. – Er glaubte sonst recht taktmäßig getanzt zu haben, aber an der ganz eignen rhythmischen Festigkeit, womit Olimpia tanzte und die ihn oft ordentlich aus der Haltung brachte, merkte er bald, wie sehr ihm der Takt gemangelt. Er wollte jedoch mit keinem andern Frauenzimmer mehr tanzen und hätte jeden, der sich Olimpia näherte, um sie aufzufordern, nur gleich ermorden mögen. Doch nur zweimal geschah dies, zu seinem Erstaunen blieb darauf Olimpia bei jedem Tanze sitzen und er ermangelte nicht, immer wieder sie aufzuziehen. Hätte Nathanael außer der schönen Olimpia noch etwas anders zu sehen vermocht, so wäre allerlei fataler Zank und Streit unvermeidlich gewesen; denn offenbar ging das halbleise, mühsam unterdrückte Gelächter, was sich in diesem und jenem Winkel unter den jungen Leuten erhob, auf die schöne Olimpia, die sie mit ganz kuriosen Blicken verfolgten, man konnte gar nicht wissen, warum? Durch den Tanz und durch den reichlich genossenen Wein erhitzt, hatte Nathanael alle ihm sonst eigne Scheu abgelegt. Er saß neben Olimpia, ihre Hand in der seinigen und sprach hoch entflammt und begeistert von seiner Liebe in Worten, die keiner verstand, weder er, noch Olimpia. Doch diese vielleicht; denn sie sah ihm unverrückt ins Auge und seufzte einmal übers andere: »Ach – Ach – Ach!« – worauf denn Nathanael also sprach: »O du herrliche, himmlische Frau! – Du Strahl aus dem verheißenen Jenseits der Liebe – Du tiefes Gemüt, in dem sich mein ganzes Sein spiegelt« und noch mehr dergleichen, aber Olimpia seufzte bloß immer wieder: »Ach, Ach!« – Der Professor Spalanzani ging einigemal bei den Glücklichen vorüber und lächelte sie ganz seltsam zufrieden an. Dem Nathanael schien es, unerachtet er sich in einer ganz andern Welt befand, mit einemmal, als würd' es hienieden beim Professor Spalanzani merklich finster; er schaute um sich und wurde zu seinem nicht geringen Schreck gewahr, daß eben die zwei letzten Lichter in dem leeren Saal herniederbrennen und ausgehen wollten. Längst hatten Musik und Tanz aufgehört. »Trennung, Trennung«, schrie er ganz wild und verzweifelt, er küßte Olimpias Hand, er neigte sich zu ihrem Munde, eiskalte Lippen begegneten seinen glühenden! – So wie, als er Olimpias kalte Hand berührte, fühlte er sich von innerem Grausen erfaßt, die Legende von der toten Braut ging ihm plötzlich durch den Sinn; aber fest hatte ihn Olimpia an sich gedrückt, und in dem Kuß schienen die Lippen zum Leben zu erwarmen. – Der Professor Spalanzani schritt langsam durch den leeren Saal, seine Schritte klangen hohl wider und seine Figur, von flakkernden Schlagschatten umspielt, hatte ein grauliches gespenstisches Ansehen. »Liebst du mich – Liebst du mich Olimpia? – Nur dies Wort! – Liebst du mich?« So flüsterte Nathanael, aber Olimpia seufzte, indem sie aufstand, nur: »Ach – Ach!« »Ja du mein holder, herrlicher Liebesstern«, sprach Nathanael, »bist mir aufgegangen und wirst leuchten, wirst verklären mein Inneres immerdar!« »Ach, ach!« replizierte Olimpia fortschreitend. Nathanael folgte ihr, sie standen vor dem Professor. »Sie haben sich außerordentlich lebhaft mit meiner Tochter unterhalten«, sprach dieser lächelnd: »Nun, nun, lieber Herr Nathanael, finden Sie Geschmack daran, mit dem blöden Mädchen zu konversieren, so sollen mir Ihre Besuche willkommen sein.« – Einen ganzen hellen strahlenden Himmel in der Brust schied Nathanael von dannen: Spalanzanis Fest war der Gegenstand des Gesprächs in den folgenden Tagen. Unerachtet der Professor alles getan hatte, recht splendid zu erscheinen, so wußten doch die lustigen Köpfe von allerlei Unschicklichem und Sonderbarem zu erzählen, das sich begeben, und vorzüglich fiel man über die todstarre, stumme Olimpia her, der man, ihres schönen Äußern unerachtet, totalen Stumpfsinn andichten und darin die Ursache finden wollte, warum Spalanzani sie so lange verborgen gehalten. Nathanael vernahm das nicht ohne innern Grimm, indessen schwieg er; denn, dachte er, würde es wohl verlohnen, diesen Burschen zu beweisen, daß eben ihr eigner Stumpfsinn es ist, der sie Olimpias tiefes herrliches Gemüt zu erkennen hindert? »Tu mir den Gefallen Bruder«, sprach eines Tages Siegmund, »tu mir den Gefallen und sage, wie es dir gescheuten Kerl möglich war, dich in das Wachsgesicht, in die Holzpuppe da drüben zu vergaffen?« Nathanael wollte zornig auffahren, doch schnell besann er sich und erwiderte: »Sage du mir Siegmund, wie deinem, sonst alles Schöne klar auffassenden Blick, deinem regen Sinn, Olimpias himmlischer Liebreiz entgehen konnte? Doch eben deshalb habe ich, Dank sei es dem Geschick, dich nicht zum Nebenbuhler; denn sonst müßte einer von uns blutend fallen.« Siegmund merkte wohl, wie es mit dem Freunde stand, lenkte geschickt ein, und fügte, nachdem er geäußert, daß in der Liebe niemals über den Gegenstand zu richten sei, hinzu: »Wunderlich ist es doch, daß viele von uns über Olimpia ziemlich gleich urteilen. Sie ist uns – nimm es nicht übel, Bruder! – auf seltsame Weise starr und seelenlos erschienen. Ihr Wuchs ist regelmäßig, so wie ihr Gesicht, das ist wahr! – Sie könnte für schön gelten, wenn ihr Blick nicht so ganz ohne Lebensstrahl, ich möchte sagen, ohne Sehkraft wäre. Ihr Schritt ist sonderbar abgemessen, jede Bewegung scheint durch den Gang eines aufgezogenen Räderwerks bedingt. Ihr Spiel, ihr Singen hat den unangenehm richtigen geistlosen Takt der singenden Maschine und ebenso ist ihr Tanz. Uns ist diese Olimpia ganz unheimlich geworden, wir mochten nichts mit ihr zu schaffen haben, es war uns als tue sie nur so wie ein lebendiges Wesen und doch habe es mit ihr eine eigne Bewandtnis.« – Nathanael gab sich dem bittern Gefühl, das ihn bei diesen Worten Siegmunds ergreifen wollte, durchaus nicht hin, er wurde Herr seines Unmuts und sagte bloß sehr ernst: »Wohl mag euch, ihr kalten prosaischen Menschen, Olimpia unheimlich sein. Nur dem poetischen Gemüt entfaltet sich das gleich organisierte! – Nur *mir* ging ihr Liebesblick auf und durchstrahlte Sinn und Gedanken, nur in Olimpias Liebe finde ich mein Selbst wieder. Auch mag es nicht recht sein, daß sie nicht in platter Konversation faselt, wie die andern flachen Gemüter. Sie spricht wenig Worte, das ist wahr; aber diese wenigen Worte erscheinen als echte Hieroglyphe der innern Welt voll

Liebe und hoher Erkenntnis des geistigen Lebens in der Anschauung des ewigen Jenseits. Doch für alles das habt ihr keinen Sinn und alles sind verlorne Worte.« »Behüte dich Gott, Herr Bruder«, sagte Siegmund sehr sanft, beinahe wehmütig, »aber mir scheint es, du seist auf bösem Wege. Auf mich kannst du rechnen, wenn alles – Nein, ich mag nichts weiter sagen! –« Dem Nathanael war es plötzlich, als meine der kalte prosaische Siegmund es sehr treu mit ihm, er schüttelte daher die ihm dargebotene Hand recht herzlich. –

HEINRICH VON KLEIST

Über das Marionettentheater

Als ich den Winter 1801 in M. . . zubrachte, traf ich daselbst eines Abends, in einem öffentlichen Garten, den Herrn C. an, der seit kurzem, in dieser Stadt, als erster Tänzer der Oper, angestellt war, und bei dem Publiko außerordentliches Glück machte.

Ich sagte ihm, daß ich erstaunt gewesen wäre, ihn schon mehrere Male in einem Marionettentheater zu finden, das auf dem Markte zusammengezimmert worden war, und den Pöbel, durch kleine dramatische Burlesken, mit Gesang und Tanz durchwebt, belustigte.

Er versicherte mir, daß ihm die Pantomimik dieser Puppen viel Vergnügen machte, und ließ nicht undeutlich merken, daß ein Tänzer, der sich ausbilden wolle, mancherlei von ihnen lernen könne.

Da die Äußerung mir, durch die Art, wie er sie vorbrachte, mehr, als ein bloßer Einfall schien, so ließ ich mich bei ihm nieder, um ihn über die Gründe, auf die er eine so sonderbare Behauptung stützen könne, näher zu vernehmen.

Er fragte mich, ob ich nicht, in der Tat, einige Bewegungen der Puppen, besonders der kleineren, im Tanz sehr graziös gefunden hatte.

Diesen Umstand konnt ich nicht leugnen. Eine Gruppe von vier Bauern, die nach einem raschen Takt die Ronde tanzte, hätte von Teniers nicht hübscher gemalt werden können.

Ich erkundigte mich nach dem Mechanismus dieser Figuren, und wie es möglich wäre, die einzelnen Glieder derselben und ihre Punkte, ohne Myriaden von Fäden an den Fingern zu haben, so zu regieren, als es der Rhythmus der Bewegungen, oder der Tanz, erfordere?

Er antwortete, daß ich mir nicht vorstellen müsse, als ob jedes Glied einzeln, während der verschiedenen Momente des Tanzes, von dem Maschinisten gestellt und gezogen würde.

Jede Bewegung, sagte er, hätte einen Schwerpunkt; es wäre genug, diesen, in dem Innern der Figur, zu regieren; die Glieder, welche nichts als Pendel wären, folgten, ohne irgend ein Zutun, auf eine mechanische Weise von selbst.

Er setzte hinzu, daß diese Bewegung sehr einfach wäre; daß jedesmal, wenn der Schwerpunkt in einer *graden Linie* bewegt wird, die Glieder schon *Kurven* beschrieben; und daß oft, auf eine bloß zufällige Weise erschüttert, das Ganze schon in eine Art von rhythmischer Bewegung käme, die dem Tanz ähnlich wäre.

Diese Bemerkung schien mir zuerst einiges Licht über das Vergnügen zu werfen, das er in dem Theater der Marionetten zu finden vorgegeben hatte. Inzwischen ahndete ich bei weitem die Folgerungen noch nicht, die er späterhin daraus ziehen würde.

Ich fragte ihn, ob er glaubte, daß der Maschinist, der diese Puppen regierte, selbst ein Tänzer sein, oder wenigstens einen Begriff vom Schönen im Tanz haben müsse?

Er erwiderte, daß wenn ein Geschäft, von seiner mechanischen Seite, leicht sei, daraus noch nicht folge, daß es ganz ohne Empfindung betrieben werden könne.

Die Linie, die der Schwerpunkt zu beschreiben hat, wäre zwar sehr einfach, und, wie er glaube, in den meisten Fällen, gerad. In Fällen, wo sie krumm sei, scheine das Gesetz ihrer Krümmung wenigstens von der ersten oder höchstens zweiten Ordnung; und auch in diesem letzten Fall nur elliptisch, welche Form der Bewegung den Spitzen des menschlichen Körpers (wegen der Gelenke) überhaupt die natürliche sei, und also dem Maschinisten keine große Kunst koste, zu verzeichnen.

Dagegen wäre diese Linie wieder, von einer andern Seite, etwas sehr Geheimnisvolles. Denn sie wäre nichts anders, als der *Weg der Seele des Tänzers*; und er zweifle, daß sie anders gefunden werden könne, als dadurch, daß sich der Maschinist in den Schwerpunkt der Marionette versetzt, d. h. mit andern Worten, *tanzt*.

Ich erwiderte, daß man mir das Geschäft desselben als etwas ziemlich Geistloses vorgestellt hätte: etwa was das Drehen einer Kurbel sei, die eine Leier spielt.

Keineswegs, antwortete er. Vielmehr verhalten sich die Bewegungen seiner Finger zur Bewegung der daran befestigten Puppen ziemlich künstlich, etwa wie Zahlen zu ihren Logarithmen oder die Asymptote zur Hyperbel.

Inzwischen glaube er, daß auch dieser letzte Bruch von Geist, von dem er gesprochen, aus den Marionetten entfernt werden, daß ihr Tanz gänzlich ins Reich mechanischer Kräfte hinüberspielt, und vermittelst einer Kurbel, so wie ich es mir gedacht, hervorgebracht werden könne.

Ich äußerte meine Verwunderung zu sehen, welcher Aufmerksamkeit er diese, für den Haufen erfundene, Spielart einer schönen Kunst würdige. Nicht bloß, daß er sie einer höheren Entwickelung für fähig halte: er scheine sich sogar selbst damit zu beschäftigen.

Er lächelte, und sagte, er getraue sich zu behaupten, daß wenn ihm ein Mechanikus, nach den Forderungen, die er an ihn zu machen dächte, eine Marionette bauen wollte, er vermittelst derselben einen Tanz darstellen würde, den weder er, noch irgend ein anderer geschickter Tänzer seiner Zeit, Vestris selbst nicht ausgenommen, zu erreichen imstande wäre.

Haben Sie, fragte er, da ich den Blick schweigend zur Erde schlug: haben Sie von jenen mechanischen Beinen gehört, welche englische Künstler für Unglückliche verfertigen, die ihre Schenkel verloren haben?

Ich sagte, nein: dergleichen wäre mir nie vor Augen gekommen.

Es tut mir leid, erwiderte er; denn wenn ich Ihnen sage, daß diese Unglücklichen damit tanzen, so fürchte ich fast, Sie werden es mir nicht glauben. – Was sag ich, tanzen? Der Kreis ihrer Bewegungen ist zwar beschränkt; doch diejenigen, die ihnen zu Gebote stehen, vollziehen sich mit einer Ruhe, Leichtigkeit und Anmut, die jedes denkende Gemüt in Erstaunen setzen.

Ich äußerte, scherzend, daß er ja, auf diese Weise, seinen Mann gefunden habe. Denn derjenige Künstler, der einen so merkwürdigen Schenkel zu bauen imstande sei, würde ihm unzweifelhaft auch eine ganze Marionette, seinen Forderungen gemäß, zusammensetzen können.

Wie, fragte ich, da er seinerseits ein wenig betreten zur Erde sah: wie sind denn diese Forderungen, die Sie an die Kunstfertigkeit desselben zu machen gedenken, bestellt?

Nichts, antwortete er, was sich nicht auch schon hier fände; Ebenmaß, Beweglichkeit, Leichtigkeit – nur alles in einem höheren Grade; und besonders eine naturgemäßere Anordnung der Schwerpunkte.

Und der Vorteil, den diese Puppe vor lebendigen Tänzern voraus haben würde?

Der Vorteil? Zuvörderst ein negativer, mein vortrefflicher Freund, nämlich dieser, daß sie sich niemals *zierte*. – Denn Ziererei erscheint, wie Sie wissen, wenn sich die Seele (vis motrix) in irgend einem andern Punkte befindet, als in dem Schwerpunkt der Bewegung. Da der Maschinist nun schlechthin, vermittelst des Drahtes oder Fadens, keinen andern Punkt in seiner Gewalt hat, als diesen: so sind alle übrigen Glieder, was sie sein sollen, tot, reine Pendel, und folgen dem bloßen Gesetz der Schwere; eine vortreffliche Eigenschaft, die man vergebens bei dem größesten Teil unsrer Tänzer sucht.

Sehen Sie nur die P. . . an, fuhr er fort, wenn sie die Daphne spielt, und sich, verfolgt vom Apoll, nach ihm umsieht; die Seele sitzt ihr in den Wirbeln des Kreuzes; sie beugt sich, als ob sie brechen wollte, wie eine Najade aus der Schule Bernins. Sehen Sie den jungen F. . . an, wenn er, als Paris, unter den drei Göttinnen steht, und der Venus den Apfel überreicht: die Seele sitzt ihm gar (es ist ein Schrecken, es zu sehen) im Ellenbogen.

Solche Mißgriffe, setzte er abbrechend hinzu, sind unvermeidlich, seitdem wir von dem Baum der Erkenntnis gegessen haben. Doch das Paradies ist verriegelt und der Cherub hinter uns; wir müssen die Reise um die Welt machen, und sehen, ob es vielleicht von hinten irgendwo wieder offen ist.

Ich lachte. – Allerdings, dachte ich, kann der Geist nicht irren, da, wo keiner vorhanden ist. Doch ich bemerkte, daß er noch mehr auf dem Herzen hatte, und bat ihn, fortzufahren.

Zudem, sprach er, haben diese Puppen den Vorteil, daß sie *antigrav* sind. Von der Trägheit der Materie, dieser dem Tanze entgegenstrebendsten aller Eigenschaften, wissen sie nichts: weil die Kraft, die sie in die Lüfte erhebt, größer ist, als jene, die sie an der Erde fesselt. Was würde unsre gute G... darum geben, wenn sie sechzig Pfund leichter wäre, oder ein Gewicht von dieser Größe ihr bei ihren Entrechats und Pirouetten, zu Hülfe käme? Die Puppen brauchen den Boden nur, wie die Elfen, um ihn zu *streifen*, und den Schwung der Glieder, durch die augenblickliche Hemmung neu zu beleben; wir brauchen ihn, um darauf zu *ruhen*, und uns von der Anstrengung des Tanzes zu erholen: ein Moment, der offenbar selber kein Tanz ist, und mit dem sich weiter nichts anfangen läßt, als ihn möglichst verschwinden zu machen.

Ich sagte, daß, so geschickt er auch die Sache seiner Paradoxe führe, er mich doch nimmermehr glauben machen würde, daß in einem mechanischen Gliedermann mehr Anmut enthalten sein könne, als in dem Bau des menschlichen Körpers.

Er versetzte, daß es dem Menschen schlechthin unmöglich wäre, den Gliedermann darin auch nur zu erreichen. Nur ein Gott könne sich, auf diesem Felde, mit der Materie messen; und hier sei der Punkt, wo die beiden Enden der ringförmigen Welt in einander griffen.

Ich erstaunte immer mehr, und wußte nicht, was ich zu so sonderbaren Behauptungen sagen sollte.

Es scheine, versetzte er, indem er eine Prise Tabak nahm, daß ich das dritte Kapitel vom ersten Buch Moses nicht mit Aufmerksamkeit gelesen; und wer diese erste Periode aller menschlichen Bildung nicht kennt, mit dem könne man nicht füglich über die folgenden, um wie viel weniger über die letzte, sprechen.

Ich sagte, daß ich gar wohl wüßte, welche Unordnungen, in der natürlichen Grazie des Menschen, das Bewußtsein anrichtet. Ein junger Mann von meiner Bekanntschaft hätte, durch eine bloße Bemerkung, gleich-

Lotte Pritzel, Puppen

sam vor meinen Augen, seine Unschuld verloren, und das Paradies derselben, trotz aller ersinnlichen Bemühungen, nachher niemals wieder gefunden. – Doch, welche Folgerungen, setzte ich hinzu, können Sie daraus ziehen?

Er fragte mich, welch einen Vorfall ich meine?

Ich badete mich, erzählte ich, vor etwa drei Jahren, mit einem jungen Mann, über dessen Bildung damals eine wunderbare Anmut verbreitet war. Er mochte ohngefähr in seinem sechszehnten Jahre stehn, und nur ganz von fern ließen sich, von der Gunst der Frauen herbeigerufen, die ersten Spuren von Eitelkeit erblicken. Es traf sich, daß wir grade kurz zuvor in Paris den Jüngling gesehen hatten, der sich einen Splitter aus dem Fuße zieht; der Abguß der Statue ist bekannt und befindet sich in den meisten deutschen Sammlungen. Ein Blick, den er in dem Augenblick, da er den Fuß auf den Schemel setzte, um ihn abzutrocknen, in einen großen Spiegel warf, erinnerte ihn daran; er lächelte und sagte mir, welch eine Entdeckung er gemacht habe. In der Tat hatte ich, in eben diesem Augenblick, dieselbe gemacht; doch sei es, um die Sicherheit der Grazie, die ihm beiwohnte, zu prüfen, sei es, um seiner Eitelkeit ein wenig heilsam zu begegnen: ich lachte und erwiderte – er sähe wohl Geister! Er errötete, und hob den Fuß zum zweitenmal, um es mir zu zeigen; doch der Versuch, wie sich leicht hätte voraussehn lassen, mißglückte. Er hob verwirrt den Fuß zum dritten und vierten, er hob ihn wohl noch zehnmal: umsonst! er war außerstand, dieselbe Bewegung wieder hervorzubringen – was sag ich? die Bewegungen, die er machte, hatten ein so komisches Element, daß ich Mühe hatte, das Gelächter zurückzuhalten: –

Von diesem Tage, gleichsam von diesem Augenblick an, ging eine unbegreifliche Veränderung mit dem jungen Menschen vor. Er fing an, tagelang vor dem Spiegel zu stehen; und immer ein Reiz nach dem anderen verließ ihn. Eine unsichtbare und unbegreifliche Gewalt schien sich, wie ein eisernes Netz, um das freie Spiel seiner Gebärden zu legen, und als ein Jahr verflossen war, war keine Spur mehr von der Lieblichkeit in ihm zu entdekken, die die Augen der Menschen sonst, die ihn umringten, ergötzt hatte. Noch jetzt lebt jemand, der ein Zeuge jenes sonderbaren und unglücklichen Vorfalls war, und ihn, Wort für Wort, wie ich ihn erzählt, bestätigen könnte. –

Bei dieser Gelegenheit, sagte Herr C. . . freundlich, muß ich Ihnen eine andere Geschichte erzählen, von der Sie leicht begreifen werden, wie sie hierher gehört.

Ich befand mich, auf meiner Reise nach Rußland, auf einem Landgut des Herrn v. G. . ., eines livländischen Edelmanns, dessen Söhne sich eben damals stark im Fechten übten. Besonders der ältere, der eben von der Universität zurückgekommen war, machte den Virtuosen und bot mir, da ich eines Morgens auf seinem Zimmer war, ein Rapier an. Wir fochten; doch es traf sich, daß ich ihm überlegen war; Leidenschaft kam dazu, ihn zu verwirren; fast jeder Stoß, den ich führte, traf, und sein Rapier flog zuletzt in den Winkel. Halb scherzend, halb empfindlich, sagte er, indem er das Rapier aufhob, daß er seinen Meister gefunden habe: doch alles auf der Welt finde den seinen, und fortan wolle er mich zu dem meinigen führen. Die Brüder lachten laut auf, und riefen: Fort! fort! In den Holzstall herab! und damit nahmen sie mich bei der Hand und führten mich zu einem Bären, den Herr v. G. . ., ihr Vater, auf dem Hofe auferziehen ließ.

Der Bär stand, als ich erstaunt vor ihn trat, auf den Hinterfüßen, mit dem Rücken an einem Pfahl gelehnt, an welchem er angeschlossen war, die rechte Tatze schlagfertig erhoben, und sah mir ins Auge: das war seine Fechterpositur. Ich wußte nicht, ob ich träumte, da ich mich einem solchen Gegner gegenüber sah; doch: stoßen Sie!

stoßen Sie! sagte Herr v. G . . ., und versuchen Sie, ob Sie ihm eins beibringen können! Ich fiel, da ich mich ein wenig von meinem Erstaunen erholt hatte, mit dem Rapier auf ihn aus; der Bär machte eine ganz kurze Bewegung mit der Tatze und parierte den Stoß. Ich versuchte ihn durch Finten zu verführen; der Bär rührte sich nicht. Ich fiel wieder, mit einer augenblicklichen Gewandtheit, auf ihn aus, eines Menschen Brust würde ich ohnfehlbar getroffen haben: der Bär machte eine ganz kurze Bewegung mit der Tatze und parierte den Stoß. Jetzt war ich fast in dem Fall des jungen Herrn v. G . . . Der Ernst des Bären kam hinzu, mir die Fassung zu rauben, Stöße und Finten wechselten sich, mir triefte der Schweiß: umsonst! Nicht bloß, daß der Bär, wie der erste Fechter der Welt, alle meine Stöße parierte; auf Finten (was ihm kein Fechter der Welt nachmacht) ging er gar nicht einmal ein: Aug in Auge, als ob er meine Seele darin lesen könnte, stand er, die Tatze schlagfertig erhoben, und wenn meine Stöße nicht ernsthaft gemeint waren, so rührte er sich nicht.

Glauben Sie diese Geschichte?

Vollkommen! rief ich, mit freudigem Beifall; jedwedem Fremden, so wahrscheinlich ist sie: um wie viel mehr Ihnen!

Nun, mein vortrefflicher Freund, sagte Herr C . . ., so sind Sie im Besitz von allem, was nötig ist, um mich zu begreifen. Wir sehen, daß in dem Maße, als, in der organischen Welt, die Reflexion dunkler und schwächer wird, die Grazie darin immer strahlender und herrschender hervortritt. – Doch so, wie sich der Durchschnitt zweier Linien, auf der einen Seite eines Punkts, nach dem Durchgang durch das Unendliche, plötzlich wieder auf der andern Seite einfindet, oder das Bild des Hohlspiegels, nachdem es sich in das Unendliche entfernt hat, plötzlich wieder dicht vor uns tritt: so findet sich auch, wenn die Erkenntnis gleichsam durch ein Unendliches gegangen ist, die Grazie wieder ein; so, daß sie, zu gleicher Zeit, in demjenigen menschlichen Körperbau am reinsten erscheint, der entweder gar keins, oder ein unendliches Bewußtsein hat, d. h. in dem Gliedermann, oder in dem Gott.

Mithin, sagte ich ein wenig zerstreut, müßten wir wieder von dem Baum der Erkenntnis essen, um in den Stand der Unschuld zurückzufallen?

Allerdings, antwortete er; das ist das letzte Kapitel von der Geschichte der Welt.

ALFRED WOLFENSTEIN

Theater

I
Puppenbühne

Der Mensch, an seiner Freiheit zweifelnd, schuf
Sein Bild, die Marionette. Leicht gelenkt,
Ein kleiner Adam, lebt sie auf und schwenkt
Die Glieder quick. Ein himmlischer Beruf.

Er selbst stapft auf und ab mit schwerem Huf,
Und was er tut, ist meistens plump verrenkt,
Auch nicht so tief geschmeidig, wenn er denkt –
Die Puppe ist viel besser als ihr Ruf.

Und hängt der Mensch nicht gleichfalls an viel Zwirn?
An Schicksal, Wetter, Staat und seinem Stern,
An vielen Fäden klebt er, fest wie Kletten.

Nur eine Freiheit bleibt ihm: sich zu irrn.
Zumeist wird er regiert, von nah und fern –
Er spielt nur nicht so gut wie Marionetten.

II

Menschenbühne

Einst war Theater tragisches Erbeben,
Der Mensch geschmiedet an des Schicksals Stein.
Dann war es Spiel mit Menschen, schöner Schein.
Was kann Theater heute sein? Das Leben.

Nicht Götter sollen aus Maschinen schweben,
Antiker Schmerz nicht auf Kothurnen schrein,
Auch süßes Rokoko wird uns nichts sein,
Zum Schluß solls keinen Happy-Himmel geben:

Theaterkunst ist Tanz und Kampf zugleich,
Es tanzt die Wirklichkeit in Kunstgestalten,
Es kämpft und arbeitet Kunst gegen Fron,

Und ist die Welt noch nicht der Freiheit Reich,
Hier spiele (auf Programmen nicht enthalten)
Die Freiheit immer mit, als Hauptperson.

Der Tanz der Futura

[Jan] betrachtete ein Haus, das jenseits der Straße ihm gegenüber lag, mit den Blicken einer abergläubischen Feindseligkeit, die ihm die Hände kalt machte.

»Was hast du?« fragte Freder. An diesem Haus war nichts Bemerkenswertes, als daß es neben dem Hause Rotwangs lag.

»Sei still!« antwortete Jan zwischen den Zähnen und grub seine Finger um Freders Handgelenk.

»Bist du verrückt?« starrte Freder den Freund an. »Glaubst du, über diese Höllenstraße hinüber könnte das Haus uns hören?«

»Es hört uns!« sagte Jan mit hartnäckigem Gesicht. »Es hört uns! Du meinst, es sei ein Haus wie andere auch? Du irrst dich. In diesem Haus fing es ...«

»Was fing an?«

»Der Spuk ...«

Freder fühlte, daß seine Kehle trocken war. Er räusperte sich gewaltsam. Er wollte den Freund mit sich weiterziehen. Aber der widerstrebte. Er stand an der Brüstung der Straße, die steil als Schlucht sich hinabgrub, und starrte auf das Haus gegenüber.

»Eines Tages«, begann er, »schickte das Haus Einladungskarten an alle seine Nachbarn. Es war die tollste Einladung der Welt. Auf der Karte stand nichts als: ›Kommen Sie am Abend um 11 Uhr! Das 12. Haus der 113. Straße.‹ Man hielt das Ganze für einen Scherz. Aber man ging hin. Man wollte sich den Scherz nicht entgehen lassen. Sonderbarerweise kannte niemand das Haus. Kein Mensch konnte sich entsinnen, es jemals betreten zu haben oder etwas über seine Bewohner zu wissen. Man erschien um elf. Man war festlich gekleidet. Man kam in das Haus und fand eine große Gesellschaft. Man wurde von einem alten Mann empfangen, der äußerst höflich war, aber keinem die Hand gab. Es machte einen sonderbaren Eindruck, daß alle Menschen, die hier versammelt waren, auf irgend etwas zu warten schienen, das sie nicht kannten. Man wurde von Dienern, die Stummgeborenen glichen und nie die Augen hoben, wohl bedient. Obgleich der Raum, in dem sich alle befanden, so groß war wie ein Kirchenschiff, herrschte doch eine unerträgliche Hitze, als glühe der Boden und als glühten die Wände – und das, obwohl die breite Tür zur Straße, wie man bemerken konnte, offenstand.

Plötzlich kam von der Tür her einer der Diener mit unhörbaren Schritten auf den Gastgeber zu und schien ohne Worte, mit seinem stummen Dastehn, eine Meldung zu erstatten. Der Gastgeber fragte: ›Sind wir alle versammelt?‹ Der Diener senkte den Kopf. ›Dann schließt die Tür!‹ Das geschah. Die Diener wichen zur Seite und stellten sich auf. Der Gastgeber trat in die Mitte des großen Saales. Im selben Augenblick herrschte eine so vollkommene Stille, daß man den Lärm der Straße wie eine Brandung gegen die Mauer des Hauses dröhnen hörte.

›Meine Damen und Herren‹, sagte der Mann höflich, ›ich habe die Ehre, Ihnen meine Tochter vorzustellen!‹

Er verbeugte sich nach allen Seiten und wandte sich rückwärts. Alle warteten. Niemand bewegte sich.

›Nun, meine Tochter?‹ fragte der alte Mann mit einer sanften, aber irgendwie entsetzlichen Stimme und klopfte ganz leicht in die Hände.

Da erschien sie auf den Stufen der Treppe und kam langsam in den Saal herunter . . .«

Jan schluckte. Seine Finger, die noch immer das Handgelenk Freders umklammert hielten, packten zu, als wollten sie ihm die Knochen zerdrücken.

»Warum erzähle ich dir das?« stotterte er. »Kann man einen Blitz beschreiben? Oder Musik? Oder den Duft einer Blume? Alle Frauen im Saal erröteten plötzlich auf eine heftige und krankhafte Weise, und die Männer wurden bleich. Niemand schien imstande, auch nur die geringste Bewegung zu machen oder das armseligste Wort zu sagen. Du kennst Rainer? Du kennst seine junge Frau? Du weißt, wie sehr sie sich liebten? Er stand hinter ihr, die saß, und hatte beide Hände auf ihre Schultern gelegt mit einer Gebärde der schützenden und leidenschaftlichen Zärtlichkeit. Als das Mädchen an ihnen vorüberging – sie ging, von der Hand des Alten geführt, mit sachten, klingenden Schritten langsam durch den Saal –, lösten sich Rainers Hände von den Schultern seiner Frau. Sie sah zu ihm auf, er zu ihr nieder; und in den Gesichtern dieser beiden Menschen flammte wie eine Fackel ein jäher, todwünschender Haß . . .

Es war, als brannte die Luft. Wir atmeten Feuer. Und dabei ging von dem Mädchen eine Kälte, eine unerträgliche, schneidende Kälte aus. Das Lächeln, das zwischen ihren halbgeöffneten Lippen schwebte, schien der unausgesprochene Schlußvers eines zuchtlosen Liedes zu sein.

Gibt es eine Substanz, durch deren chemische Kraft Gefühle zerstört werden wie Farben durch Säuren? Die Gegenwart dieses Mädchens genügt, um alles, was Treue im menschlichen Herzen heißt, bis zur Lächerlichkeit zu vernichten. Ich war der Einladung dieses Hauses gefolgt, weil Tora mir gesagt hatte, daß sie auch hingehen würde. Jetzt sah ich Tora nicht mehr und habe sie nicht mehr gesehen. Und das Seltsame war, daß unter diesen vielen unbeweglichen, wie in Erstarrung verharrenden Menschen nicht einer war, der seine Empfindung hätte verbergen können. Jeder wußte, wie es um den anderen stand. Jeder fühlte sich nackt und sah die Nacktheit der anderen.

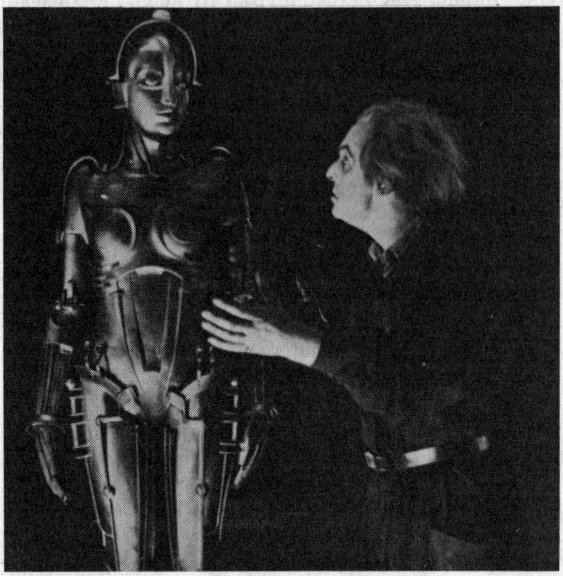

Szenenfoto aus Fritz Langs Film »Metropolis«

Haß, aus Scham geboren, schwelte zwischen uns. Ich sah Tora weinen. Ich hätte sie schlagen können ... Dann tanzte das Mädchen. Nein, es war kein Tanz ... Sie stand, von der Hand des Alten losgelassen, auf der letzten Treppenstufe, uns zugewendet, und hob mit einer sanften, endlos scheinenden Bewegung beide Arme und die Weite ihres Gewandes. Die schmalen Hände berührten sich über dem Scheitel. Über die Schultern, die Brüste, die Hüften, die Knie lief unablässig ein kaum merkbares Zittern. Es war kein Zittern der Furcht. Es war wie das Zittern der feinen Rückenflossen eines leuchtenden Tiefseefisches. Es war, als würde das Mädchen von diesem Zittern immer höher getragen, obwohl es die Füße nicht regte. Kein Tanz, kein Schrei, kein Brunstschrei eines Tieres kann so aufpeitschend wirken wie dieses Zittern des schimmernden Körpers, der in seiner Stille und seiner Einsamkeit jedem einzelnen im Saale die Wellen seiner Erregung mitzuteilen schien.

Dann ging sie die Treppe hinauf, mit tastenden Füßen rückwärts schreitend, ohne die Hände zu senken, und verschwand in einer plötzlichen, sammettiefen Dunkelheit. Die Diener öffneten die Tür zur Straße. Sie stellten sich mit gebeugten Rücken auf.

Noch immer saßen die Menschen unbeweglich.

›Gute Nacht, meine Damen und Herren!‹ sagte der Alte ...«

Jan schwieg. Er nahm den Hut vom Kopf. Er wischte sich über die Stirn.

»Eine Tänzerin«, sagte Freder mit kalten Lippen, »aber kein Spuk.«

»Kein Spuk? Ich will dir eine andere Geschichte erzählen: Ein Mann und eine Frau von fünfzig und vierzig, reich und sehr glücklich, haben einen Sohn. Du kennst ihn, aber ich will nicht Namen nennen ...

Der Sohn hat das Mädchen gesehen. Er ist wie irre. Er

bestürmt das Haus. Er bestürmt den Vater des Mädchens: ›Gib mir das Mädchen! Ich verblute nach ihr!‹ Der Alte lächelt, zuckt die Achseln, schweigt, bedauert: Das Mädchen ist unerreichbar.

Der junge Mensch will sich an dem Alten vergreifen und wird, er weiß nicht von wem, aus dem Haus gewirbelt und auf die Straße geworfen. Man bringt ihn nach Hause. Er fällt in Krankheit und ist dem Tode nahe. Die Ärzte zucken die Achseln.

Der Vater, der ein stolzer, aber gütiger Mensch ist und seinen Sohn mehr als irgend etwas auf Erden liebt, beschließt, den Alten selber aufzusuchen. Man läßt ihn ohne Schwierigkeiten vor. Er findet den Alten und bei ihm das Mädchen. Er sagt zu dem Mädchen: ›Retten Sie meinen Sohn!‹

Das Mädchen sieht ihn an und sagt mit einem Lächeln der holdesten Unmenschlichkeit: ›Du hast keinen Sohn . . .‹

Er versteht den Sinn dieser Worte nicht. Er will mehr wissen. Er dringt in das Mädchen. Das gibt immer die gleiche Antwort. Er dringt in den Alten, der hebt nur die Schultern. Er hat ein perfides Lächeln um den Mund . . .

Plötzlich begreift der Mann. Er geht nach Hause. Er wiederholt der Frau die Worte des Mädchens. Sie bricht zusammen und gesteht ihre Schuld, die nach zwanzig Jahren noch nicht verjährt ist. Aber ihr eigenes Schicksal kümmert sie nicht. Sie hat keinen anderen Gedanken als ihren Sohn. Schande, Verlassenwerden, Einsamkeit – das alles ist nichts; aber der Sohn ist alles.

Sie geht zu dem Mädchen und fällt vor ihm auf die Knie: ›Ich bitte dich um der Barmherzigkeit Gottes willen, rette meinen Sohn!‹ Das Mädchen sieht sie an, lächelt und sagt: ›Du hast keinen Sohn . . .‹ Die Frau glaubt, eine Wahnsinnige vor sich zu haben. Aber das Mädchen hatte recht. Der Sohn, der heimlich Zeuge der Unterredung zwischen dem Mann und der Mutter gewesen war, hatte seinem Leben ein Ende gemacht.«

»Marnius?«

»Ja.«

»Ein grausiger Zufall, Jan, aber kein Spuk.«

»Zufall? Kein Spuk? Und wie nennst du das, Freder«, fuhr Jan fort und sprach ganz nahe am Ohr Freders, »daß dieses Mädchen an zwei Orten zu gleicher Zeit erscheinen kann?«

»Das ist Narrheit.«

»Nicht Narrheit, Wahrheit, Freder! Man hat das Mädchen am Fenster vom Hause Rotwangs stehen sehen – und um dieselbe Stunde tanzte sie ihren verruchten Tanz in Yoshiwara.«

»Das ist nicht wahr!« sagte Freder.

»Es ist wahr!«

»Du hast das Mädchen in Yoshiwara gesehen?«

»Du kannst sie selber sehen, wenn du willst.«

»Wie heißt das Mädchen?«

»Maria.«

Der exotische Tanz

GUSTAVE FLAUBERT

Salammbôs Schlangentanz

Sie hatte niemandem ihren Entschluß anvertraut. Um ihn in größter Heimlichkeit ausführen zu können, sandte sie – anstatt die Gegenstände von den Verwaltern zu fordern – Taanach in die Vorstadt Kinisdo, um dort alles einzukaufen, dessen sie bedurfte: Zinnober, Wohlgerüche, einen leinenen Gürtel und neue Gewänder. Die alte Sklavin erstaunte über diese Zurüstungen, wagte aber keine Fragen. So kam der von Schahabarim festgesetzte Tag heran, an dem Salammbô aufbrechen sollte.

Um die zwölfte Stunde bemerkte sie in der Tiefe des Sykomorengehölzes einen blinden Greis, der sich mit einer Hand auf die Schulter eines vor ihm schreitenden Knaben stützte und mit der andern eine Art Zither aus schwarzem Holz auf seine Hüfte stemmte. Die Eunuchen, die Sklaven und die Frauen waren sorgfältig entfernt worden. Niemand konnte das Mysterium wissen, das hier vorbereitet wurde.

Taanach zündete in den Ecken des Gemaches vier mit Strobus und Kardamom gefüllte Dreifüße an. Dann breitete sie große, babylonische Teppiche aus und hängte sie an Schnüren rings an den Wänden auf; denn Salammbô wollte von niemand, nicht einmal von den Mauern gesehen sein. Der Kinnorspieler hockte hinter der Tür, der Knabe stand daneben, eine Schilfflöte an den Lippen. In der Ferne verklang der Lärm der Straßen; violette Schatten zogen sich um die Säulenhallen der Tempel, und jenseits des Golfes verschwammen die Bergzüge, die Olivenfelder und das gelbe, sich wellenförmig ins Endlose dehnende Land in bläulichem Dunst. Man hörte keinen Laut; eine unsägliche Erschlaffung lastete in der Luft.

Salammbô kauerte am Rande des Badebeckens auf der Onyxstufe nieder; sie streifte ihre weiten Ärmel zurück, befestigte sie hinter den Schultern und begann ihre Waschungen, kunstgerecht, nach den heiligen Bräuchen.

Dann brachte ihr Taanach in einem alabasternen Fläschchen eine geronnene Flüssigkeit. Es war das Blut eines schwarzen Hundes, der in einer Winternacht von unfruchtbaren Weibern in den Ruinen eines Grabmals getötet worden war. Sie rieb sich damit die Ohren, die Fersen und den Daumen der rechten Hand ein, und sogar ihr Nagel blieb ein wenig rot, als hätte sie eine Frucht zerdrückt.

Der Mond ging auf. Nun fingen die Zither und die Flöte beide zugleich an zu spielen.

Salammbô legte ihre Ohrgehänge, ihr Halsband, ihre Armringe und ihr langes, weißes Obergewand ab. Dann löste sie ihre Haarbinde und schüttelte eine Weile leise das wallende Haar, um sich dadurch die Schultern zu kühlen. Die Musik dauerte fort. Es waren drei Töne, hastig und wild, immer die gleichen. Die Saiten brummten, die Flöte schnarrte. Taanach bezeichnete durch Händeklatschen den Takt; Salammbô wiegte sich mit ihrem ganzen Körper und sang Gebete ab, und ihre Gewänder fielen eines nach dem andern um sie herab.

Nun erzitterte der schwere Teppich an der Wand, und über der Schnur, die ihn trug, erschien der Kopf des Python. Er glitt langsam herab wie ein Tropfen Wasser, der an einer Wand herunterläuft, wand sich durch die verstreut liegenden Stoffe, dann richtete er sich mit auf den Boden gestemmtem Schwanz kerzengerade in die Höhe. Seine Augen, blitzender als Karfunkel, richteten sich auf Salammbô.

Diese zögerte anfangs, aus Scheu vor der Kälte, vielleicht auch aus Scham. Dann aber gedachte sie der Befehle Schahabarims und näherte sich der Schlange. Der Python ließ sich nieder, legte die Mitte seines Leibes um ihren Nacken, daß Kopf und Schwanz herunterhingen wie ein zerbrochenes Halsband, dessen beide Enden auf der Erde schleiften. Salammbô schlang ihn um ihre Hüften, unter dem Arm hindurch, zwischen die Knie. Dann faßte sie ihn beim Kopfe, drückte seinen kleinen dreieckigen Rachen dicht an ihre Lippen und neigte sich mit halb geschlossenen Augen unter den Strahlen des Mondes hintenüber. Das weiße Licht schien sie mit einem Silbernebel zu umhüllen. Die Spuren ihrer nassen Füße glänzten auf den Fliesen. Sterne zitterten in der Tiefe des Wassers. Er schmiegte seine schwarzen, mit Goldflecken besäten Ringe enger an sie. Salammbô keuchte unter der zu schweren Last; ihre Hüften gaben nach; sie fühlte sich dem Sterben nahe. Er schlug ihr mit dem Schwanzende sanft gegen die Schenkel, dann schwieg die Musik, er fiel zurück.

Taanach trat wieder zu ihr, und nachdem sie zwei Lampen angezündet hatte, deren Flammen in wassergefüllten Kristallkugeln brannten, färbte sie ihr die Handflächen mit Lausonia, rieb ihr Zinnober auf die Wangen, Antimon auf die Augenlider und verlängerte ihre Wimpern mit einem Gemisch aus Gummi, Moschus, Ebenholz und zerstoßenen Fliegenfüßen.

Salammbô saß auf einem Stuhl mit Elfenbeinfüßen und überließ sich der Sorgfalt der Sklavin. Diese Berührungen aber, der Duft der Spezereien und die Fasten, denen sie sich unterzogen hatte, überstiegen ihre Kräfte. Sie wurde so bleich, daß Taanach erschrocken innehielt.

»Fahre fort!« sagte Salammbô und raffte sich plötzlich mit Selbstüberwindung zusammen. Eine Ungeduld ergriff sie. Sie drängte Taanach zur Eile.

»Ja, ja, Herrin . . .!« murmelte die alte Skavin. »Du hast ja doch niemand, der dich erwartet.«

»Doch!« entgegnete Salammbô, »es erwartet mich jemand.«

Taanach trat vor Erstaunen zurück, und um mehr zu erfahren, fragte sie: »Was befiehlst du, Herrin? Denn wenn du fort bleibst ...«

Aber Salammbô schluchzte.

»Du leidest! Was fehlt dir denn? Geh nicht fort! Nimm mich mit! Als du noch ganz klein warst, legte ich dich an mein Herz, wenn du weintest, und brachte dich mit den Spitzen meiner Brüste zum Lachen. Du hast sie ausgesogen, Herrin!« Sie schlug sich auf ihren vertrockneten Busen. »Jetzt bin ich alt und kann nichts mehr für dich tun! Du liebst mich nicht mehr! Du verhehlst mir deine Schmerzen, du verachtest die Amme!«

Und vor Liebe und vor Ärger rannen ihr die Tränen die Wangen hinab in den Narben ihrer Tätowierung.

»Nein«, rief Salammbô, »nein! Ich liebe dich! Tröste dich!«

Taanach nahm mit einem Lächeln, das der Grimasse eines alten Affen glich, ihre Arbeit wieder auf. Salammbô hatte ihr den Anordnungen des Priesters gemäß befohlen, sie prächtig zu schmücken, und die Sklavin putzte sie nach barbarischem Geschmack, voller Künstlichkeit und Naivität zugleich.

Über ein erstes, dünnes, weinfarbenes Gewand zog sie ein zweites, mit Vogelfedern bestickt. Ihre Hüften umschloß ein breiter Gürtel aus Goldschuppen, von dem ihre weitfaltigen, blauen, mit Silbersternen besetzten Beinkleider herabwallten. Dann legte ihr Taanach ein weites Kleid aus weißer serischer Leinwand mit grünen Streifen an. Auf die Schultern heftete sie ihr ein viereckiges Stück Purpur, das am Saum mit Sandastrumkörnern beschwert war, und über alle diese Kleidungsstücke legte sie endlich einen schwarzen Mantel mit langer Schleppe. Dann betrachtete sie Salammbô; und stolz auf ihr Werk, konnte sie nicht umhin, zu sagen: »Du wirst an deinem Hochzeitstag nicht schöner sein!«

»Meinem Hochzeitstag!« wiederholte Salammbô. Den Ellbogen auf den elfenbeinernen Stuhl stützend, versank sie in Träumen.

Taanach aber stellte vor ihr einen kupfernen Spiegel von solcher Höhe und Breite auf, daß sie sich ganz darin sehen konnte. Da erhob sie sich und schob mit einer leichten Handbewegung eine Locke zurück, die zu tief herabhing.

Ihr Haar war mit Goldstaub gepudert, auf der Stirn gekräuselt und wallte in langen Locken, an deren Enden Perlen hingen, den Rücken herab. Das Kerzenlicht belebte die Schminke auf ihren Wangen, das Gold auf ihren Gewändern und das Weiß ihrer Haut. Um die Hüften, an den Armen, Fingern und Zehen trug sie eine solche Fülle von Edelsteinen, daß der Spiegel wie eine Sonne davon widerstrahlte. So stand Salammbô aufrecht neben der Sklavin, die sich vorbeugte, um sie zu betrachten, und lächelte in all ihrem Glanz.

GABRIELE D'ANNUNZIO

Schleiertanz der Isabella

Der fühllose Mond stieg strahlenlos wie eine große Wasserblume aus dem trüben Dunst der Pisaner Berge, während ihm gegenüber, nicht größer als er, auf dem äußersten Rand des Tyrrhenischen Meers die Scheibe der Sonne in so wildem Feuer glühte, daß sie sofort zu Asche verbrannte. Die niederen dichten Wolkenstreifen über-

Franz von Stuck, »Tänzerinnen«

zogen sie wie eine Aschenschicht, die abfällt und sich wieder neu bildet. Wie die Linie des Wassers die Scheibe halbierte, war es, als bliebe nur noch ein letztes Häufchen Glut zurück, das jetzt verlöschte. Und jetzt wandelte sich das Meer zum göttlichen Gewand des Abends, einem Gewand von so wunderbaren Falten, daß Isabella ein Stück davon begehrte.

»Könnte ich mich in solche Seide kleiden, Aini!«

Der ganze Nachmittag war ihr im Genuß verstrichen, und jede neue Stunde war ihr noch schöner erschienen als die vorhergehende. Aber jetzt war die schönste von allen, und sie wollte ihr gleichsam eine Auszeichnung geben, ein Pfand der Dankbarkeit. Sie fühlte alle Liebkosungen auf ihrem Körper übereinandergelegt wie die Blätter einer vollen Rose. Sie empfand das Bedürfnis, sie zu durchlüften, zwischen jeder einzelnen die lebendige Luft durchstreichen zu lassen.

»Warte, Aini!« sagte sie. »Rühr dich nicht!«

Sie verschwand und ließ ihren Freund allein auf der Terrasse zurück. Es war ihm, als welke plötzlich in dieser kurzen Abwesenheit die jähe Blüte aller Dinge um ihn. Der Mond verlor seine blumenhafte Zartheit und nahm ein schwereres Gold an, wie er sich über die Berge erhob. Das unendliche Gewand des Meeres verlor seine nie geschaute Farbe, die es unbeschreiblich gemacht hatte.

»Was bringe ich? Rate!« sagte sie beim Wiederkommen. Es schien, als sei sie weggegangen, um ein Zauberwerk zu vollbringen. Hatte sie mit der Kunst der Kolchierin jenes erste strahlenlose Leuchten des Mondes herabbeschworen? Über den Pisaner Bergen stand jetzt schon der helle Vollmond, und sie erweckte wieder jenes erste Leben ohne Feuer, die große Wasserblume.

»Eine Zauberschlange in einem Kästchen von Zypressenholz?«

»Nein.«

Sie hatte einen jener langen Schals von orientalischer Gaze um sich geschlagen, die der Zauberkünstler Fortuny in die geheimnisvollen Beizen seiner Farbtröge taucht und mit fremden Träumen beladen herauszieht.

»Aladins Wunderlampe?«

»Nein.«

Was trug sie nur da in einem Stück Stoff eingewickelt? Sie hielt es lächelnd mit beiden Händen, und wunderbar erschienen ihre Arme mit der leichten Andeutung der Muskeln, den bläulichen Linien der Adern, dem zarten Flaum, der denen auf Blättern und Früchten glich.

»Das Vögelchen Belverde?«

»Nein.«

»Ich gebe es auf. Also was hast du da?«

»Nimm den größten Teppich und leg ihn hier mitten auf den Boden!«

»Den da?«

»Nein, den Bochara dort.«

Er nahm den schönen amarantroten Teppich und breitete ihn auf die Majolikafliesen.

»Jetzt setz dich auf die Kissen dort! Ich werde für dich tanzen.«

»Ohne die Flöte Amars?«

»Still! Sieh zu!«

Sie hatte den unbekannten Gegenstand in einer Ecke der Terrasse niedergestellt und das viereckige Stück Seide daraufgelassen. Jetzt beugte sie sich herab und machte sich an ihm zu schaffen, ohne die Hülle wegzunehmen. Ein dumpfes Summen wie von einem großen Käfer in einem Topf wurde für einen Augenblick hörbar.

»Ein Wespennest?«

»Still!«

Sie ließ ihre zierlichen Pantoffel am Rand des Teppichs stehen und sie standen da wie zwei Turteltauben mit dem Kopf unter den Flügeln. Die Absätze waren zinnoberrot wie zwei Hälften eines Granatapfels. Als Paolo aufsah, bemerkte er, daß sie einen kleinen Stern vom lichten Blau der Adern wie ein magisches Zeichen auf der Stirne trug. Und nun verwandelte sich das Summen in eine klingelnde Musik, wie der Ton eines Sistrums. Und der Tanz begann. Der erste rhythmische Ton schien dem langen dünnen Gewebe, das um den nackten Körper hing, Leben zu verleihen. Die geschickten Hände der Tänzerin wanden die Säume auf und ab und verliehen ihnen jene schwimmende Bewegung, die die scheibenförmigen Außenränder der Medusen unaufhörlich kräuselt. Zuweilen gab sie ihnen eine spiralförmige Drehung und ließ sie dann los, und der Schleier setzte seine kreisende Bewegung fort wie eine Windhose von rosigem Sand, ermattete dann und war im Begriff zusammenzufallen, bis die flüchtigen Finger ihn wieder belebten und zu einer neuen Bewegung, einem neuen Wirbel erweckten. Er saß, mit dem Rücken an die weiße Mauer gelehnt, auf den

Kissen, regungslos wie in einer Halluzination seiner eigenen Sinne, und sah mit einer Verzückung ohne Ende dem Tanze der Geliebten zu. Hinter ihr, zwischen den Zweigen der Oleander, sah er den Auslauf der sichelförmigen geschwungenen Küste. Die waldbedeckten Ufer der Versilia und des Landes von Luni, die Berge von Carrara in solchem Duft, daß auch sie die Figur eines Tanzes schienen, eine Kette hoher Jungfrauen, die sich im Rhythmus des Chors gegen Osten neigten. Wie eine Stickerin mit wechselnder Gebärde aus den zahlreichen farbigen Strängen die Fäden zu ihrer Arbeit wählt und hervorzieht, so schien sie aus den Dingen der Nähe und der Ferne die schönsten Linien zu nehmen und sie zu dieser Schöpfung vergänglicher Schöne zu vereinen. Alle liefen in ihr zusammen, die Linien, die dem Kreis des Horizontes folgten, und die senkrechten wie die Achse des Pols. Von den Zinnen der Marmorberge bis zur Spitze der niederen, sandigen Landzunge flossen sie alle in diesem Spiel von Erscheinungen zusammen und fanden ihren Ausdruck in dieser Flucht von Erfindung. Das unsichere Licht, in dem das Gold des Mondes sich mit der Helligkeit des nächtlichen Himmels mischte, schien sie zu einer Mittlerin zwischen Tag und Nacht zu machen. Ihre nackten Füße bewegten sich gleichsam auf dem schmalen und unsichtbaren Isthmus, der das Meer des Tages von dem der Nacht trennt.

Aber wie ihre Augen sich von den Dingen lösten und auf die anderen Augen trafen, die auf sie gerichtet waren, änderte sich ihre Weise. Ihre breiten, horizontalen Bewegungen wurden plötzlich enger – sie zeigte, daß der Blick des Mannes sie getroffen hatte. Sie verhüllte das Gesicht mit einem Zipfel des Schleiers, verbarg ihren ganzen Körper unter den Voluten von Gaze, sah aus wie eine nicht vollendete Metamorphose, in der alle Glieder sich in Wolken verwandelt und nur die Füße noch menschlich wären. Dann schien die frühere Natur wieder durch die Wolke zu leuchten und zu beben: die Hälfte des Gesichts tauchte schüchtern wieder auf, eine Hand, eine Hüfte, eine Schulter tauchte auf und verschwand sofort wieder. Sie ahmte den Liebestanz der orientalischen Tänzerinnen nach: Scham, Furcht, Widerstand, Sehnsucht, Hingebung. Sie gab im Tanz das Spiel ihrer eigenen Verschlagenheit wieder: Lockung, Verheißung und Versagen, Herausforderung und Kampf, Furcht und Kühnheit, Seufzer und Wildheit, Vernichtung und Lust.

»Eine Biene!« rief sie plötzlich mit einem kleinen Schrei und machte eine Gebärde der Abwehr wie vor der Mauerpforte im Palaste in Mantua.

Die Erinnerung erstand lebendig vor den Augen Paolos. Sie gab in ihrem Tanz den Moment kindlichen Erschreckens wieder, ihre kleinen Sprünge, ihr Flüchten, ihr Ausweichen, ihre Abwehrgebärden, als verfolge und bedrohe sie der Stachel der erzürnten Biene noch immer. Der Schleier wölbte sich in einem weiten Bogen über ihren Kopf, flatterte, wehte, fiel jetzt zusammen, blähte sich wieder auf, schleppte jetzt weit nach hinten.

»Ahi, ahi!« rief sie kläglich, stand still, nahm die Beine eng zusammen, so daß ihr Körper in seiner ganzen göttlichen Länge und Schlankheit erschien, bog den Oberkörper zurück und warf das Haupt mit den halbgelösten Flechten nach hinten. Ihr erster Ausruf klang wirklich wie ein Schmerzenslaut, aber der nächste schon glich mehr dem Ton, den sie auszustoßen pflegte, wenn die Hand ihres Freundes mit dem Griff des Besitzes sich auf ihren Körper legte und ihr das unwiderstehliche Verlangen der Lust durch alle Adern rann. Ihr feuchtes Gesicht zwischen den glatten, dichten Haarsträngen zeigte eine plötzliche Überreife und erinnerte in solchen Augenblikken an eine junge Schönheit, die im Schwelen starker Wohlgerüche und im Dunkel der Alkoven verblaßt war.

»Ahi!«

Er zitterte vor Begehren. Der Ton, den sie ausstieß, war der bekannte Ruf zur Lust, trüb und wild. Sie drängte sich an ihn auf die Kissen.

»Da hat sie mich gestochen.«

Seine Lippen küßten die Stelle.

»Da hat sie mich gestochen ... und da ... und da ... und da ...«

Seine Lippen folgten unablässig ihrer Andeutung. Und der ganze Sommer, dieser ganze Sommer über dem Strand von Pisa, über der lichtgrünen Versilia und dem Magratal, durch den sie Tag für Tag auf linnenen Schwingen glitten und dessen Duft sie in seiner konzentrierten Unendlichkeit genossen, wie man ein Riechkissen genießt, dieser ganze Sommer duftete ihm aus dieser warmen Haut entgegen. Und ein Tropfen von ihrem Schweiß genügte, um alle Gedanken in ihm aufzulösen, alle Entwürfe, jedes Bedauern und jede Sehnsucht. Keines von den Ländern, die er durchwandert, erschien ihm tief wie dieser bebende Körper. Er kannte den Rausch des Wanderers, der in einem Bergtal emporsteigt und dann plötzlich hoch oben auf dem Paß in einem einzigen Blick die ganze ungeahnte Herrlichkeit eines grenzenlosen Landes besitzt. Aber wieviel tiefer war der Rausch, verloren in dies Mysterium einzudringen, das zwei Arme zu umfassen vermochten.

Gestillt, am ganzen Körper mit belebenden Essenzen abgerieben, in einen ärmellosen Kaftan aus Musselin gehüllt, genoß Isabella den Abendwind, der durch die noch warmen Pinienkronen strich.

»Aini, gefiel dir die Musik, zu der ich tanzte? Aber du weißt noch gar nicht, was dort unter dem Tuch steckt.«

»Eine Hexerei natürlich!«

»Nein, nur eine Erinnerung.«

Sie stand auf, nahm den verhüllten Gegenstand und

trug ihn zu den Kissen hin. In der Luft, die sie mit so viel lebendiger Schönheit verschönt, floß jetzt der helle, weiße Abendschimmer. Was sie aufdeckte, war ein kleines, totes Ding, etwas wie ein kleiner Puppensarg, ein Särgchen für Tiapa, die Lieblingspuppe der kleinen Lunella.

»Schau her!«

Es war gerade noch hell genug, um zu sehen. Sie öffnete den Deckel, er beugte sich vor. Es war eine alte Musikdose mit einem Stahlkamm, den ein mit Stiften besetzter Zylinder, der sich drehte, zum Klingen brachte.

»Es sieht aus wie das Modell zu einem Marterwerkzeug.«

Sie lachte etwas, dann verschleierte eine leichte Wehmut ihre Worte und ihr Lachen.

»Sieh her: der Stahlkamm ist ein bißchen rostig, und auf der Walze fehlen ein paar Spitzen. Wenn du wüßtest, wie oft ich mir die Finger an diesen Spitzen blutig gerissen habe, wenn die Walze sich festgeklemmt hatte! Ich war sechs Jahre alt, wie ich dies Kästchen in einer Schrankecke fand. Es muß seit der Zeit meiner Großmutter Diana dort gelegen haben. Es stammt von Wien aus dem Jahr 1850. Wer kann sagen, warum eine alte, mechanische Spielerei uns so zur besten Freundin werden kann, daß wir uns nie von ihr trennen können, ohne ein bißchen von unserem eigenen Ich sterben zu fühlen? Sieh, da ist eine Art von doppeltem Windflügel, der sich rasend zu drehen anfängt, wenn man das Werk aufzieht, und der das Wespensummen hervorbringt, ehe die Melodie beginnt. Dies war die Lust meiner Kinderträume. Auch heute noch kann ich sie nicht hören, ohne eine leichte Wallung im Herzen zu spüren. Für keinen Gegenstand habe ich je ein solches Gefühl des Eigentums gehabt wie für das Ding hier. Ich habe es gegen Vana, gegen Aldo, gegen alle verteidigt. Es war mein liebstes

Spielzeug. Meine ganze Kindheit wurde von dieser zittrigen Stimme eingewiegt, die keiner anderen Stimme gleicht. Wer hat ihre Melodien komponiert? Wer vermag einen dieser kleinen Walzer wiederzuerkennen? Auf dem Deckel, erinnere ich mich, war früher noch ein Überbleibsel des Blatts, auf dem ihr Repertoire verzeichnet war. Es ging dann verloren. Das einzige, was man noch darauf lesen konnte, war: La pavane lacrymée.«

Sie beugte sich herab, nahm den Schlüssel und drehte das Werk auf. Es summte wieder wie ein großer Käfer im Topfe. Sie hielt die Hand darauf, um den Luftzug des sausenden Windflügels zu spüren, schloß dann den Deckel und deckte das Ganze wieder mit dem viereckigen Seidenstück zu, das einmal eine Hostiendecke gewesen war.

»Ich habe sie immer mit mir genommen, meine kleine Spieluhr. Manchmal lasse ich sie monatelang in den Tiefen eines Koffers oder einer Schublade schlafen, dann ziehe ich sie wieder ans Tageslicht, und sie bezaubert und wiegt mich immer wieder. Ich entsinne mich, wie ich Kind war, tanzte ich ganz, ganz allein die seltsamsten Giguen und Sarabanden um das Kästchen, das auf der Erde stand. Was sagst du dazu, Aini, daß die Spieluhr meiner Unschuld heute abend den Tanz der Sünde begleitet hat?«

Sie furchte ihre Melancholie mit einem leichten Lachen, schwieg dann still und lauschte auf die dünnen, rührenden Töne. Es war eine große Stille; nur ein Rascheln hier und da, ein seltenes Plätschern, ein blasser Stern, eine irrende Fledermaus. Und die Dinge begannen im Mondlicht leichte, kaum erkennbare Schatten zu werfen.

Die unvergleichliche Tänzerin

Sie heißt Ruth St. Denis. Oder sie heißt irgendwie und nennt sich Ruth St. Denis. Es ist möglich, daß sie eine Kanadierin ist, in der sich französisches Blut mit angelsächsischem mischt und dazu noch ein Tropfen fremderen Blutes, eine Großmutter aus indianischem Geblüt, etwas vom Geheimnis und von den Kräften einer Urrasse, die schwindet. Oder sie ist vielleicht eine Australierin, wie die Saharet, mit der sie übrigens so wenig wie möglich Ähnlichkeit hat. Es ist mehr als wahrscheinlich, daß sie Indien kennt und die dunkleren Länder hinter Indien; daß sie javanesische Tänzerinnen oft und viel gesehen hat; daß sie die Pagode von Rangoon kennt und »den liegenden Buddha mit dem unsäglich rührenden Lächeln«, und andere heilige Stätten, beschattet von tausendjährigen Mangobäumen, türmend auf heiligen Bergen, zu denen uralte Pilgerwege hinanführen und Treppen, gebrochen in den Stein, geglättet und betreten zu einer Zeit, als die göttlichen Figuren des Parthenon noch in der unberührten Flanke eines Berges schliefen.

Jedenfalls hat sie diese ewigen Dinge des Ostens gesehen, und nicht mit gewöhnlichen Augen. Ob sie unter ihnen gelebt hat, jahrelang oder stundenlang – was hat Zeit mit diesen Dingen zu tun! Es ist durchaus der Augenblick, an den das Produktive gebunden ist; wie der Blitz fällt die Möglichkeit der Kunst in die wenigen Seelen, die dafür geboren sind, und so mag eine ganze Jugend, eingetaucht in den Traum des Orients, sich zu diesen nicht zu vergessenden Gebärden, diesen Tänzen verdichtet haben, oder die Intuition einer Sekunde, der

Ruth St. Denis im Tanz-Solo »Radha«

Anblick einer einzigen Tempeltänzerin, eines einzigen Bildwerks.

Ich glaube nicht, daß in einer minder raffinierten, minder komplexen Zeit als die unsere etwas möglich war wie die Tänze, die dieses Mädchen auf einer europäischen Bühne tanzt; ich glaube nicht, daß dergleichen noch vor einem Jahrzehnt im Bereich des Möglichen lag; ich meine, etwas so durchaus Fremdes und das sich seiner geheimnisvollen Fremdheit in keiner Weise schämt; das keine Vermittlung sucht, keine Brücke; das nichts mit Bildung zu tun haben will, nichts illustrieren, nichts nahebringen. Das ein völlig Fremdes vor uns darstellt, ohne die Prätension des Ethnographischen, des Interessanten, einfach nur um seiner Schönheit willen. Ich fühle dieses Schauspiel bis zum äußersten imprägniert mit dem Aroma des ganz einzigen Moments, in dem wir leben. Ich fühle, wie hier flammenhaft etwas ins reale sinnliche Leben hineinschlägt, das seit wenigen Dezennien in der geisterhaften Sphäre des geistigen Genießens da ist und nun plötzlich da und dort, so unerwartet als möglich, in inkommensurablen Kunstwerken sich realisiert, eine Durchdringung der europäischen Phantasie mit asiatischer Schönheit. Dieses Mädchen und ihre Tempeltänze sind durchaus das Kind dieses Augenblicks, in dem Söhne von Brahmanen in den Laboratorien von Cambridge und Harvard der Materie die Bestätigung uralter Weisheiten entringen, in dem durch die Presse von Benares und Kalkutta Inder und Japaner in englischer Sprache durch meisterhaft abgefaßte, wundervoll konzentrierte Bücher unsere Bibliotheken bereichern, in dem ein Amerikaner, dessen Mutter eine Griechin war, in einer Reihe hinlänglich berühmter Bücher uns das innere Leben Japans entschleiert und dabei unsere eigene Antike, unsere eigene Gegenwart so neu als zauberhaft erleuchtet, in dem ein deutscher Jude, Zeltgenosse von Tataren und Tschungusen, von den undurchdringlichsten, erhabensten aller heiligen Bücher des Ostens eine doppelte Übersetzung anfertigt, zuerst französisch, dann deutsch, jede ein bewunderungswürdiges Meisterwerk lapidarer Sprache, »Urworte orphisch« aneinanderreihend ...

Aber ich will von meiner Tänzerin reden. Doch ich werde kaum versuchen, ihr Tanzen zu beschreiben. Was sich von einem Tanz beschreiben ließe, wäre immer nur das Nebensächliche: das Kostüm, das Sentimentale, das Allegorische. Hier ist nichts sentimental, nichts allegorisch, und auch das Kostüm, diese glitzernde Verhüllung, die unter dem Zauber der rhythmischen, anschwellenden Bewegung einer plötzlichen Nacktheit weicht, deren Vision geheimnisvoll ist durch die fremde Färbung des Lichtes, und ernst, streng wie die Vision einer hüllenlosen, heiligen Statue im verschlossenen Tempelraum, auch dieses Kostüm aus starrendem Goldstoff (oder was sie sonst an anderen Abenden tragen mag) ist von unendlich untergeordneter Bedeutung. Es könnte nicht da sein und ihren Leib völlig ohne eine andere Hülle lassen als das Geheimnis seiner fremden Farbe mit dem helleren Gesicht, den hellen Innenflächen der Hände, oder es könnte diesen Leib in schleierige Gewebe so dicht einhüllen wie die kleinen Tänzerinnen von Tanagra, immer wäre dies sehr nebensächlich, und es bliebe ihr Tanzen, die unbeschreibliche Schönheit ihres Tanzens. Von dieser aber zu reden, werde ich nicht versuchen. Auch wird man sie hier sehen.

Ich sah sie an einem Abend, eine Viertelstunde lang. Die Bühne war das Innere des indischen Tempels. Weihrauch stieg auf, ein Gong wurde angeschlagen. Priester kauerten an der Erde, berührten mit der Stirn die Stufen des Altars, übten im Halbdunkel irgendwelche Bräuche. Das ganze Licht, ein blaues, starkes Licht, fiel auf das Standbild der Göttin. Ihr Gesicht war wie aus blaugefärbtem Elfenbein, ihr Gewand blaufunkelndes Metall. Sie saß, sie kauerte in der heiligen Haltung des Buddha auf der Lotosblume: die Beine gekreuzt, die Knie weit auseinander, die Hände vor dem Leib vereinigt, die Handflächen fest aneinandergepreßt. Nichts an ihr regte sich. Ihre Augen waren offen, aber die Wimpern schlugen nicht. Irgend eine unsägliche Kraft hielt den ganzen Körper zusammen. Es währte die volle Dauer einer Minute, aber man hätte die zehnfache Zeit diese regungslose Gestalt vor sich sehen wollen. Es hatte keine Ähnlichkeit mit der Nachahmung einer Statue durch ein menschliches Wesen. Es war keine erzwungene künstliche Starrnis darin, sondern eine innere seelische Notwendigkeit. Es strömte aus dem Innersten dieses sitzenden Mädchens in diese starren Glieder etwas von dem Fluidum, das die großen Gebärden der Duse über jede Möglichkeit, sie anders zu denken, hinaushebt. Und aus dieser Stellung steht sie auf. Dieses Aufstehen ist wie ein Wunder. Es ist, als hübe sich eine regungslose Lotosblume uns entgegen. Sie steht, sie steigt die Altarstufen herunter, das Blau verlischt, ihr Gesicht ist bräunlich, doch heller als ihr Leib, ihr Gewand fließendes Gold mit Edelsteinen; an den Knöcheln der schönen, statuenhaften Füße sind silberne Glöckchen. In ihren regungslosen Augen ist stets das gleiche geheimnisvolle Lächeln: das Lächeln der Buddhastatue. Ein Lächeln, das nicht von dieser Welt ist. Ein absolut nicht weibliches Lächeln. Ein Lächeln, das irgendwie dem undurchdringlichen Lächeln auf den Bildern des Lionardo verwandt ist. Ein Lächeln, dem die Seele seltener Menschen zufliegt, und das ihr vom ersten Augenblick an und bleibend die Herzen der Frauen und die sinnliche Neugierde sehr vieler Männer entfremdet. Und nun beginnt ihr Tanz. Es sind Bewegungen. Es sind Bewegungen, die in unaufhörlichem rhythmischem Fluß ineinander übergehen. Es ist das gleiche, was man im

Jahre 1889 in Paris die kleinen Javanesinnen hat tanzen sehen, und in diesem Jahr die Tänzerinnen des Königs von Kambodscha. Es ist natürlich das gleiche, was alle orientalischen Tänze suchen. Eben den Tanz, den Tanz an sich, die stumme Musik des menschlichen Leibes. Ein rhythmischer Fluß unaufhörlicher und, wie Rodin sagt, richtiger Bewegungen. (Man hat hier vor kurzem die Pantomimen Severins gesehen: seine Gebärden waren unaufhörlich, sein Spiel hatte keinen toten Punkt, so wie auf einem unendlich höheren Niveau das Gebärdenspiel der Duse keine toten Punkte hat. Das Wort »richtige Bewegungen« gebrauchte Rodin von den Tänzerinnen aus Annam. »Was verstehen Sie unter richtigen Bewegungen, Meister?« fragte ihn der Interviewer. »Muß ich das wirklich erklären?« antwortete Rodin. »Die Bewegungen dieser Frauen, wenn sie tanzen, sind richtig. Die Bewegungen der europäischen Tänzerinnen sind falsch. Man kann das nicht erklären, aber es ist gar nicht zu diskutieren, man fühlt es mit dem Auge, so wie man falsche Noten mit dem Ohr fühlt.«) So also tanzt sie. Es ist die berauschendste Verkettung von Gebärden, deren nicht eine an die Pose auch nur streift. Es sind unaufhörliche Emanationen absoluter sinnlicher Schönheit, deren nicht *eine* Konvention ist, zumindest nicht europäische Konvention, sondern allenfalls die Konvention höchsten, strengsten, hieratischen, uralten Stiles. Der Fortgang dieses Tanzes ist unschilderbar. Die Schilderung müßte sich an Details hängen, die ganz unwesentlich sind, und das Bild wäre verzerrt. Sie gibt sich im Laufe des Tanzes ab mit einer Perlenschnur, mit einer Blume, mit einer hölzernen Trinkschale. Aber sie gibt sich durchaus nur symbolisch damit ab. Diese Dinge dürfen in ihrem Tanz mitschwingen, aber sie verlieren ihr Eigenleben dabei. Man wird an das merkwürdige Wort von Goethe erinnert, daß Tizian, als er ganz reif und auf der Höhe seines Könnens war, »den Samt nur mehr symbolisch gemalt habe«. So widmet sie dieser Blume, dieser Perlenschnur, dieser Trinkschale durchaus keine Zärtlichkeit, kein Interesse, das über die Rolle hinausgeht, die diesen Instrumenten in der rhythmischen Verschlingung des Tanzes zugeteilt ist. In dieser ungeheuren stilisierenden Kraft – seltsame Verbindung eines seltsamen lebendigen Wesens mit uralten Traditionen – ist jede Spur einer Sentimentalität weggetilgt. Dies ist so wie ihr Lächeln. Dies ist, was ihr vom ersten Augenblick an die Herzen der Frauen und die sinnliche Neugier der meisten Männer entfremdet. Und gerade das ist, was sie hält, und ihren Tanz zu etwas Unvergleichlichem macht. Er geht an die Grenzen der Wollust und er ist keusch. Er ist ganz den Sinnen hingegeben, und er deutet auf Höheres. Er ist wild, und er ist unter ewigen Gesetzen. Er könnte nicht anders sein, als er ist. Es kommt alles darin vor. Ich habe sie eine Viertelstunde lang gesehen, und ich erinnere Bewegungen, wie das Hinfallen, das Küssen ihrer eigenen Finger, das Aussaugen der Trinkschale, die sich in der gleichen Stelle des Gedächtnisses eingraben wie ein erhabenes Detail der Elgin Marbles, eine Farbe des Giorgione.

Es ist unbeschreiblich schön. Aber ich weiß nicht, ob es den Leuten sehr gefällt. Sie drängen sich hin, sie füllen das Theater, wo sie tanzt, Abend für Abend. Man wird sie hier sehen, und auch hier wird das Theater Abend für Abend gefüllt sein. Aber es werden nur wenige Menschen sie wirklich goutieren. Am wenigsten die Frauen. Schon um dieses enigmatischen Lächelns willen, an dem so gar nichts Weibliches ist, so gar nichts Schmelzendes, nichts Zärtliches. Aber sie wird ihre Stellung haben, hier wie dort und überall, wo sie auftritt. Die ungeheure Unmittelbarkeit dessen, was sie tut, diese strenge, fast abweisende Unmittelbarkeit, dies Kommentarlose, der grandiose Ernst ohne Spur von Pedanterie, alles dies schafft um sie herum den leeren Raum, den das Außerordentliche immer um sich hat. Man wird von ihr sagen, was man von der Duncan sagte: »Sie darf es tun. Sie darf alles tun.« Aber was man von der Duncan sagte, weil sie sehr geschmackvoll, sehr klug und sehr anständig war, wird man von ihr sagen, weil sie großartig, undefinierbar und elementar ist. Im übrigen wird kein Anlaß sein, sie mit der Duncan zu vergleichen. Die Duncan, so charmant sie ist, wirkt neben ihr unendlich sentimental. Es war das Geheimnis der Duncan, daß sie wußte, was Tanzkunst ist. Diese da ist eine geborene große Tänzerin. Das Tanzen der Duncan, an diesen inkalkulablen Gebärden gemessen, war ein Zeigen, fast ein Demonstrieren. Diese tanzt. Die Duncan hatte etwas von einem sehr gewinnenden und leidenschaftlich dem Schönen hingegebenen Professor der Archäologie. Diese ist die lydische Tänzerin, aus dem Relief herabgestiegen.

RAINER MARIA RILKE

Spanische Tänzerin

Wie in der Hand ein Schwefelzündholz, weiß,
eh es zur Flamme kommt, nach allen Seiten
zuckende Zungen streckt –: beginnt im Kreis
naher Beschauer hastig, hell und heiß
ihr runder Tanz sich zuckend auszubreiten.

Und plötzlich ist er Flamme, ganz und gar.

Mit einem Blick entzündet sie ihr Haar
und dreht auf einmal mit gewagter Kunst

ihr ganzes Kleid in diese Feuersbrunst,
aus welcher sich, wie Schlangen die erschrecken,
die nackten Arme wach und klappernd strecken.

Und dann: als würde ihr das Feuer knapp,
nimmt sie es ganz zusamm und wirft es ab
sehr herrisch, mit hochmütiger Gebärde
und schaut: da liegt es rasend auf der Erde
und flammt noch immer und ergiebt sich nicht –.
Doch sieghaft, sicher und mit einem süßen
grüßenden Lächeln hebt sie ihr Gesicht
und stampft es aus mit kleinen festen Füßen.

ERNST HARDT

Fatema

Denn es ziemt des Tags Vollendung
Mit Genießern zu genießen.
Goethe.

Die drei alten Herren saßen schon eine ganze Weile schweigend und ohne zu trinken bei ihren Gläsern. – Eine Frage, die vor einigen Minuten gefallen war, hatte dieses feine und lange Schweigen verursacht.

»Ich werde deine Frage«, sagte nun Herr von Werndorf, »mit einer ganzen Geschichte beantworten müssen. – – Ich weiß auch eigentlich nicht, wie es kommt, daß ich euch in den langen Jahren unseres Beisammenseins nie von dieser meiner schönsten Jugenderinnerung gesprochen habe . . . Der Ring, nach dem du mich fragtest, lieber Ried, ist der Trauring einer Araberin, mit der ich die Ehe gebrochen habe.«

Dieser Antwort folgte wiederum ein langes Schweigen. Aber plötzlich hatten die beiden Gäste des Herrn von Werndorf die Empfindung, es müsse draußen schlechtes Wetter geworden sein. – »Ich glaube, es regnet«, sagte einer von ihnen. Man ging ans Fenster, aber der Himmel war klar, und die Sterne leuchteten.

Herr von Werndorf hatte während dieser Unterbrechung still vor sich hingeschaut, jetzt sagte er: »Ich will euch wirklich die Geschichte dieser Leidenschaft erzählen, dieser Leidenschaft oder dieses Traumes, denn sie dauerte nur eine Nacht.« – »Aber lieber Werndorf« – – ließ sich eine Stimme vernehmen. »Laß nur, Herzberg, es wird mir nun nach den vielen Jahren nicht mehr so schwer, mich von dem alleinigen Besitz dieser Erinnerung zu trennen, im Gegenteil, es macht mir fast Freude, euch einmal etwas ganz Persönliches zu geben.«

Die alten Herren setzten sich nun recht bequem auf ihren Stühlen zurecht und schenkten die Gläser noch einmal voll, um späterhin nicht stören zu müssen. –

»Ich war damals fünfundzwanzig Jahre alt«, begann Herr von Werndorf, »ich hatte von Andalusien aus, wo ich den Winter verlebte, einen Abstecher nach Marokko gemacht. – Eines Tages äußerte ich gegen meinen Führer, einen Araber, den Wunsch, eine Frau seines Volkes tanzen zu sehen. Er gab mir daraufhin die Versicherung, daß kein arabisch Weib vor einem Fremden tanzen und ihren Leib entblößen würde, das verböte allein schon die Religion.

Da ich von anderer Seite anders unterrichtet worden war, wandte ich mich an einen spanischen Führer, der mir denn auch schon für den Abend einen Besuch in einem jüdischen Hause zusagte, wo arabische Frauen durch Tanzen vor Fremden eine Vergrößerung ihrer Schmuck-

und Wirtschaftskasse zu erlangen suchten. Ich betone übrigens: nur durch Tanzen! Eine Araberin verkauft ebensowenig wie die Zigeunerin in Spanien ihre Gunst an den Sohn eines fremden Volkes.

Wenn ich euch schildern könnte, welch ein Sonderbares der Aufenthalt in Marokko an sich für einen Europäer ist, so würdet ihr die Aufregung nachempfinden können, in der ich mich tagsüber befand.

Um acht Uhr erschien mein Führer, um mich abzuholen, mich zu holen an den Ort, wo sich mir eines jener weißen schlanken Rätsel, die ich in den Gassen gesehn, enthüllen sollte ...

Die Straßen waren schon leer und tot, nur aus den geschlossenen Häusern, von denen ja ein jedes sein Märchen, sein braunes berückendes Geheimnis barg, drang hie und da arabisches Singen. Ihr kennt das wohl? Aller Welten Schwermut findet darin ihren Ausdruck.

Zweimal sprachen uns Bettler an, die irgendwo in einer schmutzigen Ecke ihr bißchen Leben lebten ... Aus der Moschee drang das Rauschen der heiligen Springbrunnen und dumpfes Gebetemurmeln wie ein Hauch aus dem Herzen des fremden Gottes. Ich dachte daran, daß ich nur jene Schwellen zu überschreiten brauchte, um zu sterben, – und es fröstelte mich. –

Im Judenstadtteil trat mein Führer, nachdem er einige Zeit vorher seine Laterne gelöscht hatte, mit mir in ein Haus. Eine alte Jüdin empfing uns in dem großen mit Strohteppichen ausgelegten Vorraume, um uns sofort nach oben zu führen, wo sie uns in ein langes schmales Zimmer eintreten ließ; seine ganze Einrichtung bestand in einem Stuhl.

Der Führer teilte ihr auf arabisch meinen Wunsch mit, woraufhin sie sogleich fortging.

Wir blieben eine ganze Weile allein. Mein Führer erzählte mir alles mögliche, ich aber horchte nur hinaus nach der Treppe; endlich erklangen Schritte, die Tür ging auf, aber die alte Jüdin trat allein ein. Sofort fing sie mit dem Führer unter Achselzucken und auf seine Gegenrede mit heftigen Gebärden zu sprechen an, dann wandte sie sich spanisch redend zu mir und teilte mit, daß sie mir niemanden zum Tanzen besorgen könne. Es gäbe in der Stadt nur zwei Araberinnen, die sich dazu herbeiließen, bei der einen sei der Mann zu Hause und die andere liege in Wochen. ›Aber eine Jüdin kann ich Ihnen besorgen, die auch ...‹ Ich unterbrach sie mit dem Bedeuten, daß ich daran kein Interesse nähme, und fing an zu bitten, ja recht eigentlich zu betteln, ob sie nicht irgendeine andere Araberin zu kommen bewegen könne, und versprach, die abgemachte Summe zu erhöhen.

Nach einigem Nachdenken lief sie wiederum fort. Ich lauschte dem düsteren heiligen Nachtgesang, der jetzt vom Turme der Moschee herab über die Dächer der Stadt erscholl ... es dauerte eine Ewigkeit, bis sie wiederkam.

Endlich trat sie ein: ›Nein, junger Herr, jetzt weiß ich niemand mehr‹, und nun, halb zu meinem Führer gewendet, erzählte sie, sie sei bei Fatema gewesen, der Sechzehnjährigen, die vor zwei Monaten geheiratet habe, ihr Mann sei seit fünf Wochen auf einem Botendienst ins Innere, aber Fatema wolle nicht.

Mein Führer zuckte die Achseln und war bereit, seine Laterne wieder anzuzünden; in mir aber herrschte ein solcher Wille, eine solche Sehnsucht, daß ich mich noch einmal auf Vorschläge und Bitten verlegte. Sie schüttelte den Kopf und sagte, sie wisse nun niemanden mehr. Da, ich weiß nicht, wie dieser Gedanke in mich kam, drückte ich ihr ein Geldstück in die Hand und sagte: ›Gehen Sie noch einmal zu Fatema und sagen Sie ihr: Ein Fremder, der über das Meer gekommen sei zu den Arabern, müsse nun nach seiner Rückkehr voll Scham seinem Volke sagen: Ich sah nur den Schleier und den Burnus der arabischen Frauen, Gott und ihre Männer wissen allein, ob sie damit Schönheit verdecken.‹

Die Jüdin sah mich hierauf lächelnd, ich glaube, bewundernd lächelnd, an und ging.

Wozu nur das alles, nicht wahr? Was liegt schließlich an einem tanzenden Weibe? Ich weiß nicht, mir aber schien damals mein Leben davon abzuhängen.

Der Gesang auf der Moschee war verklungen, – – in der Ferne hörte ich eine Türklingel – und nun meine Herzschläge, die in dem leeren Raume widerhallten. Sonst war es still.

Die Jüdin trat wieder ein und ließ die Tür hinter sich offen.

Eine hohe weiße Gestalt folgte ihr mit langen freien Schritten, als ob Tanz in ihnen schliefe. Sie trat ein und bemerkte mich nicht. Sie löste den Burnus von ihren Schultern und hing ihn an die Wand. Nun sah ich ihr Gesicht . . . sie hieß eben Fatema.

Die Jüdin setzte sich, nachdem sie die Tür verschlossen hatte, an die Wand auf die Erde und klemmte einen Gegenstand zwischen ihre Knie, dem sie leise auffordernde Töne entlockte. Es war ein Topf ohne Boden, über den eine Tierhaut gespannt war. Mein Führer stand in einer Ecke, man empfand seine Gegenwart nicht mehr, eine Kraft, die allen dienenden Südländern zu eigen ist.

Ich setzte mich auf den Stuhl nieder.

Fatema entkleidete sich mit langen schönen Bewegungen, mit Bewegungen, wie man sie von Fürsten glaubt, bis auf ein langes durchsichtiges Hemde, über das kleine gestickte Blumen ausgestreut waren. – Sie benahm sich, als sei sie ganz allein, auf mich war noch keiner ihrer Blicke gefallen.

Nun trat sie aus ihren Pantoffeln und ging, während ihr Gesicht einen herben, fast bösen Ausdruck annahm, mit eigentümlich gehaltenen Schritten in die Mitte des Zimmers.

Die Paukenschläge wurden lauter und gebundener. Eine wärmende belebende Kraft strömte aus ihnen in die schlanken braunen Glieder, die ich durch den Stoff des Hemdes schimmern sah. Allmählich erwachte der Tanz in ihnen, er reckte und dehnte sich jetzt wie ein schönes wildes Tier, das im Schatten geschlafen hatte.

Fatema schien nur um seinetwillen da zu sein, ihre Augen ruhten bewegungslos auf der Wand über meinem Kopf, doch die Lider senkten sich dann und wann ein wenig über sie, weil ihnen die Wimpern zu schwer waren.

Jetzt wiegte Fatema, auf der Stelle stehend, ihre Gestalt und bog sie, wie eine langstielige Blume leiser Wind zur Erde neigt und wieder hebt und wieder neigt, in edlen langen Bogen.

Die Töne hinten wurden lauter ... Fatema machte Schritte hin und her auf dem Erdboden, dann spannte sie ihren Körper, daß ich dachte, er müsse springen, dann legte sie ihn weich in die Luft hinein, und nun drehte sie sich langsam herum. Da sah ich durch den Stoff auf ihrem Rücken die Schatten von vielen kleinen gestickten Blüten ...

Der Tanz begann. Das Hemde sank von den Schultern herab, ein Fuß stieß es heftig über die Erde fort in eine Ecke.

Der junge Körper ragte vor mir in wunderbarer Nacktheit, nur die Brüste hielt ein rotes Tuch.

Jeder Ton des Instruments schien die Glieder zu schlagen und zu verwunden, sie suchten ihnen zu entkommen und konnten ihnen doch nicht entfliehen.

Meine Augen glitten über das schwebende Elfenbein, das Nächte braun und Nachttau weich und geschmeidig gemacht haben mußten. Ich sah die schlanken Arme in die Luft greifen, als gäbe es dort nach fliegenden Schwalben zu haschen. Die Muskeln des Leibes rollten und ballten sich, die glänzende Haut spannend, als wollten sie zeigen, daß sie an jeder Stelle gleich glatt und makellos sei. Nun waren die Bewegungen wieder sanft, als durchwogten laue Abendwellen ihren Körper.

Ich glaubte ein lebendig gewordenes Erzbild vor mir zu haben und genoß es mit solcher Bewunderung. Langsam erst begriff ich, daß es ein Mensch, ein Weib sei. Ich, der Menschen nur europäisch, das heißt als einen Kopf und ein paar Fetzen Tuch, zu empfinden gewußt hatte!

Meine Blicke küßten den Körper nun, sie glitten schmeichelnd und glühend auf ihm hin und her, als wollten sie das Blut unter der Haut suchen, hervorlocken, auf daß es in schweren roten Tropfen herabträufele über die Glieder.

Und Fatema fühlte meine Bewunderung. Ihre Augen verließen die Mauer und kamen in mein Gesicht – und da entsagten auch die meinen ihrem Körper und glitten hinauf, bis sich unsere Blicke trafen. Sie weilten ineinander, bohrten sich ineinander, daß eine feste Bahn zwischen unseren Augen entstand. Etwas Neues richtete sich in uns auf. Die Töne schienen es zu wissen, sie jagten einander in toller Hast. Fatemas Wangen glühten, ihre Augen durchstachen die meinen, eine Flamme schlug aus unseren Blicken in unsere Körper, und ihr Tanz bekam eine Seele. Ich sah, wie diese die taumelnden Glieder herumwarf, wie sie hinausdringen wollte aus dem Gefängnis, ein eingeschlossener Sturm wütete sie hinauf und hinab. Nun wurden die Paukenschläge trunken, dröhnend schlugen sie der vor mir tanzenden Leidenschaft den Takt, jagten den Körper, der nun nicht mehr um des Tanzes willen, sondern um meinetwillen jubelte.

Und auch in mir flutete und drängte etwas, das mich zersprengen wollte, um sich mit jener Glut dort drüben zu vereinigen. Wilde kochende Wellen schlugen einher, sengend brannte eine Sonne, die den Mädchenkörper sich winden machte in zuckenden Stößen.

Plötzlich brach Fatemas Tanz entzwei mit einer kurzen harten Bewegung, so hart, so plötzlich, daß sie mich erschauern machte wie eine entsetzliche Dissonanz. Im nächsten Augenblick preßten sich zwei Arme um meinen Hals, ein glühender nackter Körper drängte sich an den meinen, und Küsse wie sprudelndes Wasser brannten mein bebendes Gesicht.

Ich sprang auf und drückte Fatema in meinen Armen, wir sprachen nicht und doch klang es, als ob Tausende von schreienden schluchzenden Stimmen riefen und durcheinandertönten, zischend und bebend – und endlich strömten sie alle zusammen in den einen Laut, in das eine Wort, das Fatme's Lippen in meine Brust einhauchten: Em can chebec faleine, em can chebec faleine.

Die Judenmutter war bei dem Ausbruch aufgesprungen, nun sah sie mich mit leuchtenden Augen an, auch sie war erfaßt von des Tanzes Gewalt.

Bald war ich mit Fatema allein in einer kleinen Kammer.

Mir wurde ein afrikanisch heißes Sonnenglück voll wilder Leidenschaft, ursprünglich und unbedacht wie aus dem reinen Quell der Natur strömend, ein Fest zu Ehren der Schönheit und zu Ehren des Lebens.– – – – – – – – – –
– –

Es war, als lägen wir im Schatten einer Palme und als träfen uns die letzten schrägen Strahlen einer Sonne, die fern hinter uns unterging. Ein milder Wind kühlte unsere Glieder, auf daß sie nun ausruhen sollten.

Ich hörte nichts als die Atemzüge des neben mir ruhenden Körpers, der sich noch mit schmeichelndem Druck an den meinen schmiegte. Und als mir auch dieses Geräusch zur Stille geworden war, hörte ich noch eines:

das gleichmäßige Rauschen und Ausbrausen der Wellen, die fern in Dunkelheit den Strand bespülten. – Zuletzt vernahm ich das lauteste Geräusch, nämlich das Klappen und Klappern der Blechplatten, die die Luftöffnungen an der Decke unseres Zimmers verschlossen. Es spielte wohl ein Wind mit ihnen.

Wir wollten nicht sprechen, die Stille tat so wohl – in ihr konnten wir dem Glück nachträumen . . .

Fatemas Hand hob sich und spielte mit einem Federflöckchen, das sich auf meine Brust niedergelassen hatte. Dabei sah ich einen breiten fremdartigen Ring aus Silber an ihrem Finger.

›Was ist das für ein Ring?‹ fragte ich sie auf spanisch.

›Mein Ehering‹, antwortete sie mir.

Ich betrachtete ihn.

›Willst du ihn haben?‹

›Ja.‹

›Aber er ist aus Silber, er ist nichts wert.‹

›Doch‹, sagte ich, ›er ist dich wert.‹

Nach einer Weile Schweigens sagte sie eintönig und traurig fragend:

›Que vale Fatema?!‹

Ich wendete mich und küßte ihre Augen. – Was war das für ein Wort! Que vale Fatema! Meine Seele machte es überwallen . . .

Sie zog den Ring von ihrem Finger und steckte ihn an meine Hand, ich küßte sie wieder und sie lächelte.

Nach einer Weile nahm sie meine Hand und sagte:

›Du hast so schöne Ringe! Von wem ist dieser mit der Perle?‹

›Von dem Mädchen, das ich einmal heiraten möchte.‹

Erst war sie still, dann sagte sie leise: ›Sage ihr: Fatema möchte ihre Dienerin sein.‹ –

Nun küßte ich ihre Augen und ihre Lippen und ihre Hände, weich und langsam. Ich sagte ihr:

›Fatema, ich liebte dich, nun hab' ich dich auch lieb!‹

Sie schüttelte traurig den Kopf, sie verstand nicht so viel Spanisch.

Wir blieben nun still, während ich an alles Wunderbare dachte, das ich durchlebt. Von Zeit zu Zeit drückte sie ihre Lippen auf meine Schulter.

Plötzlich sagte sie: ›Was hast du, was denkst du?‹

›Daß ich dich nun niemals wiedersehen werde.‹ –

Langsam löste sich ihr Körper von dem meinen, sie lag neben mir, ohne mich zu berühren, nach einer Weile hörte ich sie weinen.

Ich konnte nicht sprechen, ich streichelte nur ihre Haare. –

Ein hastiges Klopfen machte mich auffahren. Es sei nun Zeit, tönte es ... Während ich mich zu gehen anschickte, schluchzte sie, daß mir das Herz wund wurde.

Als ich ihr Lebewohl sagen wollte, stieß sie mich fort, dann plötzlich küßte sie mir wild mein ganzes Gesicht, und endlich machte sie wundersame Zeichen über meinem Kopf, während ihre Lippen fremde Worte murmelten. Dann küßte sie mir jedes Auge, dann den Mund, dann machte sie ein großes Zeichen über mir, drückte ihre Lippen auf den Ehering an meiner Hand und warf sich verzweifelt schluchzend aufs Bett.

Mir waren die Tränen in die Augen gekommen, daher wendete ich mich und lief zur Tür hinaus; mein Führer empfing mich.

Aber schon auf der Treppe lag Fatema an meinem Halse. Wir umfaßten uns noch einmal, wieder drangen Tausende von Stimmen von ihr zu mir – sie weinte, weinte, daß mir die Seele zerbrechen wollte. Ich stürzte hinunter und zur Tür hinaus. – Aber nach zehn Schritten hing sie noch einmal an mir. Im Hemde war sie mir nachgelaufen, die ungeheure Gefahr vergessend. Mein Führer wollte sie von mir reißen, da steckte sie etwas in meine Rocktasche, schluchzend und weinend. Die Judenmutter war wütend nachgekommen und trug sie nun ins Haus zurück. In der Ferne verklang ihr leidenschaftliches Wimmern.

Wir gingen weiter, ich fühlte mich zerrissen und zerstochen in der Brust. Mein Führer wagte nicht zu sprechen.

Zu Hause fand ich ihre beiden kleinen Pantöffelchen in meiner Rocktasche.

Den nächsten Morgen ging ich zu Schiff; während von der Moschee ein arabischer Sang aushallte, lichteten wir die Anker. –
– –

Siehst du, lieber Ried, darum trage ich diesen Ring, weil er von einem Menschen ist, den ich lieb hatte ...«

»Que vale Fatema!« flüsterte der alte Herr noch einmal vor sich hin, die andern aber mochten noch lange kein Wort sprechen.

ALFRED WALTER HEYMEL

Auf eine Serpentinetänzerin

Muse tanzt im Kreis herum,
Daß die Wangen glühen.
Tanzt die dummen Sorgen um,
Daß sie heulend fliehen.

Schleierkleid und goldne Schuh,
Seidenwellen fließen.

Farbenstrudel immerzu,
  Grellstes Lichtergießen.

Tänzerin mit schlankem Leib –
  Brüste zum Entzücken –
Komm, und laß als nacktes Weib
  Fest dich an mich drücken.

Tanzen wir im Kreis herum,
  Daß die Wangen glühen.
Tanzen alle Sorgen um,
  Daß sie heulend fliehen!

ÖDÖN VON HORVÁTH

Märchen

Die junge Pharaonin lustwandelt auf silbernem Kiese im Parke, wo goldrote Blumen, wie staunende Augen zahmgewordener Antilopen, ihr Schreiten begleiten; wo kluge Kakadus mit prunkvollen Schleppen, wie die stolzer Königsbuhlen, im Schatten seltenartiger, breiter Kakteensträucher auf versteinerten Sphinxen schlafen; und schwanken: wie die leiswallenden Wellen des nahen Nils.

Die schöne Pharaonin und ihr schwarzer Sklave im Parke. Die Pharaonin wie Mondschein auf erträumten Pyramiden. Der Sklave wie des Landes lange Nacht.
Der Sklave und Pfauenfedern vertreiben glühendbegehrende Strahlen der langsam verschmachtenden Sonne.

Die Pharaonin fühlt die ihre samtenen Haare liebkosende Luft. Und denkt an den alten Pharao, der irgendwo . . .
Und lächelt . . .
Und lauscht in das tiefe Schweigen der erbleichten Weiten.

Und die Pharaonin hört heilige Weisen . . .
wie ebengeweihte keusche Priesterinnen im niebetretenen Tempel der Isis
wie gefangene stolze Königinnen zerfallener Reiche
wie nackte brünstige Mädchen der Freude

Heilige Weisen zwangen den stummen Sklaven zu tanzen.

Tanzen . . .
bis ihr zartes Antlitz gleich einer hellen Silhouette in dunklem Grunde auf seiner schwarzen, breiten Brust ruht.

Und der dumme Sklave fächelt . . . . . .

Die junge Pharaonin lustwandelt auf silbernem Kiese.

Das Teehausmädchen

Dir, Kay Christènsen

Das Teehausmädchen erwachte . . .
und alles lag vom Tau berauscht im Kreise, nur leise enteilte die Zeit.

und das Teehausmädchen tanzte . . .
und da tanzten die Wogen, die Wälder, die Wolken, die

Léon Bakst, Figurine zu Igor Strawinskys Ballett »Feuervogel«

Welten ... und alles spielte und sang im Kreise, nur leise enteilte die Zeit.
Sieh, sogar die rote Sonne tanzt!
doch schon glitt sie aus ... saust hinab in endlosem Raum ...
Sieh, die rote Sonne starb.

Und da Mond und Sterne noch schliefen ward es ewige Nacht.

Es erwachte nie wieder ...
Das Teehausmädchen.

Der Tanz der Salome

Pomare

Sie tanzt. Wie sie das Leibchen wiegt!
Wie jedes Glied sich zierlich biegt!
Das ist ein Flattern und ein Schwingen,
Um wahrlich aus der Haut zu springen.

Sie tanzt. Wenn sie sich wirbelnd dreht
Auf einem Fuß, und stille steht
Am End mit ausgestreckten Armen,
Mag Gott sich meiner Vernunft erbarmen!

Sie tanzt. Derselbe Tanz ist das,
Den einst die Tochter Herodias'
Getanzt vor dem Judenkönig Herodes.
Ihr Auge sprüht wie Blitze des Todes.

Sie tanzt mich rasend – ich werde toll –
Sprich, Weib, was ich dir schenken soll?
Du lächelst? Heda! Trabanten! Läufer!
Man schlage ab das Haupt dem Täufer!

GUSTAVE FLAUBERT

Herodias

Die Vorhänge der goldenen Galerie rauschten plötzlich auseinander; und im Glanz von Kerzen, zwischen Sklaven und Anemonengewinden stand Herodias. Auf der Stirn trug sie eine assyrische Mitra, die durch eine Kinnbinde gehalten wurde; ihr Haar fiel in Spiralen auf ein scharlachfarbenes, längs der Arme geschlitztes Peplum herab. Hinter ihr lehnten sich zwei steinerne Ungeheuer gegen die Tür, denen vom Schatzhaus des Atreus ähnlich, und sie glich der Kybele zwischen den Löwen; und herab von der Balustrade zu Häupten des Antipas rief sie, eine Opferschale in der Hand:

»Lang lebe Cäsar!«

Vitellius, Antipas und die Priester wiederholten diese Huldigung.

Aber vom Hintergrunde des Saales scholl ein Gemurmel staunender Bewunderung. Ein junges Mädchen war eingetreten.

Unter einem bläulichen Schleier, der ihre Brust und ihren Kopf verbarg, waren ihre geschwungenen Brauen, die Chalzedone ihrer Ohrgehänge, ihre weiße Haut zu erkennen. Ein viereckiges, schillerndes Seidentuch, taubenhalsfarben, bedeckte die Schultern und wurde an den Lenden von einem getriebenen Goldgürtel gehalten. Ihre schwarzen Hosen waren mit Mandragorenblüten übersät. Lässig ließ sie ihre kleinen, mit Kolibriflaum besetzten Pantoffeln klappern.

Oben auf der Estrade schlug sie den Schleier zurück. So mochte Herodias einstmals, da sie jung war, ausgesehen haben. Dann begann sie zu tanzen.

Zu den Rhythmen einer Flöte und zweier Kastagnetten setzte sie einen Fuß vor den anderen. Ihre gebogenen Arme riefen einen, der immerfort floh. Sie verfolgte ihn, leichter als ein Schmetterling, wie eine neugierige Psyche, wie eine schweifende Seele, und es schien, als wolle sie davonfliegen.

Die düsteren Töne der Gingras lösten die Kastagnetten ab. Niedergeschlagenheit folgte der Hoffnung. Ihre Gesten waren wie Seufzer, ihre ganze Gestalt bebte in einer solchen Liebessehnsucht, daß niemand wußte, ob sie einen Gott beweine oder in seinen Umarmungen vergehe. Mit halb geschlossenen Lidern neigte sie den Rumpf, wiegte den Leib wie die wogende See, ließ ihre Brüste zittern, und ihr Antlitz blieb starr, und ihre Füße hielten nicht inne.

Vitellius verglich sie Mnester, dem Pantomimen. Aulus erbrach abermals. Der Tetrarch verlor sich in einen Traum und dachte nicht mehr an Herodias. Er glaubte sie in der Nähe der Sadduzäer zu erblicken. Das Trugbild zerrann.

Es war kein Trugbild. Fern von Machärus hatte sie ihre Tochter Salome erziehen lassen, die der Tetrarch vielleicht geliebt haben würde; und der Gedanke war gut gewesen. Jetzt war sie dessen sicher!

Dann war es wie Liebesraserei, die nach Erfüllung verlangt. Sie tanzte wie die Priesterinnen Indiens, wie die Nubierinnen von den Katarakten, wie die Bacchantinnen Lydiens. Sie bog sich nach allen Seiten, einer Blume gleich, die im Sturmwind schwankt. Die Edelsteine an ihren Ohren hüpften, auf dem Rücken schillerte die Seide, von ihren Armen, ihren Füßen, ihrem Gewande sprühten unsichtbare Funken und entflammten die Männer. Eine Harfe sang, die Menge antwortete mit Beifallsrufen. Salome spreizte die Beine, und ohne die Knie zu beugen, neigte sie sich so weit rückwärts, daß ihr Kinn die Diele berührte; und die an Enthaltsamkeit gewöhnten Nomaden, die aller Ausschweifungen kundigen Soldaten Roms, die geizigen Zöllner, die in Zänkereien versauerten alten Priester, alle blähten die Nasenflügel und bebten vor Lüsternheit.

Dann wirbelte sie um den Tisch des Antipas, rasend, wie ein Hexenkreisel; und mit von Seufzern der Wollust unterbrochener Stimme flüsterte er ihr zu: »Komm! Komm!« Sie drehte sich immerfort, die Pauken dröhnten zum Zerspringen, die Menge heulte. Doch der Tetrarch rief lauter:

»Komm! Komm! Du sollst Kapernaum haben! Die Ebene von Tiberias! Meine Zwingburgen! Die Hälfte meines Königreichs!«

Sie warf sich nieder auf die Hände und lief, die Fersen in der Luft, wie ein großer Skarabäus über die Estrade und hielt jäh inne.

Ihr Nacken und ihr Rückgrat bildeten einen rechten Winkel. Die farbigen Schleier, die ihre Beine umhüllten, waren über die Schultern geglitten und umrahmten ihr Gesicht regenbogenhaft, eine Elle über dem Boden. Sie hatte geschminkte Lippen, tiefschwarze Brauen, fast furchterregende Augen, und die winzigen Tropfen auf ihrer Stirn sahen aus wie Tau auf weißem Marmor.

Sie sagte nichts. Sie blickten einander an.

Auf der Tribüne ward Fingerschnalzen vernehmlich. Sie stieg hinauf, kam zurück; und, ein wenig lispelnd, sprach sie kindlich diese Worte:

»Ich will, daß du mir gebest auf einer Schüssel das Haupt . . .«

Sie hatte den Namen vergessen, fuhr dann aber lächelnd fort:

»Das Haupt des Jochanaan!«

Der Tetrarch sank zerschmettert in sich zusammen.

Er war durch sein Wort gebunden, und das Volk wartete. Doch vielleicht würde der Tod, der ihm geweissagt worden war, an ihm vorübergehen, wenn er einen anderen traf? War Jochanaan in Wahrheit Elias, so würde er sich retten können; und war er es nicht, so kam dem Mord keine Bedeutung zu.

Mannaëi stand neben ihm und begriff seine Absicht.

Vitellius rief ihn zu sich und vertraute ihm das Losungswort für die Wachen vor der Grube an.

Der Tetrarch fühlte sich erleichtert. In einer Minute würde alles vorüber sein!

Aber Mannaëi war säumig in seiner Arbeit.

Er kam zurück, jedoch verstört.

Seit vierzig Jahren übte er sein Henkeramt aus. Er war es, der den Aristobul ertränkt, Alexander erwürgt, Matathias lebendig verbrannt, Sosimus, Pappus, Joseph und Antipater enthauptet hatte; und er wagte nicht, Jochanaan zu töten! Seine Zähne klapperten, er zitterte am ganzen Leibe.

Er habe an der Grube den Großen Engel der Samariter stehen sehen, über und über mit Augen bedeckt und ein ungeheuer großes, rotes, wie eine Flamme gezacktes Schwert schwingend. Zwei Soldaten, die er als Zeugen mitgebracht habe, könnten es bestätigen.

Sie hatten nichts gesehen, bis auf einen jüdischen Hauptmann, der sich auf sie gestürzt habe. Er lebe nicht mehr.

Die Wut der Herodias entlud sich in einem Strome gemeiner, blutiger Verwünschungen. Sie zerbrach sich die Nägel am Gitter der Galerie, und die beiden gemeißelten Löwen schienen ihre Schultern zu zerfleischen, schäumend gleich ihr.

Antipas tat wie sie; die Priester, die Soldaten, die Pharisäer, alle schrien nach Rache, und die anderen waren empört, daß ihre Lustbarkeit hinausgezögert werde.

Mannaëi ging mit verhülltem Gesicht hinaus.

Den Gästen wurde die Zeit noch länger als das erstemal. Sie langweilten sich.

Plötzlich hallte in den Gängen das Geräusch von Schritten. Die Unruhe wurde unerträglich.

Das Haupt erschien. – Mit ausgestrecktem Arme hielt Mannaëi es an den Haaren, stolz auf die Beifallsrufe.

Er legte es auf eine Schüssel und bot es Salome dar.

Sie stieg hurtig auf die Galerie; nach einer Weile wurde das Haupt von der nämlichen alten Frau zurückgebracht, die der Tetrarch am Morgen auf dem Dachgarten eines Hauses und danach im Gemach der Herodias bemerkt hatte.

Er wich zurück, um es nicht zu sehen. Vitellius warf einen gleichgültigen Blick darauf.

Mannaëi stieg von der Estrade herab und wies es den römischen Hauptleuten, sodann allen, die auf jener Seite aßen.

Sie betrachteten es eingehend.

Die scharfe Klinge der Waffe hatte im Gleiten von oben nach unten den Kiefer angeschnitten. Ein Krampf zog die Mundwinkel herab. Blut, schon geronnen, klebte im Bart. Die geschlossenen Lider waren fahl wie Muscheln; und die Kandelaber in der Runde strahlten.

Es gelangte an den Tisch der Priester. Ein Pharisäer drehte es neugierig herum; und nachdem Mannaëi es mit einem Ruck wieder zurechtgestellt hatte, setzte er es vor Aulus hin, der davon erwachte. Es war, als hätten durch den Spalt der Lider die toten Augen und die erloschenen Augen einander etwas zu sagen.

Dann zeigte Mannaëi es dem Antipas. Tränen rollten über die Wangen des Tetrarchen.

Die Fackeln verloschen. Die Gäste brachen auf; und einzig Antipas blieb im Saal und starrte, die Hände an den Schläfen, unablässig auf das abgeschlagene Haupt, während Phanuel in der Mitte des Hauptschiffes stand und mit ausgebreiteten Armen Gebete murmelte.

Die Tänzerin

Für Henry Regnault

Salome, da ihr Plan Vollendung fand,
In reichem Schmuck in ihrem Blumenkleide,
Betrachtete verzückt das Goldgeschmeide
Am blanken Dolche und am Schalenrand.

Ihr dichtes Haar fiel auf den Busen hin.
Die braune Tänzerin sah wie im Traum,
Daß auf dem Wunderwerk aus Gold ein Saum
Von Edelstein im Licht der Sonne schien.

Sie mischt der Chrysoprase fahlen Brand
Mit Saphir, der des Himmels Blau vermehrt,
Den Blutrubin mit Tränendiamant,

Zu eurer Lust, zerbrechliche Geschöpfe:
Denn beides habt ihr unschuldsvoll begehrt,
Funkelndes Spiel und abgeschlagene Köpfe.

JORIS-KARL HUYSMANS

Gustave Moreaus »Salome tanzt vor Herodes«

Unter allen gab es einen Künstler, dessen Begabung ihn in lange Verzückungen versetzte, Gustave Moreau.

Er hatte seine beiden Meisterwerke erworben und träumte nächtelang vor dem einen, dem Bildnis der Salome, das folgendermaßen gestaltet war:

Ein Thron erhob sich, gleich dem Hochaltar einer Kathedrale, unter unzähligen Gewölben – die aus gedrungenen Säulen gleich romanischen Pfeilern hervorwuchsen, welche mit bunten Ziegeln glasiert, mit Mosaiken eingefaßt, mit Lapis und Sardonyx besetzt waren –, in einem Palast ähnlich einer Basilika von gleichzeitig muselmanischer und byzantinischer Architektur.

In der Mitte des Tabernakels, der den Altar überragte, hinangeleitet von Stufen in Form eines halben Brunnenbeckens, saß der Vierfürst Herodes, mit einer Tiara auf dem Haupt, die Beine geschlossen, die Hände auf den Knien.

Das Gesicht war gelb, pergamenten, von Falten gefurcht, vom Alter verzehrt; sein langer Bart wallte wie eine weiße Wolke über den Sternen aus Edelstein, die die seiner Brust aufgelegte phrygische Robe übersäten.

Um diese reglose, gleich einem Hindugott in hieratischer Pose erstarrte Statue brannten Duftstoffe und verströmten Dampfwolken, die wie von phosphoreszierenden Tieraugen von der Glut der Steine durchlöchert wurden, welche in die Wände des Thrones eingelassen waren; dann stieg der Dampf auf, breitete sich unter den Arkaden aus, wo der blaue Schwaden sich mit dem Goldstaub der breiten, aus den Kuppeln einfallenden Strahlen des Tageslichts mischte.

Gustave Moreau, »L'Apparition«

Im verderbten Brodem der Duftstoffe, in der überhitzten Atmosphäre dieser Kirche bewegt sich Salome, den linken Arm mit gebieterischer Geste ausgestreckt, den rechten angewinkelt, in Gesichtshöhe einen großen Lotos haltend, langsam auf den Zehenspitzen vorwärts, zu den Akkorden einer Gitarre, deren Saiten eine kauernde Frau zupft.

Das Angesicht gesammelt, feierlich, fast erhaben, beginnt sie den lüsternen Tanz, der die abgestumpften Sinne des alten Herodes erwecken soll; ihre Brüste wogen, und unter dem Scheuern ihrer wirbelnden Halsketten richten sich die Brustwarzen auf; auf ihrer feuchten Haut funkeln die angelegten Diamanten; ihre Armbänder, ihre Gürtel, ihre Ringe sprühen Funken; auf der triumphalen, mit Perlen bestickten, mit Silberranken und Goldplättchen verzierten Robe fängt der Panzer der Geschmeide, an dem jede Masche ein Edelstein ist, Feuer, schlingt Goldschlangen ineinander, wuselt auf dem matten Fleisch, der teerosenfarbenen Haut wie von glänzenden Insekten mit blendenden Flügeldecken, karminfarben marmoriert, goldgelb gepunktet, stahlblau geblümt, pfauengrün gestreift.

Konzentriert, die Augen starr gleich einer Schlafwandlerin, sieht sie weder den bebenden Tetrarchen noch ihre Mutter, die grimme Herodias, die sie beobachtet, noch auch den Hermaphroditen oder den Eunuchen, der, den Säbel in der Faust, zu Füßen des Throns steht, eine schreckliche, bis zu den Wangen verhüllte Gestalt, deren Kastratenbusen wie ein Flaschenkürbis unter der orangegescheckten Tunika herabhängt.

Von diesem Typus der Salome, der Künstler und Dichter so sehr heimsuchte, war des Esseintes seit Jahren besessen. Wie oft hatte er in der alten Bibel des Pierre Variquet in der Übersetzung der Doctores Theologiae an der Universität Löwen das Matthäusevangelium gelesen, das in kindlichen und kurzen Sätzen die Enthauptung des Täufers erzählt, wie oft hatte er über diesen Zeilen geträumt:

»Da aber Herodes seinen Jahrestag beging, da tanzte die Tochter der Herodias vor ihnen. Das gefiel Herodes wohl. Darum verhieß er ihr mit einem Eide, er wollte ihr geben, was sie fordern würde. Und wie sie zuvor von ihrer Mutter angestiftet war, sprach sie: Gib mir her auf einer Schüssel das Haupt Johannes des Täufers! Und der König ward traurig; doch um des Eides willen und derer, die mit ihm zu Tisch saßen, befahl er's ihr zu geben. Und schickte hin und enthauptete Johannes im Gefängnis. Und sein Haupt ward hergetragen in einer Schüssel und dem Mägdlein gegeben; und sie brachte es ihrer Mutter.«

Doch weder Matthäus noch Markus, noch Lukas, noch die anderen Evangelisten verbreiteten sich über die berauschenden Reize, über die rührigen Frevel der Tänzerin. Sie war ausgelöscht, verlor sich geheimnisvoll und sinnesentrückt im fernen Nebel der Jahrhunderte, ungreifbar für die genauen, auf dem Boden der Tatsachen verharrenden Geister, zugänglich nur zerrütteten, geschärften, durch die Neurose gleichsam seherisch gewordenen Gehirnen; widersetzlich gegen die Maler des Fleisches, gegen Rubens, der sie zum flämischen Schlachterweib vermummte, unbegreiflich für all die Schriftsteller, die die beunruhigende Exaltation der Tänzerin, die in Erhabenheit entrückte Größe der Mörderin niemals wiederzugeben vermochten.

In dem Werk Gustave Moreaus, gestaltet außerhalb aller Vorgaben des Neuen Testaments, sah des Esseintes endlich jene übermenschliche und seltsame Salome verwirklicht, die er erträumt hatte. Sie war nicht mehr nur die Gauklerin, die einem Greis durch eine verderbte Verrenkung ihrer Lenden einen Schrei des Verlangens und der Brunst entlockt; die durch das Wogen ihrer Brüste, die Stöße des Bauches, das Erzittern der Schenkel die Kampfkraft eines Königs bricht und seinen Willen zum Schmelzen bringt, sie wurde gewissermaßen die symbolische Gottheit der unzerstörbaren Ausschweifung, die Göttin der unsterblichen Hysterie, die verfluchte Schönheit, unter allen erwählt durch die Katalepsie, die ihr Fleisch versteift und ihre Muskeln verhärtet; das ungeheuerliche, gleichgültige, unverantwortliche, fühllose Tier, gleich der antiken Helena alles vergiftend, was ihr naht und sie erblickt, alles, woran sie rührt.

So verstanden, gehörte sie den Theogonien des Fernen Ostens an; sie hatte nichts mehr mit biblischen Traditionen zu tun, konnte nicht einmal mehr mit dem lebendigen Abbild Babylons in Beziehung gesetzt werden, der königlichen Buhlschaft der Apokalypse, die wie sie mit Juwelen und Purpur aufgeputzt war und geschminkt war wie sie; denn jene war nicht durch eine schicksalhafte Kraft, durch eine oberste Macht den lockenden Gemeinheiten der Ausschweifung anheimgefallen.

Im übrigen hatte der Maler offensichtlich seinen Willen bekräftigen wollen, außerhalb der Epochen zu verharren und keinesfalls die Herkunft, das Land, das Zeitalter zu bestimmen, indem er seine Salome mitten in diesen befremdlichen Palast von verworrenem und großartigem Stil verpflanzte, indem er sie mit prunkenden und chimärischen Gewändern bekleidete, sie mit einem unbestimmten Diadem in Form eines phönizischen Turms krönte, wie auch Salammbô eines trägt, indem er ihr schließlich das Isiszepter in die Hand gab, die heilige Blume Ägyptens und Indiens, den großen Lotos.

Des Esseintes suchte nach dem Sinn dieses Emblems. Hatte es jene phallische Bedeutung, die die Ursprungskulte Indiens ihm beilegen? kündete es dem alten Herodes die Darbringung der Jungfräulichkeit an, einen

Austausch des Blutes, die Stachelung einer unreinen Wunde, dargeboten unter der ausdrücklichen Bedingung eines Mordes? oder verkörperte es die Allegorie der Fruchtbarkeit, den indischen Lebensmythos, eine Existenz, gehalten zwischen den Fingern einer Frau, entrissen, zerdrückt von den zuckenden Händen des Mannes, den ein Wahnwitz überkommt, eine Krisis des verirrten Fleisches?

Vielleicht hatte der Maler, der seine rätselhafte Göttin mit dem verehrten Lotos ausgestattet hatte, auch an die Tänzerin, die sterbliche Frau, an das besudelte Gefäß gedacht, den Grund aller Sünden und aller Verbrechen; vielleicht hatte er sich der Riten des alten Ägypten entsonnen, der Grabzeremonien des Einbalsamierens, wenn die Kräuterkundigen und die Priester den Leichnam der Toten auf einer Jaspisbank ausstreckten, ihm mit gebogenen Nadeln das Hirn durch die Nasenhöhlen und die Eingeweide durch den an seiner linken Flanke angebrachten Schnitt herauszogen, um ihm dann, bevor sie ihm Nägel und Zähne vergoldeten und den Leib mit Harzen und Essenzen einrieben, die keuschen Blütenblätter der göttlichen Blume zur Reinigung in die Geschlechtsteile einzuführen.

Was immer es damit auf sich hatte, es ging von diesem Gemälde eine unwiderstehliche Faszination aus, doch das Aquarell mit dem Titel »Die Erscheinung« war vielleicht noch beunruhigender.

Da schwang sich des Herodes Palast empor wie eine Alhambra, auf leichten Säulen, irisierend von maurischen Kacheln, wie mit Silberbeton, mit Goldzement verkittet; Arabesken liefen von Lapislazuli-Rhomben aus, spannen sich über die Kuppeln, wo sich auf Perlmuttintarsien Regenbogenfarben und Prismengluten schlängelten.

Der Mord war vollbracht; nun stand der Henker fühllos, die Hände auf dem Knauf seines langen, blutbefleckten Schwertes.

Das abgehauene Haupt des Heiligen war von der auf die Fliesen gesetzten Platte emporgestiegen und blickte fahl, den Mund entfärbt, geöffnet, den Hals, von dem große Tropfen träuften, scharlachfarben. Ein Mosaik umrandete das Gesicht, von dem eine Aureole ausging, in Lichtgarben unter den Portikus ausstrahlend, die schreckliche Erhöhung des Kopfes erhellend, die glasigen Kugeln der Augäpfel beleuchtend, welche auf die Tänzerin gerichtet sind, sich gewissermaßen an ihr festklammern.

Mit einer Gebärde des Entsetzens weist Salome die schreckliche Vision von sich, die sie reglos auf den Fußspitzen festnagelt; ihre Augen weiten sich, ihre Hand umfaßt krampfhaft ihre Kehle.

Sie ist fast nackt; in der Hitze des Tanzes haben sich die Schleier gelöst, die Brokatstoffe haben nicht gehalten, sie ist nur noch mit Goldgeschmeiden und leuchtenden Steinen bekleidet; ein Mieder preßt ihre Gestalt wie ein Panzer zusammen; und wie eine prunkvolle Spange züngelt ein wunderbares Juwel seine Blitze aus der Vertiefung zwischen ihren beiden Brüsten; weiter unten, an den Hüften, umgibt sie ein Gürtel und verbirgt die Wölbung ihrer Schenkel, gegen die ein gewaltiges Gehänge schlägt, auf dem sich ein Strom von Karfunkeln und Smaragden ergießt; schließlich, auf dem nacktgebliebenen Körper zwischen Mieder und Gürtel, wölbt sich der Leib, gekehlt von einem Nabel, dessen Loch einem in Onyx gravierten Siegel gleicht, in milchigen Farbtönen und nagelrosa Schattierungen.

Unter den feurigen Strahlen, die dem Haupte des Täufers entweichen, entzünden sich alle Facetten der Geschmeide, die Steine beseelen sich, zeichnen den Körper der Frau in weißglühenden Strahlen; stechen auf

Hals, Arme und Beine mit Feuerspitzen ein, purpurn wie Kohlen, violett wie Gasblitze, blau wie Alkoholflammen, weiß wie Sternenglast.

Der grausige Kopf flammt, indes er immer noch blutet und dunkelpurpurne Klümpchen sich auf Bart- und Haarspitzen ablagern. Nur für Salome sichtbar, umfängt er mit seinem düsteren Blick nicht Herodias, die Träumen über ihren endlich zum Ziele gelangten Haß nachhängt, noch den Vierfürsten, der, ein wenig nach vorn gebeugt, die Hände auf den Knien, noch keucht, betäubt von dieser weiblichen Nacktheit, die mit wilden Düften geschwängert ist, in Balsam gewälzt, gebeizt in Weihrauch und Myrrhen.

So wie der alte König verharrte des Esseintes niedergeschmettert, vernichtet, von Taumel ergriffen vor dieser Tänzerin, die weniger majestätisch, weniger hoheitsvoll, doch betörender war als die Salome des Ölgemäldes.

In der fühl- und mitleidlosen Statue, dem unschuldigen und gefährlichen Idol, waren Sinnlichkeit und Schrecknis des menschlichen Seins zutage getreten; der große Lotos war verschwunden, die Gottheit vergangen; ein schrecklicher Alp würgte nun die von den Drehungen des Tanzes verzückte Gauklerin, die Kurtisane, versteint, gebannt von Entsetzen.

Hier war sie wahrhaft Dirne, sie gehorchte ihrem Temperament als glühende und grausame Frau; sie lebte verfeinerter und wilder, gräßlicher und erlesener; sie weckte nachdrücklicher die lethargischen Sinne des Mannes, behexte und bändigte seinen Willen sicherer mit ihrem Zauber einer großen aphrodisischen Blüte, gesprossen auf dem Mistbeet des Sakrilegs, gewachsen im Treibhaus der Ruchlosigkeit.

Niemals, so sagte des Esseintes, in keiner Epoche, hatte das Aquarell diesen Farbenglanz zu erreichen vermocht; nie hatte die Armut der chemischen Farben auf dem

Papier derartige Leuchteffekte der Steine so aufscheinen lassen, solche Lichter, wie von Kirchenfenstern unter der Glut der Sonnenstrahlen, eine so unglaubliche, so blendende Prachtentfaltung der Stoffe und des Fleisches.

OSCAR WILDE

Salome

HERODES. Salome, Salome, tanz für mich. Ich bitte dich, tanz für mich. Ich bin traurig heute nacht. Als ich hierher kam, bin ich in Blut getreten, und das ist ein böses Zeichen; auch hört ich in der Luft ein Rauschen von Flügeln, ein Rauschen von riesengroßen Flügeln. Ich weiß nicht, worauf das deuten mag ... Ich bin traurig heut nacht. Drum tanz für mich. Tanz für mich, Salome, ich bitte gar sehr. Wenn du für mich tanzest, kannst du von mir begehren, was du willst, ich werde es dir geben. Ja, tanz für mich, Salome, und was du immer von mir begehren magst, das will ich dir geben, und wär's die Hälfte meines Königreichs.

SALOME *(steht auf)*. Willst du mir wirklich alles geben, was ich von dir begehre, Tetrarch?

HERODIAS. Tanze nicht, meine Tochter!

HERODES. Alles, was du von mir begehren wirst, und wär's die Hälfte meines Königreichs.

SALOME. Du schwörst es, Tetrarch?

HERODES. Ich schwöre es, Salome!

HERODIAS. Tanze nicht, meine Tochter!

SALOME. Wobei willst du das beschwören, Tetrarch?

HERODES. Bei meinem Leben, bei meiner Krone, bei meinen Göttern. Verlange, was du willst, ich will es dir geben, und wär's die Hälfte meines Königreichs, wenn du nur für mich tanzen willst. O Salome, Salome, tanz für mich!

SALOME. Du hast einen Eid geschworen, Tetrarch!

HERODES. Ich habe einen Eid geschworen!

HERODIAS. Meine Tochter, tanze nicht!

HERODES. Und wär's die Hälfte meines Königreichs. Du wirst unermeßlich schön sein als Königin, Salome, wenn es dir gefällt, die Hälfte meines Königreichs zu begehren. Wird sie nicht schön sein als Königin? Ah, es ist kalt hier! Es geht ein eisiger Wind, und ich höre ... warum hör ich in der Luft dies Rauschen von Flügeln? Ah! Es ist doch so, als ob ein ungeheurer schwarzer Vogel über die Terrasse schwebte. Warum kann ich ihn nicht sehen, diesen Vogel? Das Rauschen seiner Flügel ist schrecklich. Der sausende Wind von diesen Flügelschlägen ist schrecklich. Es ist ein schneidender Wind. Aber nein, er ist nicht kalt, er ist heiß. Es ist zum Ersticken. Gießt mir Wasser über die Hände. Gebt mir Schnee zu essen. Macht mir den Mantel los! Schnell, schnell, macht mir den Mantel los! Doch nein, laßt ihn. Mein Kranz drückt mich, die Rosen meines Kranzes. Die Blumen sind wie Feuer. Sie haben mir die Stirn verbrannt. *(Er reißt das Gewinde vom Kopf und wirft es auf den Tisch.)* Ah! Jetzt kann ich atmen. Wie rot diese Rosenblätter sind! Sie sind wie Blutflecken auf einem Gewande. Doch lassen wir's. Es ist töricht, in allem, was man sieht, nach Bedeutung zu spüren. Es bringt zuviel Entsetzen ins Leben. Es wäre besser zu sagen, daß Blutflecken so lieblich wie Rosenblätter sind. Es wäre ferner besser zu sagen, daß ... Aber wir wollen nicht davon sprechen. Ich bin jetzt glücklich. Ich bin über die Maßen glücklich. Hab ich nicht das Recht, glücklich zu sein? Deine Tochter will für mich tanzen. Wirst du nicht für mich tanzen, Salome? Du hast versprochen, für mich zu tanzen.

HERODIAS. Ich will nicht haben, daß sie tanzt.

SALOME. Ich will für dich tanzen, Tetrarch.

HERODES. Du hörst, was deine Tochter sagt. Sie will für mich tanzen. Du tust recht, wenn du für mich tanzest, Salome. Und wenn du für mich getanzt hast, vergiß nicht, von mir zu begehren, was zu begehren dir in den Sinn kommen mag. Alles, was du verlangst, werde ich dir geben, und wär's die Hälfte meines Königreichs. Ich habe es geschworen – oder nicht?

SALOME. Du hast es geschworen, Tetrarch.

HERODES. Und ich habe immer mein Wort gehalten. Ich bin keiner von denen, die ihre Eide brechen. Ich verstehe mich nicht aufs Lügen. Ich bin der Sklave meines Worts, und mein Wort ist das Wort eines Königs. Der König von Kappadozien trug immer Lügen im Mund, aber er ist kein echter König. Er ist ein Wicht. Er schuldet mir auch Geld, das er nicht heimzahlt. Er hat sogar meine Gesandten beleidigt. Er hat Worte gesprochen, die kränkend waren. Aber Cäsar wird ihn ans Kreuz schlagen lassen, wenn er nach Rom kommt. Ich weiß, Cäsar wird ihn kreuzigen lassen. Und wenn er ihn nicht kreuzigen läßt, wird er doch sterben und von den Würmern gefressen werden. Der Prophet hat es prophezeit. Nun! Warum zögerst du, Salome?

SALOME. Ich warte, bis meine Sklavinnen mir Salben und die sieben Schleier bringen und die Sandalen von meinen Füßen lösen.

(Sklavinnen bringen Salben und die sieben Schleier und nehmen Salome die Sandalen ab.)

HERODES. Ah, du wirst mit nackten Füßen tanzen! 's ist gut! 's ist gut! Deine kleinen Füße werden wie weiße Tauben sein. Sie werden wie kleine weiße Blumen sein, die auf den Bäumen tanzen ... Nein, nein, sie wird auf

Blut tanzen! Da auf dem Boden ist Blut vergossen! Sie soll nicht auf Blut tanzen! Es wäre ein böses Zeichen.

HERODIAS. Was kümmert es dich, ob sie auf Blut tanzt? Du hast tief genug darin gewatet ...

HERODES. Was kümmert es mich? Ah, sieh den Mond an! Er ist rot geworden. Er ist rot geworden wie Blut. Ah, der Prophet hat wahr prophezeit. Er prophezeite, daß der Mond wie Blut werden würde. Hat er das nicht prophezeit? Ihr alle habt gehört, wie er es prophezeite. Und jetzt ist der Mond wie Blut geworden. Seht ihr es nicht?

HERODIAS. O ja, ich sehe es gut, und die Sterne fallen wie unreife Feigen, nicht? Und die Sonne wird finster wie ein schwarzes Tuch, und die Könige der Erde erzittern. Das wenigstens kann man sehen. Darin wenigstens hat der Prophet recht behalten mit seinem Wort, denn fürwahr, die Könige der Erde zittern ... Wir wollen hineingehen. Du bist krank. Sie werden in Rom sagen, daß du verrückt bist. Wir wollen hineingehen, sage ich.

DIE STIMME DES JOCHANAAN. Wer ist Der, der von Edom kommt, wer ist Der, der von Bozra kommt, dessen Kleid mit Purpur gefärbt ist, der in der Schönheit seiner Gewänder leuchtet, der mächtig in seiner Größe wandelt? Warum ist dein Kleid mit Scharlach gefleckt?

HERODIAS. Wir wollen hineingehen. Die Stimme dieses Menschen macht mich wahnsinnig. Ich will nicht haben, daß meine Tochter tanzt, während er fortwährend dazwischenschreit. Ich will nicht, daß sie tanzt, während du sie auf solche Art ansiehst. Mit einem Wort, ich will nicht haben, daß sie tanzt.

HERODES. Steh nicht auf, mein Weib, meine Königin, es wird dir nichts helfen. Ich gehe nicht hinein, bevor sie getanzt hat. Tanze, Salome, tanze für mich!

HERODIAS. Tanze nicht, meine Tochter!
SALOME. Ich bin bereit, Tetrarch.

(Salome tanzt den Tanz der sieben Schleier.)

HERODES. Ah! Wundervoll! Wundervoll! Siehst du, sie hat für mich getanzt, deine Tochter. Komm her, Salome, komm her, du sollst deinen Lohn haben. Ah! Ich zahle denen königlichen Preis, die mir zur Lust tanzen wollen! Ich will dich königlich belohnen. Ich will dir alles geben, was dein Herz begehrt. Was willst du haben? Sprich!

SALOME *(kniend)*. Ich möchte, daß sie mir gleich in einer Silberschüssel ...

HERODES *(lachend)*. In einer Silberschüssel? Gewiß doch, in einer Silberschüssel! Sie ist reizend, nicht? Was ist es, das du in einer Silberschüssel haben möchtest, o süße, schöne Salome, du, die schöner ist als alle Töchter Judäas? Was sollen sie dir in einer Silberschüssel bringen? Sag es mir! Was es auch sein mag, du sollst es erhalten. Meine Reichtümer gehören dir. Was ist es, das du haben möchtest, Salome?

SALOME *(steht auf)*. Den Kopf des Jochanaan.

HERODIAS. Ah! Das sagst du gut, meine Tochter.

HERODES. Nein, nein.

HERODIAS. Das sagst du gut, meine Tochter.

HERODES. Nein, nein, Salome. Das ist es nicht, was du begehrst. Hör nicht auf die Stimme deiner Mutter. Sie hat dir immer schlechten Rat gegeben. Achte nicht auf sie.

SALOME. Ich achte nicht auf die Stimme meiner Mutter. Zu meiner eigenen Lust will ich den Kopf des Jochanaan in einer Silberschüssel haben. Du hast einen Eid geschworen, Herodes. Vergiß es nicht, du hast einen Eid geschworen!

HERODES. Ich weiß es. Ich habe einen Eid geschworen, bei meinen Göttern habe ich geschworen. Ich weiß es wohl. Aber ich beschwöre dich, Salome, verlange etwas anderes von mir. Verlange die Hälfte meines Königreichs von mir. Ich will sie dir geben. Aber verlange nicht von mir, was deine Lippen verlangt haben.

SALOME. Ich verlange von dir den Kopf des Jochanaan.

HERODES. Nein, nein, ich will ihn dir nicht geben.

SALOME. Du hast einen Eid geschworen, Herodes.

HERODIAS. Ja, du hast einen Eid geschworen. Alle haben es gehört. Du hast es vor allen geschworen.

HERODES. Still, Weib! Zu dir spreche ich nicht.

HERODIAS. Meine Tochter hat wohl daran getan, den Kopf des Jochanaan zu verlangen. Er hat mich mit Schimpf und Schande bedeckt. Er hat unsägliche Dinge gegen mich gesagt. Man kann sehen, daß sie ihre Mutter lieb hat. Gib nicht nach, meine Tochter. Er hat einen Eid geschworen, er hat einen Eid geschworen.

HERODES. Still! Sprich nicht zu mir! ... Salome, ich beschwöre dich, sei nicht trotzig. Ich bin immer gut zu dir gewesen. Ich habe dich immer lieb gehabt ... Kann sein, ich habe dich zu lieb gehabt. Darum verlange das nicht von mir. Das ist etwas Schreckliches, etwas Grauenvolles, was du von mir verlangst. Sicher, ich glaube, du willst scherzen. Der Kopf eines Mannes, der vom Rumpf getrennt ist, das ist ein übler Anblick, nicht? Es ziemt sich nicht, daß die Augen eines Mädchens auf so etwas fallen. Was für eine Lust könntest du darin finden? Du könntest keine Lust darin finden. Nein, nein, das begehrst du nicht. Horch, was ich sage. Ich habe einen Smaragd, einen großen Smaragd, einen runden, den Cäsars Freundin mir hergeschickt hat. Wenn du durch diesen Smaragd siehst, kannst du sehen, was weit weg vor sich geht. Cäsar selbst trägt solch einen Smaragd, wenn er in den Zirkus geht. Aber mein Smaragd ist der größere. Ich weiß es, er ist der größere. Er ist der größte Smaragd in der ganzen Welt. Den willst du haben, nicht wahr? Verlange ihn von mir, ich werde ihn dir geben.

SALOME. Ich fordere den Kopf des Jochanaan.

[...]

HERODES. Ich bin sicher, es wird ein Unheil geschehen.

SALOME *(lehnt sich über die Zisterne und horcht).* Es ist kein Laut zu vernehmen. Ich höre nichts. Warum schreit er nicht, der Mann? Ah! Wenn einer mich zu töten käme, ich würde schreien, ich würde mich wehren, ich würde es nicht dulden ... Schlag zu, schlag zu, Naamann, schlag zu, sag ich dir ... Nein, ich höre nichts. Es ist alles still, eine schreckliche Stille. Ah! Es ist etwas zu Boden gefallen. Ich hörte etwas fallen. Es war das Schwert des Henkers. Er hat Angst, dieser Sklave. Er hat das Schwert fallen lassen. Er traut sich nicht, ihn zu töten. Er ist eine Memme, dieser Sklave! Schickt Soldaten hin. *(Sie sieht den Pagen der Herodias und redet ihn an.)* Komm hierher. Du warst der Freund des Toten, nicht? Wohlan, ich sage dir, es sind noch nicht genug Tote. Geh zu den Soldaten und befiehl ihnen, hinabzusteigen und mir zu holen, was ich verlange, was mir der Tetrarch versprochen hat, was mein ist. *(Der Page weicht zurück, sie wendet sich den Soldaten zu.)* Hierher, ihr Soldaten! Geht ihr in diese Zisterne hinunter und holt mir den Kopf des Mannes. Tetrarch, Tetrarch, befiehl deinen Soldaten, daß sie mir den Kopf des Jochanaan holen.

(Ein riesengroßer schwarzer Arm, der Arm des Henkers, streckt sich aus der Zisterne heraus, auf einem silbernen Schild den Kopf des Jochanaan haltend. Salome greift darnach. Herodes verhüllt sein Gesicht mit dem Mantel. Herodias fächelt sich zu und lächelt. Die Nazarener sinken in die Knie und beginnen zu beten.)

SALOME. Ah! Du wolltest mich deinen Mund nicht küssen lassen, Jochanaan. Wohl! Ich will ihn jetzt küssen. Ich will mit meinen Zähnen hineinbeißen, wie man in eine reife Frucht beißen mag. Ja, ich will ihn küssen, deinen Mund, Jochanaan. Ich hab es gesagt; hab ich's nicht gesagt? Ich hab es gesagt. Ah, ich will ihn jetzt küssen ... Aber warum siehst du mich nicht an, Jochanaan? Deine Augen, die so schrecklich waren, so voller Wut und Verachtung, sind jetzt geschlossen. Warum sind sie geschlossen? Öffne doch deine Augen! Erhebe deine Lider, Jochanaan! Warum siehst du mich nicht an? Hast du Angst vor mir, Jochanaan, daß du mich nicht ansehen willst? ... Und deine Zunge, die wie eine rote, giftsprühende Schlange war, sie bewegt sich nicht mehr, sie spricht kein Wort, Jochanaan, diese Scharlachnatter, die ihren Geifer auf mich spie. Es ist seltsam, nicht? Wie kommt es, daß die rote Natter sich nicht mehr rührt? ... Du wolltest mich nicht haben, Jochanaan! Du wiesest mich von dir. Du sprachst böse Worte gegen mich. Du benahmst dich gegen mich wie gegen eine Hure, wie gegen ein geiles Weib, gegen mich, Salome, die Tochter der Herodias, Prinzessin von Judäa! Nun wohl, ich lebe noch, aber du bist tot, und dein Kopf gehört mir. Ich kann mit ihm tun, was ich will. Ich kann ihn den Hunden vorwerfen und den Vögeln der Luft. Was die Hunde übriglassen, sollen die Vögel der Luft verzehren ... Ah! Jochanaan, Jochanaan, du warst der Mann, den ich allein von allen Männern liebte! Alle anderen Männer waren mir verhaßt. Doch du warst schön! Dein Leib war eine Elfenbeinsäule auf silbernen Füßen. Er war ein Garten voller Tauben und Silberlilien. Er war ein silberner Turm, mit Elfenbeinschildern gedeckt. Nichts in der Welt war so weiß wie dein Leib. Nichts in der Welt war so schwarz wie dein Haar. In der ganzen Welt war nichts so rot wie dein Mund. Deine Stimme war ein Weihrauchgefäß, das seltene Düfte verbreitete, und wenn ich dich ansah, hörte ich geheimnisvolle Musik. Oh! Warum hast du mich nicht angesehen, Jochanaan! Mit deinen Händen als Mantel und mit dem Mantel deiner Lästerworte verhülltest du dein Gesicht. Du legtest über deine Augen die Binde Eines, der seinen Gott schauen wollte. Wohl, du hast deinen Gott gesehen, Jochanaan, aber mich, mich, mich hast du nie gesehen! Hättest du mich gesehen, so hättest du mich geliebt! Ich sah dich, und ich liebte dich! Oh, wie liebte ich dich! Ich liebe dich noch, Jochanaan! Ich liebe nur dich ... Ich dürste nach deiner Schönheit! ich hungre nach deinem Leib; nicht Wein noch Äpfel können mein Verlangen stillen. Was soll ich jetzt tun, Jochanaan? Nicht die Fluten noch die großen Wasser können dies brünstige Begehren löschen. Ich war eine Fürstin, und du verachtetest mich, eine Jungfrau, und du nahmst mir meine Keuschheit. Ich war rein und züchtig, und du hast Feuer in meine Adern gegossen ... Ah! Ah! Warum sahst du mich nicht an? Hättest du mich angesehen, du hättest mich geliebt. Ich weiß es wohl, du hättest mich geliebt, und das Geheimnis der Liebe ist größer als das Geheimnis des Todes ...

HERODES. Sie ist ein Ungeheuer, deine Tochter; ich sage dir, sie ist ein Ungeheuer. In Wahrheit, was sie getan hat, ist ein großes Verbrechen. Mir ist gewiß, es ist ein Verbrechen gegen einen unbekannten Gott.

HERODIAS. Ich bin ganz zufrieden mit meiner Tochter. Sie hat recht getan. Und ich möchte jetzt hier bleiben.

HERODES *(steht auf).* Ah! Da spricht meines Bruders Weib! Komm! Ich will nicht an diesem Ort bleiben. Komm, sag ich dir! Sicher, es wird Schreckliches geschehen. Manasseh, Issachar, Osias, löscht die Fackeln aus! Ich will all die Dinge nicht sehen, ich will nicht lei-

Aubrey Beardsley, »Salome«

den, daß all die Dinge mich sehen. Löscht die Fackeln aus! Verbergt den Mond! Verbergt die Sterne! Wir wollen uns selber im Palast verbergen, Herodias. Ich fange an zu erzittern.

(Die Sklaven löschen die Fackeln aus. Die Sterne verschwinden. Eine große Wolke zieht über den Mond und verhüllt ihn völlig. Die Bühne wird ganz dunkel. Der Tetrarch beginnt die Treppe hinaufzusteigen.)

DIE STIMME DER SALOME. Ah, ich habe deinen Mund geküßt, Jochanaan; ich hab ihn geküßt, deinen Mund. Es war ein bitterer Geschmack auf deinen Lippen. Hat es nach Blut geschmeckt? ... Nein; doch schmeckte es vielleicht nach Liebe ... Sie sagen, daß die Liebe bitter schmecke ... Doch, was tut's, was tut's? Ich habe deinen Mund geküßt, Jochanaan, ich hab ihn geküßt, deinen Mund!

(Ein Strahl des Mondlichts fällt auf Salome und beleuchtet sie.)

HERODES *(wendet sich um und erblickt Salome).* Man töte dieses Weib!

(Die Soldaten stürzen vor und zermalmen Salome, die Tochter der Herodias, Prinzessin von Judäa, unter ihren Schilden.)

Salome

I

Geschmeidig-schlank, zu dem Gebüsch geneigt
Von grünen Weiden, drauf sie leicht sich stützt,
Salome flinken Fischen Futter reicht.
Wie schimmernd Kleinod es im Becken blitzt!
Sie eilen fiebernd, Pfeile aus Brillanten,
In Hastgefunkel sinkt der Brocken nieder,
Und kämpfend leuchten sie und schimmern wieder
Wie Diamanten . . .

Wie strahlt Herodias' schöne Tochter hell
In ihres Gartens Purpurblütenträumen!
Es rieselt über sie der Steine Quell,
Der Farben Schäumen . . .
Ihr Prunkgewand, das schimmert und das loht,
Flammt sieghaft wie der Sonne Scheiden: drauf ballt sich fahl
Im Grunde feurigrot
Der Flügeldrachen leuchtend-goldne Zahl.

Und über all dem Gold, dem Flammen, Schimmern
So Glut die Sonne, daß ihr zartes Haupt,
Als sie es neigt, im Grund das Glühen, Flimmern
Von Schätzen in dem Teich zu sehen glaubt . . .

Die Fürstin läßt den Garten, denn die Gluten
Ersticken sie, der Sonne Pfeile wüten.
Von ihrem Mund mit einem Zweige Blüten
Scheucht sie die Falter, die dort schwebend ruhten . . .

Sie steigt empor von Dämmerlicht umfangen,
Das durch den Vorhang gleitet, und verharrt
Dort bei dem Zwinger, in dem traumerstarrt
Die Löwen Nubiens, gefang'ne Fürsten, bangen ...
Die springen auf bei ihrer Schritte Schwingen,
Erkennen Salome und werden still.
Mit schlaffem Körper lassen sie erklingen
Ein lässig-zärtliches Gebrüll ...
Auf ihrem Prunkgewand,
Die Drachenschlünde, sie scheinen Salome
zu schützen ...
Sie, göttlich-schön, streckt durch die schmalen Ritzen
Der Gitterstäbe ihre Silberhand ...
Die Löwen wittern, taumeln vor Entzücken,
Vermeinen Lilien zu erblicken ...
Die Fürstin steigt die Treppe, zart und schlank,
Sie neigt sich schwingend – tausend Düfte schmeicheln –
Um ihres Löwen Mähne sanft zu streicheln ...
Die andern brüllen, lieb- und sehnsuchtsbang ...

Der Ibis Schar am Himmel ... Leuchtend steigen
Aus Teichen, drin des Niles Blüte gleitet,
Die Brunnen, die sich perlend neigen
Als Salome das Peristyl beschreitet ...

II

Vorbei der Tanz ... Gelöst das schwarze Haar,
Darin Rubinen bluten,
Ruht Salome, erschöpft und starr,
Fast nackt in weicher Kissen Fluten.
Flavia, die Tänzerin, kniet ihr zur Seiten,
Aus Rom berufen, weist sie sie im Tanz.
Sie spricht und läßt die Kastagnetten gleiten,
Von Steinen funkelnd in des Mondes Glanz:

– »Wie strahlst Du, Blüte, in der Wollust Tänzen!
Bald stolz, bald schmachtend – unruhvoll Gestalten –
Ziehst Kreise schmiegsam Du und zart wie Rosen,
Bist Schmetterling, bist Schlange, Sturmgewalten.
Und Dein Bewegen, voller Duft und Reiz,
Ist lüstern wie der Wogen Schwellen.
Wie strahlst Du, Blüte, in des Tanzes Rausch!
Du wirst Roms Julia selbst in Schatten stellen!
Oh Salome, Du kannst die Herzen binden,
Bald wirst Du Könige aus Nord und Süd
In langen Reihn zu Deinen Füßen finden!« –

Und Flavia schweigt ... Bei bleichem Mondenschein
Tönt fern im Park der Pfauen Rufen wieder ...
Salome schließt die seid'gen Augenlider
Und schlummert ruhmversunken ein ...

Die Fürstin träumt ...
Sie träumt, und Myrte glüht
Im Rauchgefäß ... Im saphirblauen Duft
Ciniras Tochter geistert in der Luft,
Ihr wiegend Flüstern durch die Träume zieht:

– »Ich trug die Goldzikade einst im Haar,
Wie in Athen die edelsten der Frauen.
In weißem Meer wie Silberinseln war
Der Brüste sanftes Atmen zu erschauen.

Dianas Nymphen in dem nächt'gen Hain:
In dunklen Flechten weißer Finger Duft,
Und meiner Füße Schreiten klingend-rein,
Wie weher Zitherklang in blasser Luft.

Mit meinem Vater in den Jagdgehegen
Lebt' ich, wo Myrte wuchs und Rosmarin,

Und ruhten wir auf schatt'gen Waldeswegen,
Sank in den Goldkelch Blüt' auf Blüte hin.

Kaum war ich Weib – der Liebe Reiz verfallen:
Gott Amor spielte um die jungen Brüste.
Ich wollte Küsse ... Von den Männern allen
Nur nach dem Vater brannte mein Gelüste.

Ich liebte meinen Vater ... und so arg,
Daß eines Nachts – oh, wär' es nie geschehn –
Ich zuchtlos mich auf seinem Lager barg:
Doch hatte er mein Antlitz nicht gesehn.

Das Schicksal trieb zu frevlem Tun mich an.
Des Vaters Küsse mir die Blüte nahmen:
Strauch war ich, als der junge Tag begann,
Und Myrte hieß er ihn mit meinem Namen« –.

Kristall'ner Stimme Trauerton verweht,
Und Düfte strömen durch das Fenster sacht,
Des Mondes amberfarbnes Leuchten geht
Zu der Prinzessin, die erwacht ...

Doch in das Zimmer, schluchzend und erregt,
Dringt jetzt der Sklaven Schar,
Und einer ruft von wildem Schmerz bewegt:
– *»Der Löwe starb, der Dir der liebste war!«* –
Salome, schreckverzehrt,
Verkrampft die Hände, zerriß ihr herrliches Gewand,
Ein Seufzer schwang sich auf wie nacktes Schwert,
Sie glitt zu Boden, und der Sinn entschwand ...

III

Im Löwenzwinger rast Johann der Täufer.
Ein Löwe, brüllt er tag- und nächtelang.
Des Rufers flammende Prophetenstimme
Zerreißt Herodias' Seele, die er zwang . . .

Gebräunt wie Bronce, wirr die langen Haare,
Mit fiebrisch-irren Augen, die verfluchen . . .
Es scheinen vor dem wilden Schrei der Stimme
Die andern Löwen zitternd Schutz zu suchen . . .

Es wagen wenige vorbeizuschleichen,
Und, fliehend, packt sie wildes Grauen an.
Nur Salome, die junge, zarte Fürstin,
Tritt an den Zwinger ohne Furcht heran.

Johannes, der zu allen grausam, wild,
Wird sanft – ein Lamm – in ihrer Gegenwart.
Er dämpft der Stimme rauhen, gellen Klang,
Sein Blick wird taubenmild, der eisenhart.

Salome liebt Johannes,
Mehr, als sie den Löwen, der ihr starb, geliebt.
Erzählt von Jesus, von dem Himmel er,
Sie tief bewegt ihm Stund' auf Stunde gibt.

An jedem Morgen reicht sie ihm hinein
Die Leckerbissen auserles'ner Art,
Läßt Blumenduft ihn riechen, bringt ihm Wein.
Von ihrer Hand ein edler Ring ihm ward . . .
Der herb-verschloßne Sohn der Isabel,
Der Wurzeln aß, sich nackt der Sonne stellt',
Mit Inbrunst liebt er diesen zarten Ring,
Des Glanz das Dunkel ihm der Nacht erhellt.

IV

Den Tag, da er geboren ward, zu feiern,
Und seines Herzens Trauer zu vergessen,
Lud sich der Vierfürst Nachbarfürsten ein:
Es kann sich Salomo mit solchem Glanz nicht messen!
Im Sonnenflimmer gleißt das Goldgerät
In einem Rausch von Narden und Kamelien,
Der Sklaven Schreiten in dem Wiegen geht
Und Gleiten der hebräischen Nubelien.
In Saales Mitte springt ein Brunnen Düfte,
Gesteine glühen zahllos auf den Stolen,
Den Weihrauchnebel atmen schwer die Lüfte,
Er mischt sich mit der Süße der Violen.
Ein seltsam größer Fisch ist aufgebaut,
Die bunten Schuppen regenbogengleich;
Herodes spricht von jenem Königreich,
Des Fürst den Ring dem Meere anvertraut.
Es funkeln Blicke unter Blütenkränzen,
In Goldsaft schwimmen Speisen ohnegleichen,
Auf goldnen Schalen Sklaven Pfauen reichen,
In deren Schweifen tausend Augen glänzen.
Drei große Eber, zwei gewalt'ge Hirsche
Erregen Staunen. Heiß die Sonne glüht,
In zarten Schalen perlt der schwere Wein,
Der Flöten Weise durch die Säle zieht.
Die Brüste zeigen unverhüllt die Frauen,
Des Brunnens Blumenkelch flammt silberlicht,
Lisanias, der Tetrarch von Abilina,
Tiberius' Griechenverse klangvoll spricht.
Die Wollust zuckt und braust wie Flut im Meer . . .
Da wird es still:
Im Hintergrunde schreitet
Im Tanz die schöne Salome einher . . .
Es gürtet ihrer dunklen Nacktheit Schöne

Carlu, Plakat zu Oscar Wildes Drama »Salome«

Ein Schleier, leichter als ein süßer Duft,
Und jede Hand trägt eine blasse Lilie,
Von ihren Fingern flammt und zuckt die Luft ...

Die Fürstin naht bei sanfter Flöte Klängen ...
Wie Schlafentrückte, die in Zaubergängen,
In seltsam-fernen Wundergärten leben,
Scheint sie im Schlaf zu tanzen,
Scheint zu schweben
Bewußtlos in dem Duft der tausend Blumen ...
Scheint sie zu tanzen, scheint im Tanz zu träumen ...
Scheint sie im Kuß der ganzen Welt zu beben ...

Fügt angstvoll Schritt zu Schritt, als ob sie wisse,
Daß sie der Weg zu tiefen Gründen leite,
Als ob verborg'ne, kalte Hand sie risse,
Damit sie strauchle, daß der Fuß entgleite ...

Und Lippen blühen auf, um sie zu küssen ...
Verängstigt, wirr, scheint sie auf Flucht bedacht,
Sie ringt nach Atem, schwindelt, fleht, vergeht ...
Die Flöten schweigen: Salome erwacht.

Das Beifallrufen endlos braust und tobt,
Ihr reichen Frauen kostbares Gestein,
Herodias strahlt, Herodes selbst gelobt:
– »*Was Du begehrst, Salome, es sei Dein!*« –

Was soll sie bitten? Köstliche Essenzen?
Gewänder? Schleier? Funkelnde Geschmeide?
Herodias flüstert an der Fürstin Seite:
– »*Erbitte, Tochter, des Propheten Haupt!*« –

Die Fürstin bebend:
»*Wie? – Johannes sterben?*
Er soll in Eisesschlummer jäh versinken?

Der Freiheit Krone will ich ihm erwerben,
Es sollen Thron und Herrscherstab ihm winken!« –

Herodias spricht:
»Sein Haupt sollst Du erbitten,
Wenn Du nach Ruhm begehrst, der nie erreicht.
Hast Du durch seinen Tod auch bang gelitten ...
Der Schmerz ein flüchtig Ding, das schnell entweicht.
Die Tränen trocknen bei der Feste Pracht,
Und Sehnsucht gleicht der holden Veilchen Duft.
Es glaubt die Welt an Deiner Schönheit Macht,
Wenn der verstummt, der heut prophetisch ruft.
Sein Tod gibt Deinem Namen Strahlenschwingen,
Die höchsten Ziele will der Ruhm Dir weisen,
Willst Du des Sieges Blume Dir erringen,
Mußt Du mit warmem Blut die Wurzeln speisen ...!«
In der Prinzessin feinen Zügen singen,
Die Ehrgeiz golden färbt, die Saphiraugen,
Herodes hört der Stimme leises Schwingen:
– *»Gib mir als Preis Johann des Täufers Haupt!«* –

Der Vierfürst zittert:
»– Nimm mein Goldgerät,
Nimm meinen Schatz, nimm alles, was mir wert ...«
Er winkt: – ein Sklave zu der Türe geht –
Er trägt ein goldnes Becken und ein Schwert ...

Was sehen Sie, Madam?

Mamie Saloam war Tänzerin.

Sie war aus der unteren Schicht der Armen gekommen, die sich die Schultern mit Kattun drapieren und die Mägen mit Gingan.

Die Bowery, die so gar kein Ort für Tugend oder Doppelspiel ist, hatte miterlebt, wie Mamie ihren ersten Schmollanfall und ihre erste Korsage probierte. Von da an wußte man, daß ihr Vorbild Juno, ihr Erbe Joseph und ihr Ehrgeiz Jade hieß. Im Alter von zehn Jahren hatte sie gelernt, Oscar Wilde zu interpretieren, als der sich ziemlich ausgiebig mit Leidenschaft und Serviertablett befaßt hatte, und hatte bei der Gestaltung ihrer Rolle einen Bart und eine bestimmte Geste einfach gestrichen.

In der mondhellen Nacht, als sie Semco, dem Seemann, einen Kinnstüber versetzte und im Park eine Fliederdolde zum Mitnehmen abrupfte, wurde Mamie erwachsen.

Sie hatte gelernt, daß zwischen seinen Lippen und ihren ein Konkurrenzverhältnis bestand. Sein Kuß war der bedeutendere, seine Arme besaßen die größere Kraft, seine Stimme war die tonangebende.

Mamie stand in Flammen und empfand zugleich die Qualen der Hölle, wie sie unter den Kohlen glimmt, und die Straße, die spürte, wie sie nach Hause gestöckelt kam, vernahm das breite Lachen, das sie ihrer Mutter zuwarf, ehe sie sich ins Bett rollen ließ.

Danach schwor sie sich, daß ihr Leben dem Porträt distanzierter Empfindungen geweiht sein sollte, d. h., sie wollte die Liebe auf die Bretter bringen. Ihr Ehrgeiz war es, die Lippen Johannes' des Täufers zu küssen, während die in gipserner Pracht auf einem kleinen Blechtablett lagen.

Wenn ein subalterner Offizier den Kopf unter die Decke steckt, ist er ein Feigling. Als Mamie Saloam den Bettüberwurf von unten zu betrachten begann, war sie lediglich auf der Suche nach einer künftigen Ethik.

Mamie drehte sich die Bowery aus dem Haar, warf ihre Hüften in den Mahlstrom der Dinge, die sich richtig bewegen, und erhob einen Organismus, der von Kartoffeln und Schellfisch lebte, auf die Ebene von Kaviar und Champagner. Mit dieser Kehrtwende hatte sie bereits drei Schritte in die Richtung des sprichwörtlichen bocksfüßigen Herrn getan, der der Welt und dem Fleisch zugetan ist.

Reiche und Arme unterscheiden sich nur in ihrer Art der Verachtung, der des Auges wie der der Lippe, und in dem plötzlichen, unverschämten Lachen, das die Tonleiter des Broadway auf und ab läuft. Das alles sprang gleichzeitig aus Mamies frechem Gesicht, als sie sich erstmals in einem Spiegel betrachtete, der sie im Ganzen wiedergab.

Wenn sie ausging, hörte man nur das Geräusch der Slum-Stöckel und die regelmäßige Kadenz ihrer Knie, während sie die Stufen hinunterstieg. Sie war an unebenes Geläuf gewöhnt.

Nach dem prüfenden Blick in den Spiegel schwor sie, daß sie sich die letzte Schellfischgräte aus den Zähnen entfernt hätte und von nun an nach dem Essen nur noch atemreinigende Pfefferminzbonbons kauen würde.

Wenn ein Mädchen Kaugummi und Gasse aufgibt und wenig anderes kennengelernt hat, dann wird sie eine andere, und die andere, die Mamie wurde, war eine Tänzerin, Spitzen- und sonstige.

In die kleine Welt der Angemalten kam Mamie. Dorthin, wo die Presseagenten waren und die Puderquasten, Lillian Russell und Raymond Hitchcock, Irving und

Sarah, und wo es nach Flieder und Bel Bon roch und das Gelächter pochte und pulste; in jenen kleinen Verschlag, der sich Garderobe nennt und aus dem so leicht keiner unverändert herauskommt.

Mamie Saloam war ein gutes Medium zum Auftragen von Kosmetika. Alles unterstrich lediglich die Vorzüge, die Gott und die Saloams ihr mitgegeben hatten; tatsächlich war die Zusammenarbeit zwischen beiden souverän gewesen; Mamie war schön.

Sie wurde von den Männern unten im Zuschauerraum geliebt, weil sie die Technik des Trikots zu meistern gelernt hatte.

Ihre Welt umfaßte endlose Reihen von staubigen Rohrstühlen und oberhalb dieser, Wanderdrosseln gleich, die rosige Anatomie des Corps de ballet – die Hüften zum bemalten Vorhang hin ausgestellt, lustlose Augen, die ausschließlich das Abendessen vor sich sahen, ein neuer Schritt und in größeren Abständen noch ein paar andere Dinge. Mamie Saloam hingegen konnte tun und lassen, was ihr gefiel. Sie konnte gebeugt gehen oder aufblicken, weil Mamie wahren Ehrgeiz und heldenhafte Schinderei ausstrahlte.

Wenn sie die Grenzen der Schicklichkeit überschritt, bekam man für sein Geld wirklich einiges geboten; wenn sie als Rauch aufstieg, wurden die ursprünglichen kleinen Pastetenschüsseln Ägyptens zu Schornsteinköpfen. Wenn man Helena von Troja Pfefferminzbonbons aus einer Papiertüte hätte essen sehen können, hätten ihre Bewunderer höchstwahrscheinlich einer ganz anderen Klasse angehört.

Man wird um dessentwillen geliebt – oder ignoriert, womit man gerade beschäftigt ist, wenn die Horde zuschaut.

Billy traf Mamie dabei an, wie sie gerade »Du sollst nicht sündigen« oben an die Tür ihres Zimmers in diesem

Hause chamäleonhafter Anschauungen zweckte. Da ging ihm auf – denn selbst Beleuchtern kann so einiges aufgehen –, daß man sich Mamie nur nähern konnte, indem man sich in ihrer Nähe niederließ und hoffnungsvoll ausharrte, denn einmal kam für jeden Mann die Gelegenheit.

Während er wartete, entwickelte Mamie ihre eigene Lebensphilosophie. Sie fiel selbstverständlich zugunsten der Frauen aus. Sie lautete: »Eine Frau weiß nie, was sie sieht, und folglich versucht sie, zu sehen, was sie weiß.«

»Hör mal«, sagte der Intendant eines Abends in die Düsternis, in der Mamie saß und die Perlen neu auffädelte, die als Hemdhose, Unterrock, Halbrock, Mieder und obendrein als Eigentum Salomes ausgegeben wurden. »Hör mal, wir sitzen in der Patsche. Der P.U.B. will uns und dir ans Leder.«

»Inwiefern?« wollte Mamie Saloam wissen.

»Sie sind auf die Tatsache gestoßen, daß wir dich zu Anfang der Saison als Salome herausbringen wollen. Sie haben Vorurteile –.«

»Natürlich haben sie die«, sagte Mamie gelassen, »sie haben Mme. Augulia, Mary Garden, Gertrude Hoffmann und Trixie Friganza doubeln gesehen; sie haben alle gesehen, was sie sehen wollten, weil Obengenannte ihnen gezeigt haben, was sie sehen wollten. Ich gebe zu, Johannes ist, seit das ursprüngliche Röcheln verstummt ist, nicht mehr geliebt worden, wie es sich gehört; ich gebe zu, in dem Maße wie wir uns von dem echten Haupt entfernt haben, haben wir es eher mit ziemlichen Pappmachéleidenschaften zu tun gehabt.

Johannes' Reaktion war doch eher lethargisch, selbst ganz am Anfang schon, und wir haben uns an ihm zuviel zu schaffen gemacht. Wenn ein Mann tot ist, schuldet man ihm einen gewissen Respekt; es ist angemessen und erfreulich, um ihn herumzutanzen, doch finde ich, daß zuviel an ihm herumgeküßt worden ist. Ich werde den Damen vom P.U.B. gegenüber die notwendige Mäßigung an den Tag legen, selbst wenn der Herr sich nicht wehren kann. Überlaß das nur mir.«

»Übrigens«, setzte sie hinzu, während der Intendant sich nachdenklich mit der Hand durchs Haar fuhr, »was ist denn der P.U.B.?«

»Das ist der Präventivausschuß gegen Unmoral in der Bühnenkunst«, sagte er und lächelte ihr zu.

»Und was wollen die?«

»Sie möchten, daß die Einstudierung entweder abgebrochen wird, oder – daß man ihnen eine vollkommen neutrale Darbietung zeigt.«

Billy sah sie unter seinen zottigen Brauen an. Dann legte er plötzlich ab, was man Zurückhaltung nennt, und nahm ihre Hand.

»Mamie«, sagte er, »kannst du dich nicht für mich erwärmen, bedeute ich dir denn wirklich gar nichts, kann ich dir denn dies ganze –«, er machte die Gebärde breitwürfigen Säens, »dies ganze ehrgeizige Zeug nicht ersetzen?«

»Billy«, sagte sie, und ihre Stimme war kalt und praktisch, »ich könnte nie auch nur Kartoffeln auf der Hitze deiner Zuneigung kochen. Deine Liebe würde niemals eine Lücke überbrücken, sie würde nicht einmal das Loch füllen, durch das die Maus gekommen ist, und«, schloß sie, indem sie ihm ihre Hand entzog, »es käme nie jemand anderes für mich in Betracht als Johannes.«

Tief unten in Billys Herz lag eine schreckliche Leidenschaft, die es juckte, dies allegorische Hindernis zwischen ihm und der Frau zu verdrängen. Als er hoch oben in den Kulissen saß und das blaue Licht auf das Tablett und das weiße, zur Decke gekehrte Gipsgesicht richtete, wußte er, was das Wort »la mort« ins Wörterbuch und in Umlauf gebracht hatte, und er stöhnte innerlich auf.

Am nächsten Tag nahmen sie die staubigen Stuhlreihen weg und die Berge ausrangierter Trikots, abgestreift von menschlichen Schmetterlingen, die zu etwas Glanzvollerem geworden oder an ihrem vorzeitigen Ausschlüpfen aus dem Kokon gestorben waren. Sie merkten gar nicht, daß es staubig war, bis sie im Abstand von vielleicht zehn Zentimetern zwei Flecke entdeckten, die so aussahen, als habe hier jemand auf den Knien gelegen.

Weiter gediehen ihre Mutmaßungen nicht, doch Mamie sah etwas.

Die Bühnenarbeiter putzten und räumten hektisch im Hinblick auf die zur Verhandlung stehende Szene, die zugunsten des P.U.B. vorgeführt werden sollte. Ein Krug, der der Garderobiere gehörte und von Sprüngen durchzogen, dabei aber genauso farbenfroh wie seine Besitzerin war, wurde mit Limonade gefüllt, die die Außenseite zunächst eisig werden ließ wie das Gebaren der jungen Frau, die den jungen Mann abweist, und schließlich in dicken Perlen austrat und über die Hüften des Krugs auf den Tisch glitt, wie die Tränen, die dem ersten Kummer folgen.

Es war völlig dunkel hinter den Kulissen, als sie mit allem fertig waren. Die Ballastsäckchen, die Florida oder Frankreich von der Decke herunterließen, hingen schaukelnd fünfzig Fuß über Billy, als er an den Lampen herumbastelte.

Unten im Parkett saß der Intendant zwischen zwei gesteiften Damen vom P.U.B., die behutsam, aber entschlossen, Limonade aus hohen, zerbrechlichen Gläsern tranken. Sie warfen einander über die uhrkettenbespannte Weste des Intendanten Blicke zu und machten dabei diese Aragesichter, die strikt auf Präventivausschüsse und Inspektionskomitées beschränkt sind.

Sie wollten Mamie Saloam gar nicht übel, doch wie Mamie schon sagte, sie hatten Mme. Augulia gesehen.

Dann kam Mamie, groß und gebieterisch, aus dem schummrigen Bühnenhintergrund auf sie zu. Die nackten Schultern stützten lebhaft flutendes Haar.

Eine Minute schwebte sie in der Bühnenmitte, eine verlockende Silhouette im Dunst.

Dann fiel das Scheinwerferlicht, und zwar nicht auf Mamie, sondern auf das Gesicht von Johannes. Zur Decke gekehrt und weiß lag es mit halbgeschlossenen Lidern auf seinem Tablett, und Haar und Bart flossen über den Rand. Dunkle Ringel unterbrachen das Weiß der Stirn, das stumme Fragen der bemalten Lippen in Erwartung des Auftritts von Mamie Saloam, die das Küssen vor zehn Jahren gelernt hatte.

Die Damen vom P.U.B., die sich so leicht nichts vormachen ließen, saßen mit gestrengen Mienen über ihre Gläser gereckt. Sie wollten sichergehen, daß Schlichtheit aus der Art sprach, wie Mamie vor ihrem Herrn wandelte.

Und sie kam näher, hielt inne und fiel dann plötzlich in Halbschritte, mit denen sie das Haupt des toten Täufers halbkreisförmig umtanzte, wobei sich gurgelnde kleine Kehllaute ihren Lippen entrangen. Langsam ließ sie sich niedersinken, bis sie, bevor die gesteiften Damen sich versahen, am Boden lag und sich schlangenhaft dem Blechtablett entgegenwand.

Seitwärts, vorwärts, wie mit Plastikhänden, näherte sie sich ihm und kam ihm näher und näher, bis ihr Atem das Tablett streifte. Murmelnd schwebte sie über ihm, während ihre Augenfarbe von blau zu grün und von grün zu einem tiefen Beigegrau wechselte. Dann ließ sie plötzlich das Kinn zwischen die Strähnen des wallenden Bartes sinken.

Die gesteiften Damen seufzten und entspannten sich. Das war einmal eine Frau, die die Angelegenheit mit unbedingter Neutralität abzuwickeln verstand. Sie wandten dem Intendanten zustimmende Blicke zu.

»Sie hat Johannes vollkommen im Griff«, sagten sie und entschwanden.

Dann tat Mamie etwas Seltsames. Sie setzte sich auf, schlang die Arme um die Knie und schaute heiter in das Gesicht, das immer noch reglos im Blau des Lichts lag, das von der unbesetzten Beleuchterkabine herabfiel. Johannes der Täufer kniff das rechte Auge zu.

»Steh auf, Billy«, sagte sie, »ist ja gut. Danken wir der Finsternis der Kulissennacht und deiner Fähigkeit, still zu liegen. Endlich habe ich bewiesen, daß eine Frau nie weiß, was sie sieht.«

Totentanz

JOHANN WOLFGANG GOETHE

Der Totentanz

Der Türmer, der schaut zumitten der Nacht
Hinab auf die Gräber in Lage;
Der Mond, der hat alles ins Helle gebracht,
Der Kirchhof, er liegt wie am Tage.
Da regt sich ein Grab und ein anderes dann:
Sie kommen hervor, ein Weib da, ein Mann,
In weißen und schleppenden Hemden.

Das reckt nun, es will sich ergetzen sogleich,
Die Knöchel zur Runde, zum Kranze,
So arm und so jung, und so alt und so reich;
Doch hindern die Schleppen am Tanze.
Und weil hier die Scham nun nicht weiter gebeut,
Sie schütteln sich alle, da liegen zerstreut
Die Hemdelein über den Hügeln.

Nun hebt sich der Schenkel, nun wackelt das Bein,
Gebärden da gibt es vertrackte;
Dann klipperts und klapperts mitunter hinein,
Als schlüg man die Hölzlein zum Takte.
Das kommt nun dem Türmer so lächerlich vor;
Da raunt ihm der Schalk, der Versucher, ins Ohr:
Geh! hole dir einen der Laken.

Getan wie gedacht! und er flüchtet sich schnell
Nun hinter geheiligte Türen.
Der Mond, und noch immer er scheinet so hell
Zum Tanz, den sie schauderlich führen.
Doch endlich verlieret sich dieser und der,
Schleicht eins nach dem andern gekleidet einher,
Und husch ist es unter dem Rasen.

Nur einer, der trippelt und stolpert zuletzt
Und tappet und grapst an den Grüften;
Doch hat kein Geselle so schwer ihn verletzt,
Er wittert das Tuch in den Lüften.
Er rüttelt die Turmtür, sie schlägt ihn zurück,
Geziert und gesegnet, dem Türmer zum Glück,
Sie blinkt von metallenen Kreuzen.

Das Hemd muß er haben, da rastet er nicht,
Da gilt auch kein langes Besinnen;
Den gotischen Zierat ergreift nun der Wicht
Und klettert von Zinne zu Zinnen.
Nun ists um den armen, den Türmer getan!
Es ruckt sich von Schnörkel zu Schnörkel hinan,
Langbeinigen Spinnen vergleichbar.

Der Türmer erbleichet, der Türmer erbebt,
Gern gäb er ihn wieder, den Laken.
Da häkelt – jetzt hat er am längsten gelebt –
Den Zipfel ein eiserner Zacken.
Schon trübet der Mond sich, verschwindenden Scheins,
Die Glocke, sie donnert ein mächtiges Eins,
Und unten zerschellt das Gerippe.

HUGO VON HOFMANNSTHAL

Der Tor und der Tod

CLAUDIO

[. . .]

Er geht eine Weile nachdenklich auf und nieder. Hinter der Szene erklingt das sehnsüchtige und ergreifende Spiel einer Geige, zuerst ferner, allmählich näher, end-

lich warm und voll, als wenn es aus dem Nebenzimmer dränge. Musik?
Und seltsam zu der Seele redende!
Hat mich des Menschen Unsinn auch verstört?
Mich dünkt, als hätt ich solche Töne
Von Menschengeigen nie gehört . . .
Er bleibt horchend gegen die rechte Seite gewandt
In tiefen, scheinbar langersehnten Schauern
Dringts allgewaltig auf mich ein;
Es scheint unendliches Bedauern,
Unendlich Hoffen scheints zu sein,
Als strömte von den alten, stillen Mauern
Mein Leben flutend und verklärt herein.
Wie der Geliebten, wie der Mutter Kommen,
Wie jedes Langverlornen Wiederkehr,
Regt es Gedanken auf, die warmen, frommen,
Und wirft mich in ein jugendliches Meer:
Ein Knabe stand ich so im Frühlingsglänzen
Und meinte aufzuschweben in das All,
Unendlich Sehnen über alle Grenzen
Durchwehte mich in ahnungsvollem Schwall!
Und Wanderzeiten kamen, rauschumfangen,
Da leuchtete manchmal die ganze Welt,
Und Rosen glühten, und die Glocken klangen,
Von fremdem Lichte jubelnd und erhellt:
Wie waren da lebendig alle Dinge,
Dem liebenden Erfassen nahgerückt,
Wie fühlt ich mich beseelt und tief entzückt,
Ein lebend Glied im großen Lebensringe!
Da ahnte ich, durch mein Herz auch geleitet,
Den Liebesstrom, der alle Herzen nährt,
Und ein Genügen hielt mein Ich geweitet,
Das heute kaum mir noch den Traum verklärt.
Tön fort, Musik, noch eine Weile so
Und rühr mein Innres also innig auf:

Leicht wähn ich dann mein Leben warm und froh,
Rücklebend so verzaubert seinen Lauf:
Denn alle süßen Flammen, Loh an Loh
Das Starre schmelzend, schlagen jetzt herauf!
Des allzu alten, allzu wirren Wissens
Auf diesen Nacken vielgehäufte Last
Vergeht, von diesem Laut des Urgewissens.
Den kindisch-tiefen Tönen angefaßt.
Weither mit großem Glockenläuten
Ankündigt sich ein kaum geahntes Leben,
In Formen, die unendlich viel bedeuten,
Gewaltig-schlicht im Nehmen und im Geben.
Die Musik verstummt fast plötzlich.
Da, da verstummt, was mich so tief gerührt,
Worin ich Göttlich-Menschliches gespürt!
Der diese Wunderwelt unwissend hergesandt,
Er hebt wohl jetzt nach Kupfergeld die Kappe,
Ein abendlicher Bettelmusikant.
Am Fenster rechts
Hier unten steht er nicht. Wie sonderbar!
Wo denn? Ich will durchs andre Fenster schaun ...
Wie er nach der Türe rechts geht, wird der Vorhang leise zurückgeschlagen, und in der Tür steht der Tod, den Fiedelbogen in der Hand, die Geige am Gürtel hängend. Er sieht Claudio, der entsetzt zurückfährt, ruhig an.
Wie packt mich sinnlos namenloses Grauen!
Wenn deiner Fiedel Klang so lieblich war,
Was bringt es solchen Krampf, dich anzuschauen?
Und schnürt die Kehle so und sträubt das Haar?
Geh weg! Du bist der Tod. Was willst du hier?
Ich fürchte mich. Geh weg! Ich kann nicht schrein.
Sinkend
Der Halt, die Luft des Lebens schwindet mir!
Geh weg! Wer rief dich? Geh! Wer ließ dich ein?

DER TOD

Steh auf! Wirf dies ererbte Graun von dir!
Ich bin nicht schauerlich, bin kein Gerippe!
Aus des Dionysos, der Venus Sippe,
Ein großer Gott der Seele steht vor dir.
Wenn in der lauen Sommerabendfeier
Durch goldne Luft ein Blatt herabgeschwebt,
Hat dich mein Wehen angeschauert,
Das traumhaft um die reifen Dinge webt;
Wenn Überschwellen der Gefühle
Mit warmer Flut die Seele zitternd füllte,
Wenn sich im plötzlichen Durchzucken
Das Ungeheure als verwandt enthüllte,
Und du, hingebend dich im großen Reigen,
Die Welt empfingest als dein eigen:
In jeder wahrhaft großen Stunde,
Die schauern deine Erdenform gemacht,
Hab ich dich angerührt im Seelengrunde
Mit heiliger, geheimnisvoller Macht.

CLAUDIO

Genug. Ich grüße dich, wenngleich beklommen.
Kleine Pause
Doch wozu bist du eigentlich gekommen?

DER TOD

Mein Kommen, Freund, hat stets nur e i n e n Sinn!

CLAUDIO

Bei mir hats eine Weile noch d a h i n!
Merk: eh das Blatt zu Boden schwebt,
Hat es zur Neige seinen Saft gesogen!
Dazu fehlt viel: Ich habe nicht gelebt!

DER TOD

Bist doch, wie alle, deinen Weg gezogen!

CLAUDIO

Wie abgerißne Wiesenblumen
Ein dunkles Wasser mit sich reißt,

So glitten mir die jungen Tage,
Und ich hab nie gewußt, daß das schon Leben heißt.
Dann ... stand ich an den Lebensgittern,
Der Wunder bang, von Sehnsucht süß bedrängt,
Daß sie in majestätischen Gewittern
Auffliegen sollten, wundervoll gesprengt.
Es kam nicht so ... und einmal stand ich drinnen,
Der Weihe bar, und konnte mich auf mich
Und alle tiefsten Wünsche nicht besinnen,
Von einem Bann befangen, der nicht wich.
Von Dämmerung verwirrt und wie verschüttet,
Verdrießlich und im Innersten zerrüttet,
Mit halbem Herzen, unterbundnen Sinnen
In jedem Ganzen rätselhaft gehemmt,
Fühlt ich mich niemals recht durchglutet innen,
Von großen Wellen nie so recht geschwemmt,
Bin nie auf meinem Weg dem Gott begegnet,
Mit dem man ringt, bis daß er einen segnet.

DER TOD

Was allen, ward auch dir gegeben,
Ein Erdenleben, irdisch es zu leben.
Im Innern quillt euch allen treu ein Geist,
Der diesem Chaos toter Sachen
Beziehung einzuhauchen heißt
Und euren Garten draus zu machen
Für Wirksamkeit, Beglückung und Verdruß.
Weh dir, wenn ich dir das erst sagen muß!
Man bindet und man wird gebunden,
Entfaltung wirken schwül und wilde Stunden;
In Schlaf geweint und müd geplagt,
Noch wollend, schwer von Sehnsucht, halbverzagt,
Tiefatmend und vom Drang des Lebens warm ...
Doch alle reif, fallt ihr in meinen Arm.

CLAUDIO

Ich bin aber nicht reif, drum laß mich hier.

Hans Holbein d. J., aus dem »Lübecker Totentanz«

Ich will nicht länger töricht jammern,
Ich will mich an die Erdenscholle klammern,
Die tiefste Lebenssehnsucht schreit in mir.
Die höchste Angst zerreißt den alten Bann;
Jetzt fühl ich – laß mich – daß ich leben kann!
Ich fühls an diesem grenzenlosen Drängen:
Ich kann mein Herz an Erdendinge hängen.
Oh, du sollst sehn, nicht mehr wie stumme Tiere,
Nicht Puppen werden mir die andern sein!
Zum Herzen reden soll mir all das Ihre,
Ich dränge mich in jede Lust und Pein.
Ich will die Treue lernen, die der Halt
Von allem Leben ist ... Ich füg mich so,
Daß Gut und Böse über mich Gewalt
Soll haben und mich machen wild und froh.
Dann werden sich die Schemen mir beleben!
Ich werde Menschen auf dem Wege finden,
Nicht länger stumm im Nehmen und im Geben,
Gebunden werden – ja! – und kräftig binden.
Da er die ungerührte Miene des Todes wahrnimmt, mit steigender Angst
Denn schau, glaub mir, das war nicht so bisher:
Du meinst, ich hätte doch geliebt, gehaßt ...
Nein, nie hab ich den Kern davon erfaßt,
Es war ein Tausch von Schein und Worten leer!
Da schau, ich kann dir zeigen: Briefe, sieh,
Er reißt eine Lade auf und entnimmt ihr Pakete geordneter alter Briefe
Mit Schwüren voll und Liebeswort und Klagen;
Meinst du, ich hätte je gespürt, was die –
Gespürt, was ich als Antwort schien zu sagen?!
Er wirft ihm die Pakete vor die Füße, daß die einzelnen Briefe herausfliegen
Da hast du dieses ganze Liebesleben,
Daraus nur ich und ich nur widertönte,

Wie ich, der Stimmung Auf- und Niederbeben
Mitbebend, jeden heilgen Halt verhöhnte!
Da! da! und alles andre ist wie das:
Ohn Sinn, ohn Glück, ohn Schmerz, ohn Lieb, ohn Haß!

DER TOD

Du Tor! Du schlimmer Tor, ich will dich lehren,
Das Leben, eh dus endest, einmal ehren.
Stell dich dorthin und schweig und sieh hierher
Und lern, daß alle andern diesen Schollen
Mit lieberfülltem Erdensinn entquollen,
Und nur du selber schellenlaut und leer.

Der Tod tut ein paar Geigenstriche, gleichsam rufend. Er steht an der Schlafzimmertüre, im Vordergrund rechts, Claudio an der Wand links, im Halbdunkel. Aus der Tür rechts tritt die Mutter. Sie ist nicht sehr alt. Sie trägt ein langes schwarzes Samtkleid, eine schwarze Samthaube mit einer weißen Rüsche, die das Gesicht umrahmt. In den feinen blassen Fingern ein weißes Spitzentaschentuch. Sie tritt leise aus der Tür und geht lautlos im Zimmer umher.

DIE MUTTER

Wie viele süße Schmerzen saug ich ein
Mit dieser Luft. Wie von Lavendelkraut
Ein feiner toter Atem weht die Hälfte
Von meinem Erdendasein hier umher:
Ein Mutterleben, nun, ein Dritteil Schmerzen,
Eins Plage, Sorge eins. Was weiß ein Mann
Davon?

An der Truhe

Die Kante da noch immer scharf?
Da schlug er sich einmal die Schläfe blutig;
Freilich, er war auch klein und heftig, wild
Im Laufen, nicht zu halten. Da, das Fenster!
Da stand ich oft und horchte in die Nacht

Hinaus auf seinen Schritt mit solcher Gier,
Wenn mich die Angst im Bett nicht länger litt,
Wenn er nicht kam, und schlug doch zwei, und schlug
Dann drei und fing schon blaß zu dämmern an . . .
Wie oft . . . Doch hat er nie etwas gewußt –
Ich war ja auch bei Tag hübsch viel allein.
Die Hand, die gießt die Blumen, klopft den Staub
Vom Kissen, reibt die Messingklinken blank,
So läuft der Tag: allein der Kopf hat nichts
Zu tun: da geht im Kreis ein dumpfes Rad
Mit Ahnungen und traumbeklommenem,
Geheimnisvollem Schmerzgefühle, das
Wohl mit der Mutterschaft unfaßlichem
Geheimem Heiligtum zusammenhängt
Und allem tiefstem Weben dieser Welt
Verwandt ist. Aber mir ist nicht gegönnt,
Der süß beklemmend, schmerzlich nährenden,
Der Luft vergangnen Lebens mehr zu atmen.
Ich muß ja gehen, gehen . . .
Sie geht durch die Mitteltüre ab.

CLAUDIO
Mutter!

DER TOD
Schweig!
Du bringst sie nicht zurück.

CLAUDIO
Ah! Mutter, komm!
Laß mich dir einmal mit den Lippen hier,
den zuckenden, die immer schmalgepreßt,
Hochmütig schwiegen, laß mich doch vor dir
So auf den Knieen . . . Ruf sie! Halt sie fest!
Sie wollte nicht! Hast du denn nicht gesehn?!
Was zwingst du sie, Entsetzlicher, zu gehn?

DER TOD
Laß mir, was mein. Dein war es.

CLAUDIO
Ah! und nie
Gefühlt! Dürr, alles dürr! Wann hab ich je
Gespürt, daß alle Wurzeln meines Seins

Nach ihr sich zuckend drängten, ihre Näh
Wie einer Gottheit Nähe wundervoll
Durchschauert mich und quellend füllen soll
Mit Menschensehnsucht, Menschenlust – und -weh?!
Der Tod, um seine Klagen unbekümmert, spielt die Melodie eines alten Volksliedes. Langsam tritt ein junges Mädchen ein; sie trägt ein einfaches großgeblümtes Kleid, Kreuzbandschuhe, um den Hals ein Stückchen Schleier, bloßer Kopf.

DAS JUNGE MÄDCHEN
Es war doch schön ... Denkst du nie mehr daran?
Freilich, du hast mir weh getan, so weh ...
Allein was hört denn nicht in Schmerzen auf?
Ich hab so wenig frohe Tag gesehn,
Und die, die waren schön als wie ein Traum!
Die Blumen vor dem Fenster, meine Blumen,
Das kleine wacklige Spinett, der Schrank,
In den ich deine Briefe legte und
Was du mir etwa schenktest ... alles das
– Lach mich nicht aus – das wurde alles schön
Und redete mit wachen lieben Lippen!
Wenn nach dem schwülen Abend Regen kam
Und wir am Fenster standen – ah, der Duft
Der nassen Bäume! – Alles das ist hin,
Gestorben, was daran lebendig war!
Und liegt in unsrer Liebe kleinem Grab.
Allein es war so schön, und du bist schuld,
Daß es so schön war. Und daß du mich dann
Fortwarfest, achtlos grausam, wie ein Kind,
Des Spielens müd, die Blumen fallen läßt ...
Mein Gott, ich hatte nichts, dich festzubinden.
Kleine Pause
Wie dann dein Brief, der letzte, schlimme, kam,
Da wollt ich sterben. Nicht um dich zu quälen,
Sag ich dir das. Ich wollte einen Brief

Zum Abschied an dich schreiben, ohne Klag,
Nicht heftig, ohne wilde Traurigkeit;
Nur so, daß du nach meiner Lieb und mir
Noch einmal solltest Heimweh haben und
Ein wenig weinen, weils dazu zu spät.
Ich hab dir nicht geschrieben. Nein. Wozu?
Was weiß denn ich, wieviel von deinem Herzen
In all dem war, was meinen armen Sinn
Mit Glanz und Fieber so erfüllte, daß
Ich wie im Traum am lichten Tage ging.
Aus Untreu macht kein guter Wille Treu,
Und Tränen machen kein Erstorbnes wach.
Man stirbt auch nicht daran. Viel später erst,
Nach langem, ödem Elend durft ich mich
Hinlegen, um zu sterben. Und ich bat,
In deiner Todesstund bei dir zu sein.
Nicht grauenvoll, um dich zu quälen nicht,
Nur wie wenn einer einen Becher Wein
Austrinkt und flüchtig ihn der Duft gemahnt
An irgendwo vergeßne leise Lust.

Sie geht ab; Claudio birgt sein Gesicht in den Händen. Unmittelbar nach ihrem Abgehen tritt ein Mann ein. Er hat beiläufig Claudios Alter. Er trägt einen unordentlichen, bestaubten Reiseanzug. In seiner linken Brust steckt mit herausragendem Holzgriff ein Messer. Er bleibt in der Mitte der Bühne, Claudio zugewendet, stehen.

DER MANN

Lebst du noch immer, Ewigspielender?
Liest immer noch Horaz und freuest dich
Am spöttisch-klugen, nie bewegten Sinn?
Mit feinen Worten bist du mir genaht,
Scheinbar gepackt von was auch mich bewegte . . .
Ich hab dich, sagtest du, gemahnt an Dinge,
Die heimlich in dir schliefen, wie der Wind

Der Nacht von fernem Ziel zuweilen redet ...
O ja, ein feines Saitenspiel im Wind
Warst du, und der verliebte Wind dafür
Stets eines andern ausgenützter Atem,
Der meine oder sonst. Wir waren ja
Sehr lange Freunde. Freunde? Heißt: gemein
War zwischen uns Gespräch bei Tag und Nacht,
Verkehr mit gleichen Menschen, Tändelei
Mit einer gleichen Frau. Gemein: so wie
Gemeinsam zwischen Herr und Sklave ist
Haus, Sänfte, Hund, und Mittagstisch und Peitsche:
Dem ist das Haus zur Lust, ein Kerker dem,
Den trägt die Sänfte, jenem drückt die Schulter
Ihr Schnitzwerk wund; der läßt den Hund im Garten
Durch Reifen springen, jener wartet ihn! ...
Halbfertige Gefühle, meiner Seele
Schmerzlich geborne Perlen, nahmst du mir
Und warfst sie als dein Spielzeug in die Luft,
Du, schnellbefreundet, fertig schnell mit jedem,
Ich mit dem stummen Werben in der Seele
Und Zähne zugepreßt, du ohne Scheu
An allem tastend, während mir das Wort
Mißtrauisch und verschüchtert starb am Weg.
Da kam uns in den Weg ein Weib. Was mich
Ergriff, wie Krankheit über einen kommt,
Wo alle Sinne taumeln, überwach
Von allzu vielem Schaun nach einem Ziel ...
Nach einem solchen Ziel, voll süßer Schwermut
Und wildem Glanz und Duft, aus tiefem Dunkel
Wie Wetterleuchten webend ... Alles das,
Du sahst es auch, es reizte dich! ... »Ja, weil
Ich selber ähnlich bin zu mancher Zeit,
So reizte mich des Mädchens müde Art
Und herbe Hoheit, so enttäuschten Sinns
Bei solcher Jugend.« Hast du mirs denn nicht

Dann später so erzählt? Es reizte dich!
Mir war es mehr als dieses Blut und Hirn!
Und sattgespielt warfst du die Puppe mir,
Mir zu, ihr ganzes Bild vom Überdruß
In dir entstellt, so fürchterlich verzerrt,
Des wundervollen Zaubers so entblößt,
Die Züge sinnlos, das lebendge Haar
Tot hängend, warfst mir eine Larve zu,
In schnödes Nichts mit widerlicher Kunst
Zersetzend rätselhaften süßen Reiz.
Für dieses haßte endlich ich dich so,
Wie dich mein dunkles Ahnen stets gehaßt,
Und wich dir aus.
Dann trieb mich mein Geschick,
Das endlich mich Zerbrochnen segnete
Mit einem Ziel und Willen in der Brust –
Die nicht in deiner giftgen Nähe ganz
Für alle Triebe abgestorben war –
Ja, für ein Hohes trieb mich mein Geschick
In dieser Mörderklinge herben Tod,
Der mich in einen Straßengraben warf,
Darin ich liegend langsam moderte
Um Dinge, die du nicht begreifen kannst,
Und dreimal selig dennoch gegen dich,
Der keinem etwas war und keiner ihm.
Er geht ab.

CLAUDIO

Wohl keinem etwas, keiner etwas mir.
Sich langsam aufrichtend
Wie auf der Bühn ein schlechter Komödiant –
Aufs Stichwort kommt er, redt sein Teil und geht,
Gleichgültig gegen alles andre, stumpf,
Vom Klang der eignen Stimme ungerührt
Und hohlen Tones andre rührend nicht:
So über diese Lebensbühne hin

Bin ich gegangen ohne Kraft und Wert.
Warum geschah mir das? Warum, du Tod,
Mußt du mich lehren erst das Leben sehen,
Nicht wie durch einen Schleier, wach und ganz,
Da etwas weckend, so vorübergehen?
Warum bemächtigt sich des Kindersinns
So hohe Ahnung von den Lebensdingen,
Daß dann die Dinge, wenn sie wirklich sind,
Nur schale Schauer des Erinnerns bringen?
Warum erklingt uns nicht dein Geigenspiel,
Aufwühlend die verborgne Geisterwelt,
Die unser Busen heimlich hält,
Verschüttet, dem Bewußtsein so verschwiegen,
Wie Blumen im Geröll verschüttet liegen?
Könnt ich mit dir sein, wo man dich nur hört,
Nicht von verworrner Kleinlichkeit verstört!
Ich kanns! Gewähre, was du mir gedroht:
Da tot mein Leben war, sei du mein Leben, Tod!
Was zwingt mich, der ich beides nicht erkenne,
Daß ich dich Tod und jenes Leben nenne?
In eine Stunde kannst du Leben pressen,
Mehr als das ganze Leben konnte halten,
Das schattenhafte will ich ganz vergessen
Und weih mich deinen Wundern und Gewalten.
Er besinnt sich einen Augenblick
Kann sein, dies ist nur sterbendes Besinnen,
Heraufgespült vom tödlich wachen Blut,
Doch hab ich nie mit allen Lebenssinnen
So viel ergriffen, und so nenn ichs gut!
Wenn ich jetzt ausgelöscht hinsterben soll,
Mein Hirn von dieser Stunde also voll,
Dann schwinde alles blasse Leben hin:
Erst, da ich sterbe, spür ich, daß ich bin.
Wenn einer träumt, so kann ein Übermaß
Geträumten Fühlens ihn erwachen machen,

So wach ich jetzt, im Fühlensübermaß,
Vom Lebenstraum wohl auf im Todeswachen.
Er sinkt tot zu den Füßen des Todes nieder.

DER TOD *indem er kopfschüttelnd langsam abgeht*
Wie wundervoll sind diese Wesen,
Die, was nicht deutbar, dennoch deuten,
Was nie geschrieben wurde, lesen,
Verworrenes beherrschend binden
Und Wege noch im Ewig-Dunkeln finden.
Er verschwindet in der Mitteltür, seine Worte verklingen.
Im Zimmer bleibt es still. Draußen sieht man durchs Fenster den Tod geigenspielend vorübergehen, hinter ihm die Mutter, auch das Mädchen, dicht bei ihnen eine Claudio gleichende Gestalt.

RAINER MARIA RILKE

Toten-Tanz

Sie brauchen kein Tanz-Orchester;
sie hören in sich ein Geheule
als wären sie Eulennester.
Ihr Ängsten näßt wie eine Beule,
und der Vorgeruch ihrer Fäule
ist noch ihr bester Geruch.

Sie fassen den Tänzer fester,
den rippenbetreßten Tänzer,
den Galan, den ächten Ergänzer
zu einem ganzen Paar.

Und er lockert der Ordensschwester
über dem Haar das Tuch;
sie tanzen ja unter Gleichen.
Und er zieht der wachslichtbleichen
leise die Lesezeichen
aus ihrem Stunden-Buch.

Bald wird ihnen allen zu heiß,
sie sind zu reich gekleidet;
beißender Schweiß verleidet
ihnen Stirne und Steiß
und Schauben und Hauben und Steine;
sie wünschen, sie wären nackt
wie ein Kind, ein Verrückter und Eine:
die tanzen noch immer im Takt.

ALFRED WOLFENSTEIN

An die von 1914

Wie sind zu Tänzern Bürger rings geworden!
Die langen Herzen kommen wild geflogen,
Die kühlen, von einander angezogen!
Es ist so heiß und rot wie nie im Norden.

Es trommeln bis zum Tod mit gleichem Schlage
Hinausgezogne auf erhöhten Knieen,
Die niemals Rätsel fühlten, nie aufschrieen,
Erstürmen hallend Lösung jeder Frage.

Warum bewegtet ihr euch nicht im Frieden
So außer euch, so ruhlos und so gerne!
Gekommen wäre niemals mehr der Krieg.

Doch lernt dies Feuer für den neuen Frieden,
Stürmt dann wie jetzt und ruft statt Hurra: Sterne!
Und opfert euch für Geist und seinen Sieg.

Foxtrott

Was auch die Erde sah,
Die Erde ist noch da,
Sie wälzt sich noch im Himmel wie ein Stern von Rang –

Ob Pest und Mord geschah,
Die Menschen sind noch da
Und drehn sich mit der Erde nach der Sphären Klang.

Und auch noch Tanz? Ah bah,
Trotz schrillem Kriegstrara,
Man tanzt. Der Foxtrott überlebte jeden Schuß.
Wir sind nicht kalt etwa,
Denn unser O und A
Ist der Genuß, den Herr und Dame fühlen muß.

Seht: Asien, Afrika,
Durch Flug etcetera,
Dicht rückt die ganze Menschheit zu einander hin –
Europa, schreits Hurra,
So hört es USA,
Man steppt in Schanghai nach der Jazzband von Berlin.

Und doch, das beste Ra-
dio: Seele – ist nicht da,

Plakat, Berlin 1919

Sie sendet nichts, empfängt nichts, jeder bleibt verschanzt –
Man möchte einssein, ja,
Und faßt sich nackt und nah,
Indeß man merkt beim Tanze kaum, mit wem man tanzt.

1939

Trompeten schrein durch den dunstroten Saal,
Man tanzt, man trinkt, man liebt noch einmal,
Die Sonne ist rot. Aufgegangen? Gesunken?
Ein Vortänzer schwenkt eine Fackel rot
Wie die Sonne. Doch beide Lichter sind tot.
Heraus stürzt ein Haufe ergrauender Funken.

Vergehende Tage und Nächte. Wer ruht?
Wer arbeitet? Niemand weiß, was er tut.
Es lohnt nicht, zu denken, Krieg kommt – kommt tanzen!
Bevor man zum Morden sich umdrehn muß,
So dreht man sich noch im Tanz, im Genuß,
Sich findend mit Lippen und dann mit Lanzen.

Sie steppen, vor Angst vor sich selbst wie dumm,
Und peitschen das Fleisch, und starren herum,
Zugleich doch geordnet, in geraden Schritten.
Der Tanz ist schon Marsch, mit dem Heere im Takt!
Kuß, Stoß, Liebe, Mord durcheinander zickzackt
Durch die immer noch sichtbaren guten Sitten.

Doch ists noch ein Fest? Es geht die Musik
In den Blutball über und spielt für den Krieg.
Sie sehen die Sonne wieder sich röten,
Schrein: Aufgang! Es läutet wie Untergang bang,
Und: Haltet die Sonne! Und: Bleibt noch recht lang!
Wer möchte nicht tanzen! Wer möchte töten?

Ein Ansager fragt es. Der Saal stiert empor.
Er fragt es, wie wenn man etwas verlor,
Mit Signal, mit letzter lustiger Gebärde.
Die Tänzer lachen, aus dunkler Brust –
Da heult einen ungeheuren Verlust
Trompetentusch über die ganze Erde.

GOTTFRIED BENN

Valse triste

Verfeinerung, Abstieg, Trauer –
dem Wüten der Natur,
der Völker, der Siegesschauer
folgt eine andere Spur:
Verwerfen von Siegen und Thronen,
die große Szene am Nil,
wo der Feldherr der Pharaonen
den Liedern der Sklavin verfiel.

Durch den Isthmus, griechisch, die Wachen,
Schleuder, Schilde und Stein
treibt im Zephyr ein Nachen
tieferen Meeren ein:
die Parthenongötter, die weißen,
ihre Zeiten, ihr Entstehn,
die schon Verfall geheißen
und den Hermenfrevel gesehn.

Verfeinerte Rinden, Blöße.
Rauschnah und todverfärbt
das Fremde, das Steile, die Größe,
die das Jahrhundert erbt,
getanzt aus Tempeln und Toren
schweigenden Einsamseins,
Erben und Ahnen verloren:
Niemandes –: Deins!

Getanzt vor den finnischen Schären –
Valse triste, der Träume Schoß,
Valse triste, nur Klänge gewähren

dies eine menschliche Los:
Rosen, die blühten und hatten,
und die Farben fließen ins Meer,
blau, tiefblau atmen die Schatten
und die Nacht verzögert so sehr.

Getanzt vor dem einen, dem selten
blutenden Zaubergerät,
das sich am Saume der Welten
öffnet: Identität –:
einmal in Versen beschworen,
einmal im Marmor des Steins,
einmal zu Klängen erkoren:
Niemandes –: Seins!

Niemandes –: beuge, beuge
dein Haupt in Dorn und Schlehn,
in Blut und Wunden zeuge
die Form, das Auferstehn,
gehüllt in Tücher, als Labe
den Schwamm mit Essig am Rohr,
so tritt aus den Steinen, dem Grabe
Auferstehung hervor.

GEORG HEYM

Die Toten auf dem Berge

Wir wurden auf den kahlen Berg geführt.
Wir sahen in den Lüften die Gerippe,
Die Hände auf dem Rücken festgeschnürt.
Im Winde sprang und tanzte ihre Sippe.

Wir stiegen auf den Leitern in den Kreis,
Sie grüßten uns mit einem leichten Gruße.
Die Haare klebten uns vom kalten Schweiß,
Da stieß uns fort der Henker mit dem Fuße.

Wir stürzten in das Nichts. Und da zerbrach
Mit einem Ruck der Knochen im Genicke,
Versanken wir in Träume allgemach,
Zu langem Schlafe hingen wir am Stricke.

Wir schliefen manches Jahr auf hoher Wacht.
Die Trauer schmolz uns aus im Luftgemache.
Wir wachten auf in einer Regennacht,
Da grüßten wir uns mit der Totensprache.

Wir waren kahl geworden, Jahr auf Jahr.
Kaum sproßte noch das Haar in weißen Strähnen.
Die Kiefer hingen schon, des Fleisches bar,
Wie alten Greisen, die den Tag vergähnen.

Doch jung ward in den Stürmen unser Hirn.
Wir tanzten an dem Strick mit lautem Tanz.
Statt Blumen trugen wir auf unsrer Stirn
Des Galgens Pech in einem schwarzen Kranz.

Die Somnambulen

Schon braust die Mitternacht. Mit langem Haar
In weiße Tücher feierlich gehüllt
Zieht schwankend auf der Somnambulen Schar,
Wie Rauch so weiß, der weit den Himmel füllt.

Aus allen Dächern steigen sie herauf,
Irrlichtern gleich auf einem schwarzen Sumpf.

Sie tanzen auf der Wetterfahnen Knauf,
Mit irren Lächelns fröhlichem Triumph.

Sie schlagen Zimbeln in der leichten Hand
Und irren singend in der grünen Luft.
Vor ihren Brüsten zittert ihr Gewand,
Die wild den Mond berauschen, süß, voll Duft.

Sie kitzeln ihn mit ihren zarten Händen
Und zwicken leicht ihn in das gelbe Ohr.
Sie wiegen sich in ihren magern Lenden
Im Tanzschritt hin, ein weißer Trauerchor.

Sie fliegen durch die Nacht wie Wolken leise
Hoch über spitzer Berge blauem Grat
Hinauf zu ihm auf ihrer leichten Reise
Zu einem Wiegenlied an Abgrunds Pfad.

Die Tänzerin in der Gemme

(Reinschrift, in Entwurf übergehend)

Lange verschlossen, tief im runden Steine
Mit einem Trauerbaum und wenig Zweigen,
Noch dreht sie um den Hals den sanften Schleier
Und geht in leisem Tanz in stiller Feier.

Immer noch fort, wo schon die Götter starben
Über den Inseln, und draußen gezogen
Ist das Meer unter schläfrigen Wolken,
Unter den Ufern murrte die Woge.

Orpheus ging einst. Und sie sann seiner Schritte
Durch die Schluchten herunter zur stillen Ebene

Da sie lag im Schilf mit den wolligen Herden.
Aber ferne ging die Flöte des Gottes

Über der grünen Ruhe der toten Fluren,
Die so einsam sang ihre Traurigkeit,
Grauen Gewölben, über den Weiden weit,
Wo die Tiere lagen mit tiefem Horne.

HANS HENNY JAHNN

Neuer Lübecker Totentanz

Personen

PRINZ
BERICHTERSTATTER
TOD
DER FEISTE TOD
MUTTER
DER JUNGE MENSCH
DIE BRAUT
DER WANDERER
DIE ARME SEELE
DER KNECHT
DER SPRECHER *der Überschriften*
Chor der ARBEITLOSEN *und* POLIZEI
Die Gestalten des alten Lübecker Totentanzes als FLÜSTERCHOR

INSTRUMENTALISTEN

Pikkoloflöte
2 große Flöten
2 Oboen
Englischhorn
2 Klarinetten in B
2 Fagotte
Kontrafagott
2 Hörner in F
3 Trompeten in C
2 Posaunen
Pauken
Violoncelli
Kontrabässe

Ort der Handlung: Lübeck
Zeit: Die jeweilige Gegenwart
Rechts und links vom Dirigenten aus

Marktplatz

Auftritt der feiste Tod und hält vom Katheder seine Jungfernrede. Er hat sich der Philosophie verschrieben und spricht über »Akkord ohne Terz«. Er stellt sich von Anbeginn auf du und du mit den Menschen. Er ist auffällig gekleidet in einen cremefarbenen Anzug, trägt einen hellen harten Hut, Handschuhe und helle Stiefel. Er ist sehr fleischig. Nur seine Augenhöhlen sind schwarz. Er ist bebrillt.

DER FEISTE TOD. Der grüne Tang wiegt sich im Glas des Meerwassers. Er steht bei ungedünter See wie ein Baum mittels der verborgenen Kraft des Flüssigen. Fließt es ab wie durch ein Wunder mit der Gewalt der Gezeiten oder strudelnd angesogen durch ferne Orte der Tiefe, geht die fahlschleimige Pflanze zu Boden wie Getier, das sich schlafen legt mit der Erwartung, zu verdauen und einen neuen Tag zu erleben. Es ist ein Gleichnis. Wie prangendes Blühen und elendes Welken. Und es ist eine Spanne zwischen Wachen und Schlafen wie Traum.

Hans Holbein d. J., aus dem »Lübecker Totentanz«

Dünner als Wasser ist Luft, die wir atmen. Die in uns eingeht und ausgeht. Die uns verändert und die wir verändern. Wie die Vereinigung das Männliche und das Weibliche verändert.
Starrer als das Fließende ist das Gestein des Strandes, das runde und kantige, und seine Trümmer, der Sand. Es ist ein Bett des Beweglichen. Aber es ist nicht das härteste Maß des Befestigten. Es ist dahineilend wie Quelle und in der Verwandlung wie Luft. Seine Zeit ist länger; aber das Lange ist immer noch Zeit. Die letzte Sicherheit des Unzerstörbaren kennen wir nicht. Sie ist uns verborgen. Das unwandelbare Herz der Welt, kalt, hart, zäh, ohne Bewegung, unabschleifbar, uneinfallbar, ohne den Gesang kreisender Kleinheiten, dem Laugen und Säuren nichts anhaben, das kein Fall und Aufschlagen zersprengt, dieser Ort, diese Ewigkeit, das Dichteste, Schwärzeste, Schwerste ist uns verborgen.
Meine Freunde: unsere Sehnsucht ist ausgespannt in der Enge. Unser Schmerz ist ein Instrument, das nur durch kurze Zeit tönt. Unser Wirken liegt eingeschlossen in den Begrenzungen. Gegen uns wälzen sich die Mauern, die den Machtlosen umschließen. Wir bewahren ein kurzes Leben um den Preis lästiger Rücksichtnahme. Um unseren Hals sind die Schlingen der Übereinkünfte, Gesetze und Ordnungen gelegt. Pflichten und Tugenden machen unser Herz leer. Und die Lust der Tiere wird von uns genommen um kein Entgelt. In unserer Armut werden wir schwierig und entarten zur Grausamkeit. Vor Not verwüsten wir den Raum, den wir erreichen können, mit dem Trieb, belanglose Worte zu krönen. Wir wollen uns auf die Erde lagern. Wir wollen überall gleichzeitig sein. Wir wollen den Pulsschlag aller Erdteile gleichzeitig verspüren. Wir wollen keine Hindernisse kennen. Und alle Hinder-

nisse reißen wir nieder. Schlagen tot. Rotten aus. Weil wir fürchten, kostbare Zeit zu verlieren. Und den Gesetzen des Lebendigen nicht trauen. Aber unsere Richtlinien sind dürftig und taub wie zerschlissenes Papier, auf dem die Buchstaben nicht mehr entzifferbar. Wir sind zusammengepfercht zur Masse Mensch, nicht mehr eine freie Rasse Blutsverwandter. Wir suchen mit letzten heißen Blicken die fernen schneeigen Augen Gottes. Aber als unsere Taten bleibt eine Welt, die den Namen Mensch trägt, und die vor Getriebe ohne Trieb zur Unfruchtbarkeit verödet.

Meine Freunde: Ihr habt mich gemästet. Ihr habt mich gewaltig gemacht. Ihr habt mich eingekleidet nach eurem Willen. Meine Faust ist fest und mein Nacken gedunsen. Ihr habt mich an die Hebel eurer Maschinen gestellt. Ihr habt mich zum Herrn in den unterirdischen Gängen und in den Bezirken der Luft gemacht. Das Kommando über eure Kriegsgeräte liegt bei mir. In den Arsenalen der Sprengstoffe und Gase befehle ich. Den Giftschrank der Menschheit verwalte ich. Ich bin euer Tod. Ich bin der zivilisierte Tod. Ich bin, wie ihr mich wollt. In einem nur irrt ihr: ich bin nicht euer Untertan. Denkt an das schwarze Herz der Welt und an den Raum, leer von Gedanken. Und seid ihr schwach und feige im Ergründen, greift nach der regentrüben Ahnung. Im Ungewissen ist es Sicherheit, zur Selbstverständlichkeit des Existenten einzuschrumpfen. Denn ohne Beruhigung und Fröhlichkeit ist das Lebendige am Ende. Ohne das Gegenziel Genuß ist der Schmerz ein Laster. Es findet keine Sühne in der tiefsten Frömmigkeit. Wer gegen das Wachstum ist, bekennt sich gegen den Geist. Die Schöpfung ist seit ihrem Uranfang ausbalanciert. Wer an einer Seite des Waagebalkens zerrt, wird Rache ernten.

Das Meer, dem mein erster Gedanke galt, ist die Wiege guter Gleichnisse und Lehrbuch für Bedürftige, die dem eignen Leib nichts ablesen können. Es unterliegt den Veränderungen und den Zufällen der Stunden wie alle Dinge. Es wird hineingerissen in Abläufe, die außer ihm sind. In die Wirbel kochender Winde, in die Gefälle sich aufschleusender Wolken. Es verzieht sich mit den Kräften der Anziehung und schwillt an wie im Rhythmus eines ausschwingenden Pendels. Es ist demütig und ohne Urteil und trägt auf seinem Rücken alle gutgebauten Schiffe; fragt nicht, ob sie der Wohltat oder dem Verderben dienen. Die Erregung ist sein innerer Besitz und entzündet sich nicht an den Zufällen. Die Jahreszeiten beeinflussen die Schatten seiner Wasser. Die Nächte verfinstern das Grün der Wellen zur Undurchsichtigkeit. Die Nebel verwandeln seine Oberfläche zu grenzenlosem Raum.
Es ist eine Decke über den Abgründen, die uns vorenthalten werden, damit noch Lebendiges bestehe, das sich nicht an der Fron des Menschenwerkes zersetzt. Es ist geschmeidig für die großen Ziele des Wachsenden. Es ist die Heimat der Bewegung. Fische und Treibholz kommen durch die Substanz des Wassers an ein Ziel. In den Buchten der Liebe, aufgespart zu heiligen Vogängen, wird das Flüssige weiß vom Samen der Fischmännchen.
Zwischen zwei Festlanden ist der Mensch auf den Schiffen allein mit dem Blut, das die Luft wäscht. Und es ist eine Tröstung, über Abgründen zu sein, die sich verhüllten. Der Gedanken, die uns an einem bespülten Strande kommen, sind viele. Aber der Akkord aus den Himmeln verrät nicht, ob er zur Trauer oder Freude entsandt wurde.

Nr. 1. Introduktion. Maestoso-Andante

St. Marienkirche / Lettner

Auftreten der alte hagere Tod der Atmosphäre und der teuflische Berichterstatter. Der Tod trägt eine silberne Schädelmaske, die an den Buckeln und Kanten schimmert, während die Vertiefungen und Höhlungen wie von grauer Asche duff sind. Er ist in graues fließendes Tuch gehüllt. Hände und Füße sind silbern. Er gebraucht pathetische Gebärden, sehr ruhig und räumlich. Der Berichterstatter trägt eine dunkelgoldene Gesichtsmaske, die pockennarbig und körnig wirkt, wie eine alte getriebene Schale, an den Buckeln und Kanten blank schimmernd. Er hockt affenartig mit lang hängenden Armen. Seine Bewegungen sind winklig eilig, bleiben aber oft in affektierter Haltung längere Zeit erstarrt. Seine Hände und Füße sind dunkelgolden. Er ist in schweres erdbraunes Tuch gehüllt.

TOD

Hersandte mich Gott,
einzupflanzen funkelndes Dunkel
in den Garten des Lichts, daß leuchtender triebe
gegen den leuchtenden Himmel Blattwerk und Krone
der milliardenjährige Baum der Welten.
Aber ich bin an den Rand der Zeit geraten,
die ich schuf, die mich trug, und ich harre,
daß jener, der mich aus seinem Gleichmut gesandt hat,
mich zu sich rufe,
um mich einzuweben wieder, gestaltlos
in das bebende Schweigen,
daraus ich gekommen bin.

BERICHTERSTATTER

Ihr Menschen lagt warm in Dummheit gebettet;
das Fett der Erde war euer.
Aber ihr seid aus den Lenden gefallen
und habt euch an den Erkenntnissen erkältet.
Nun seid ihr übel gebunden.

TOD

So harrend, so wartend überkommt mich
Gelüste,
zu klagen, daß meine Taten nun darben.
Denn mich tragen nicht mehr schwarze Strahlen
hinab in jene Tiefen,
wo ich umwandelnd wirkte.

BERICHTERSTATTER

Böse Zeiten haben euch Menschen umgelegt;
aber ihr habt euch getröstet mit Sprechen:
Es werden bessere Zeiten kommen.
Es werden wohlfeile Jahre folgen.
Denn der Wandel hört nicht auf,
durch Vernichtung zu wirken.

TOD

Rinnend von Strömen
furchtsamen Bluts
bin ich über die Erde gegangen.
Nachfolgte mir die Schleppe
reisiger Eiszeiten, vermalmend
mit Quadern das ungeborgene Leben.

BERICHTERSTATTER

Und die Natur hat neue Ernten getrieben.
Und Hamster dazu, die sie verzehrten.

TOD

Trauben von Nacht,
eisige Früchte der Finsternis
hingen um meine rissigen Schultern.
Gewitter stürzte ich wie entwurzelte

riesige Gewächse mit klatschendem Laubwerk
des großen geschütteten Regens über die Erde.

BERICHTERSTATTER

Und ihr Menschen seid zynisch geworden inzwischen,
weil eure erste ehrliche Handlung unbekömmlich war.

TOD

Aus den Schößen der Brunnen,
den Mündern aller Quellen,
allen flutenden Wunden der Erde
bin ich hervorgebrochen, in die Schluchten rauschend
und alle Tiefen füllend mit fließender Verderbnis,
verschlingend der Wesen wehrende Gebärden
zum tödlichen Reigen im Gang der Meere.

BERICHTERSTATTER

Und gegenseitig habt ihr Menschen euch Knüppel
zwischen die Beine geworfen, so daß ihr
gegen alle Verabredung und jede Gewähr
ganz untragisch hingefallen seid.

TOD

An den geborstenen Ufern
blieb wie Gesang das Weinen.

BERICHTERSTATTER

Denn ihr Menschen vermochtet nicht einmal
den Zahn aus dem Munde eures Vormunds
auszubrechen. Ach, und vergeblich
habt ihr versucht, eine Handvoll Haare
zu raufen aus dem Schweife
des vorübertreibenden Kometen.

TOD

In alle Abgründe war mein Erbarmen gebettet,
waren wie Rettung meine funkelnden Sicheln
aufgestellt; aufzufangen die Flucht der Gejagten,
den Lauf der Gepeinigten,
den Sturz der Gehetzten.
Mit großen Körben war ich bereit,

einzuernten in die Kelter Gottes
alles was fiel.
In alles Schwebende senkte ich Schwere.
Und jede abendliche Wolke
zerlöste ich nachts
zu leise trommelnder Traurigkeit.
Und impfte die Lust mit dem Keim der Zeit.

BERICHTERSTATTER

Nun ist viel Wurzelwerk unter euch Menschen
gewachsen; denn die Frischlinge, die ihr oben treibt,
gehen immer wieder vor das Messer.
Darum habt ihr die Pfeifen ausgeklopft und meint:
Ernster kann es nicht werden mit uns.

TOD

Gletschergewebtes Linnen habe ich über die Fluren
gezogen. Sturmverschluchtete Nächte
über die Wälder gebogen.

BERICHTERSTATTER

Und ihr Menschen habt gehofft,
ihr könnt mit dem Wind Geschäfte machen,
er triebe euch die Mühlen.

TOD

Nach vielen Gezeiten
verlor sich allmählich mein Wesen.
Gedanken, wie Anker geworfen
in die Weite des Raums,
fanden Untiefen nicht mehr,
um mich zu binden
an Taten oder auch nur
mit Wollen weiter noch meinen Schritt
zu beflügeln. Ich verrann.
Ich versandete in mir selbst. Nicht mehr
lud prunkendes Leben
mich an seine Gestade.
Ein schleichendes bleiches Gebrechen,

geht das Sterben nun um
und spült die Zeiten ab.
Nicht mehr gebiert
wie in brünstiger Muschel der Schmerz
schimmernde Perlen: meine Nähe.
Nein. Es wird
unter Gottes gleichmütigem Antlitz
das Leben eingestrichen
wie ein unwillig gewährtes Darlehn.
Plötzlich. Maschinell. Ungemahnt. Sachlich.

BERICHTERSTATTER

Und ihr kleineren Menschen durchsucht
den Kehricht nach dem Kot eurer größeren Väter.
Und eure kleineren Ohren vernehmen
bei günstigem Winde bestenfalls
den Gesang der Unfeinen; und nervös
haltet ihr eure Gesichter und Hände
unter die Filter, durch die vormals
Segen auf euch tropfte. Aber sie sind
nunmehr verstopft vom Gestank der Städte.
Wahrlich, die Natur hat weit ausgeholt
als sie euch schuf; aber sie hat sich
nicht einmal über den Bart gespuckt.

TOD

Meinen alternden Zähnen
mundet nicht mehr
das faule Brot der Welt.

BERICHTERSTATTER

Deinen alternden Zähnen
mundet es nicht mehr.
Aber schon sind Flammenkrallen
angesetzt an das verwesende Fleisch
dieser Welt.

TOD

In meine Augenhöhlen

ist Asche eingeweht.
Mein Blick ist verwelkt.

BERICHTERSTATTER
Dein Blick ist verwelkt.
Aber schon sind eisige Augen geöffnet,
diese Welt zu durchschauen.

TOD
Wie ein Bettler vor angelehnter Tür
teile ich mit mageren Hunden Knochengaben.
Schlaf zehrt wie Mehltau an mir.

BERICHTERSTATTER
Wie ein Bettler
verläßt du dein zerfallenes Reich.
Aber schon reiten heran
ungeheure Vernichtungen.

TOD
Ein toter Tod bin ich.
Ich ruhe an der Flut
jenseits der schimmernden Inseln
jenseits der schwimmenden Sterne.

BERICHTERSTATTER
Ein toter Tod bist du.
Aber ein neuer, bleich, feist und kreischend
ist unterwegs, dein Erbe anzutreten und
deine Saaten zu ernten.
Auf freiem Marktplatz,
in Kontoren, Parlamenten
hält er seine Reden wie
ein Philosoph und Kaufmann.

TOD
Horch, der alte Wind
streicht noch um diese schwangere Erde.
Er ist noch nicht dahin.
Wie kann denn ich vorbei sein?

WALTER RHEINER

Tanz auf Montmartre

Sie sitzen reglos an den runden Tischen.
Im trüben Grün der Gläser schwimmt Absynth.
Sie flüstern nur, und ihre Worte sind
verdeckt und schleichend wie in dunklen Nischen.

Doch plötzlich steigt Musik aus dumpfem Schlaf: –
Die Körper regen sich. Im Saale glimmt
hier ein Gesicht und da, kaum form-bestimmt,
blaß aufgetaucht, wie gelbes Licht es traf. –

Nun weht aus der Musik ein offnes Grab!
Die Körper greifen sich. Stumm schwankt die Schar.
Und bleiern lächelt schon das erste Paar
und wälzt bewußtlos sich zu mir herab ...

Wer trat herein? Was bläht sich wild im Saal?
Die Leiber quellen stets gewisser auf.
Musik entschwand in dünnem Riesel-Lauf.
Und alle stehn erstarrt ... Wer ist im Saal?

INGEBORG BACHMANN

Schwarzer Walzer

Das Ruder setzt auf den Gong mit dem schwarzen
Walzer ein,
Schatten mit stumpfen Stichen nähn die Gitarren ein.

Unter der Schwelle erglänzt im Spiegel mein finsteres Haus,
Leuchter treten sich sanft die flammenden Spitzen aus.

Über die Klänge verhängt: Eintracht von Welle und Spiel;
immer entzieht sich der Grund mit einem anderen Ziel.

Schuld ich dem Tag den Marktschrei und den blauen Ballon –
Steinrumpf und Vogelschwinge suchen die Position

zum Pas de deux ihrer Nächte, lautlos mir zugewandt,
Venedig, gepfählt und geflügelt, Abend- und Morgenland!

Nur Mosaiken wurzeln und halten im Boden fest,
Säulen umtanzen die Bojen, Fratzen- und Freskenrest.

Kein August war geschaffen, die Löwensonne zu sehn,
schon am Eingang des Sommers ließ sie die Mähne wehn.

Denk dir abgöttische Helle, den Prankenschlag auf den Bug
und im Gefolge des Kiels den törichten Maskenzug.

überm ersäuften Parkett zu Spitze geschifft ein Tuch,
brackiges Wasser, die Liebe und ihren Geruch,

Introduktion, dann den Auftakt zur Stille und nichts nachher,
Pausen schlagende Ruder und die Coda vom Meer!

Die Schönheit des Tanzes

JOHANN WOLFGANG GOETHE

Geweihter Platz

Wenn zu den Reihen der Nymphen, versammelt in heiliger Mondnacht,
Sich die Grazien heimlich herab vom Olympus gesellen:
Hier belauscht sie der Dichter und hört die schönen Gesänge,
Sieht verschwiegener Tänze geheimnisvolle Bewegung.
Was der Himmel nur Herrliches hat, was glücklich die Erde
Reizendes immer gebar, das erscheint dem wachenden Träumer.
Alles erzählt er den Musen, und daß die Götter nicht zürnen,
Lehren die Musen ihn gleich bescheiden Geheimnisse sprechen.

FRIEDRICH SCHILLER

Der Tanz

Siehe, wie schwebenden Schritts im Wellenschwung sich die Paare
Drehen, den Boden berührt kaum der geflügelte Fuß.
Seh ich flüchtige Schatten, befreit von der Schwere des Leibes?
Schlingen im Mondlicht dort Elfen den luftigen Reihn?
Wie, vom Zephir gewiegt, der leichte Rauch in die Luft fließt,

Wie sich leise der Kahn schaukelt auf silberner Flut,
Hüpft der gelehrige Fuß auf des Takts melodischer Woge,
Säuselndes Saitengetön hebt den ätherischen Leib.
Jetzt, als wollt es mit Macht durchreißen die Kette des Tanzes,
Schwingt sich ein mutiges Paar dort in den dichtesten Reihn.
Schnell vor ihm her entsteht ihm die Bahn, die hinter ihm schwindet,
Wie durch magische Hand öffnet und schließt sich der Weg.
Sieh! jetzt schwand es dem Blick, in wildem Gewirr durcheinander
Stürzt der zierliche Bau dieser beweglichen Welt.
Nein, dort schwebt es frohlockend herauf, der Knoten entwirrt sich,
Nur mit verändertem Reiz stellet die Regel sich her.
Ewig zerstört, es erzeugt sich ewig die drehende Schöpfung,
Und ein stilles Gesetz lenkt der Verwandlungen Spiel.
Sprich, wie geschiehts, daß rastlos erneut die Bildungen schwanken
Und die Ruhe besteht in der bewegten Gestalt?
Jeder ein Herrscher, frei, nur dem eigenen Herzen gehorchet
Und im eilenden Lauf findet die einzige Bahn?
Willst du es wissen? Es ist des Wohllauts mächtige Gottheit,
Die zum geselligen Tanz ordnet den tobenden Sprung,
Die, der Nemesis gleich, an des Rhythmus goldenem Zügel
Lenkt die brausende Lust und die verwilderte zähmt.
Und dir rauschen umsonst die Harmonien des Weltalls,
Dich ergreift nicht der Strom dieses erhabnen Gesangs,

Sandro Botticelli, Drei Grazien aus »La Primavera«

Nicht der begeisternde Takt, den alle Wesen dir schlagen,
Nicht der wirbelnde Tanz, der durch den ewigen Raum
Leuchtende Sonnen schwingt in kühn gewundenen Bahnen?
Das du im Spiele doch ehrst, fliehst du im Handeln, das Maß.

STÉPHANE MALLARMÉ

Ballette

Die Cornalba entzückt mich, sie tanzt wie entkleidet; scheint es doch, als vollführte sie Flug oder Fall ohne Beistand sich bauschender und verhüllender Schleier, wie in die Lüfte gerufen, um dort zu verweilen, aus einer weichen Spannung ihrer Person, ganz italienische Schule.

Die ganze Erinnerung – keineswegs! – an die Aufführung im Eden – es fehlt die Poesie: ganz im Gegenteil; was man so nennt, ist hier im Überfluß vorhanden, eine liebliche Ausschweifung für den Geist, der sich frei weiß vom Umgang mit Personen in Abendkleidern und Fracks und mit geflügelten Worten. Freilich, der Zauber, der in den Seiten des Librettos liegt, fließt in die Aufführung nicht ein. Beim Blättern darin erfahre ich, daß die Sterne selbst mitwirken, die man, wie ich glaube, nur selten und ohne gewichtige Gründe (bei ernsthaftem Nachdenken) in ihrer Ordnung stören darf (hier bewegt und verbindet sie, so die Erklärung, AMOR selbst); Hochmut im Verzicht auf Zusammenhang und Bedeutung, der doch im Alphabet der *Nacht* funkelt und sich dazu herabläßt, das Wort VIVIANE mit Sternennadeln auf eine Leinwand von blauem Grund zu sticken: den betörenden Namen der Fee und den Titel des Gedichts: denn den vollkommenen Tanz der Sternbilder vermag das Corps de Ballet um den *Star* (gibt es für sie einen treffenderen Namen?) nicht zu vollführen. Keineswegs! Es war bloß der Ausgangspunkt; sehen Sie nur, in welche Welten es führt, direkt in den Abgrund der Kunst. Auch der Schnee vermag es nicht, dessen Flocken nicht lebendig werden im Auf und Ab, im *ballabile* des weißen Balletts, das sich im Walzer wiegt, und auch nicht das Aufschießen der Blüten im Frühling: wirklich alles, was Poesie ist oder belebte Natur, entsteigt dem Text, um in Dekorationen aus Karton und im stockenden Licht feurigen Musselins zu erstarren. Auch der magische Zirkel, den ich im Ablauf der Handlung entdeckt habe, folgt anderen Mustern als den beständigen Drehungen oder Schleifen, die die Fee selbst vollführt: usw. Tausend geistreiche Details wurden erfunden, ohne daß auch nur eines eine plausible und eingängige Bedeutung für das Gelingen der Aufführung gewönne. Ist jemals irgend jemand, besonders im vorhin erwähnten Sternen-Fall, heldenhafter der Versuchung Herr geworden, gleichzeitig mit jenen ehrwürdigen Analogien auch dieses Gesetz anzuerkennen, daß der wichtigste und herausragendste Gegenstand des Tanzes eine sich wandelnde, immer wieder sich herstellende Synthese von Posen aller Tanzgruppierungen zu sein hat: so wie diese ihrerseits – als Teilelemente – die Synthese nur in Form von Zerlegungen bis ins Unendliche hervorbringen. Eine Wechselbeziehung dies, aus der sich – bei der Primaballerina wie innerhalb des Ensembles – die Nicht-Individualität des Tanzenden ergibt, der stets nur Emblem ist, nie Person . . .

Dies ist das Urteil – oder Axiom –, das in Sachen Ballett zu erhärten wäre!

Daß nämlich die Tänzerin *keine* Frau ist, die tanzt, und zwar aus den gleichgestellten Gründen, daß sie *keine* Frau ist, sondern eine Metapher, in der sich ein Grundaspekt unserer Formerfahrung verdichtet: als Schwert, Kelch, Blume usw., und daß sie nicht *tanzt*, sondern im Wunder von Raffungen und Schwüngen durch Körperschrift vermittelt, was, schriftlich niedergelegt, ganzer Absätze von Prosa, sei diese nun dialogisch oder deskriptiv, bedürfte: ein von jeglichem Zutun des Schreibers losgelöstes Gedicht.

[. . .]

Die einzige Einübung der Phantasie besteht darin, sich während der üblichen Vorstellungen, an Stätten des Tanzes, ohne jede vorgefaßte Absicht, geduldig duldend, vor jedem Schritt, vor jeder noch so seltsamen Pose – den *pointes* und *taquetés*, den *allongés*, oder *ballons* – zu fragen: »Was kann dies bedeuten«, oder besser: sich inspirieren zu lassen, sie zu *lesen*. Unweigerlich wird man sich ganz und gar wie im Traum, aber doch adäquat, verhalten: in einem Traum, duftig, mit klaren Konturen und weiträumig – oder aber begrenzt, jedoch nur so, wie ihn die Ballerina, die sich, fern der Schrift, den Spielregeln ihres Berufs hingibt, mit ihren Kreisgängen umreißt, oder im Fliehen veräußert. Ja sie schenkt dir (seist du auch ganz verloren im Saal, seltsamer Zuschauer, Freund), wenn du nur erst ergeben zu Füßen der unbewußten Offenbarerin – wie die Rosen, die ein schwindelerregendes Spiel ihrer Tanzschuhe aus blassem Satin entführt und in die Sichtbarkeit höherer Regionen schleudert – die Blume *deines poetischen Gespürs* niederlegst und von nichts anderem die Verwirklichung tausend verborgener Phantasien – und zwar im rechten Licht – erhoffst: dann also zögert sie nicht, schenkt dir, in einem Tausch, dessen Geheimnis ihr Lächeln zu verströmen scheint, durch den letzten Schleier hindurch, der immer bleibt, die Nacktheit deiner Ideen, und in Schweigen gehüllt wird sie deine Vision niederschreiben – nach Art des Zeichens, das sie selbst ist.

Ein weiteres Tanzstück

Das Bühnenbild beim Ballett

Nach einer kürzlich erschienenen Anzeige

Über Loïe Fuller – wie sie sich präsentiert, eingehüllt in Stoffe, die die Bewegung eines Tanzes an ihre Gestalt drückt – ist in Artikeln, von denen einige Gedichte sind, alles gesagt worden.

Die Übung, Erfindung ohne Anwendung, ermöglicht beides: Kunstrausch und, gleichzeitig, technische Errungenschaft.

Im gewaltigen Bad der Stoffe schwindet die Tänzerin, strahlend und kalt, die manches wirbelnde Thema ins Licht setzt, aus dem sie ein weitgespanntes Gewebe blühen läßt: Blütenblatt und Schmetterling, beide riesenhaft, eine Brandung, die doch durch und durch klare und erkennbare Ordnung ist. Ihr Schmelzen in raschen Übergängen entbindet phantasmagorisches Knallgas aus Dämmer und Grotte – wie rascher Wandel der Leidenschaften, Wonne, Trauer, Zorn –: Um diese, gewaltsam oder verwaschen, in prismatisches Spiel zu versetzen, bedarf es des Taumels einer Seele, wie durch ein Kunststück ins Freie gebracht.

Daß eine Frau das Auffliegen der Gewänder so sehr mit machtvollem oder weiträumigem Tanz verbindet, daß sie diese im Unendlichen wie die Ausdehnung ihrer selbst bewahrt –.

Dieser spirituelle Effekt ist es, auf den es ankommt – Gabe, die das Ausland arglos und selbstbewußt darbringt, Phantom in bezug aufs Ballett oder Bühnenform der Poesie schlechthin: dies gänzlich erkennen, mit seinen Folgen – spät und die Gunst des Abstands nutzend.

Stets schwebt eine Banalität zwischen uns und dem getanzten Schauspiel.

Die Weigerung, dieses Geblendetsein durch den Tanz als Befriedigung der Ansprüche einer verfeinerten Gedanklichkeit aufzufassen, wie man sie zum Beispiel in der Lust bei der Lektüre von Versen findet, hieße, jene subtilen Mittel mißachten, die das Arkanum des Tanzes in sich birgt.

Eine wieder zur Geltung gebrachte Ästhetik würde natürlich über diese Randbemerkungen hinausgehen, in denen ich immerhin – aus der Nahperspektive – einen gewohnten Regiefehler aufdecke: mit jener Unterstützung, wie sie mir – unverhofft – und mit einemmal durch die Lösung zuteil wird, die meine sehr wenig bewußte oder hier absichtlich parteiische Muse mit dem bloßen Wallen ihres Kleides entwickelt.

Wenn beim Öffnen des Vorhangs in einem ganz gewöhnlichen Festsaal wie eine Flocke – von woher geweht? – vehement die Tänzerin erscheint: Dann wird der in Sprüngen gemiedene und für Spitzen harte Bretterboden unverhofft zu einem jungfräulichen Ort, der die Gestalt hervorhebt, konturiert, zum Blühen bringt. Die Kulisse ruht, verborgen im Orchester – Schatzkammer der Phantasien –, um als Klang daraus hervorzukommen, dem Anblick der Idee entsprechend, die die Darstellerin hier und da im Rampenlicht vermittelt. Denn diese Verwandlung von Klängen in Stoff (gleicht irgend etwas einem Schleier mehr als die Musik?) entspringt allein der Magie, die Loïe Fuller ausübt, wenn sie instinktiv, durch

Überborden und Zurückziehen des Rocks oder des Flügels einen Raum auftut. Die Zauberin bringt den Raum hervor, erschafft ihn aus sich und holt ihn zurück – in einer Stille, durchpulst von Crêpe de Chine. Sogleich verschwinden – eine Dummheit in diesem Fall – die herkömmlich aufgepflanzten dauerhaften und starren Kulissen, die das Gegenteil choreographischer Bewegung sind. Undurchsichtige Aufbauten, Fremdkörper, Pappe, weg damit! Dafür bekommt das Ballett Atmosphäre zurück oder eigentlich nichts: Visionen, die zerfallen, sobald man sie wahrnimmt, ihre Erscheinung, die durchsichtig wird. Die freie Szene, der Willkür der Fiktionen überlassen, aus dem Atem eines Schleierspiels mit Haltungen und Gebärden, ist deren reinstes Ergebnis.

Wenn durch eine solche Darstellung – in einer Kunstform bar aller Requisiten außer der menschlichen Präsenz – Veränderungen solcher Art herbeigeführt werden, so denkt man daran, auch deren Prinzip zu ergründen.

Jede Regung verläßt uns, setzt den Raum frei, bricht über uns herein und verkörpert ihn.

So kreist jene vielfältige Auflösung rund um eine Blöße, die reich ist an widersprüchlichen Aufschwüngen, in denen jene ihre Ordnung findet, und rühmt sie, stürmisch, schwebend, bis zu ihrem Zerfließen: im Zentrum – denn alles gehorcht einer wirbelnden Fliehkraft, die sie ergreift und mit einem bis zu den äußersten Spitzen eines jeden Flügels entrückten Willen ihre Körpergestalt fortschleudert, die straffe, aufrechte Gestalt – ausgelöscht von der Anstrengung, in einer fast gänzlichen Befreiung von sich selbst, verzögerte, wirkungsvolle Aufwallungen von Himmel, Meer, Abend, Duft und Schaum zu verschmelzen.

So still! daß es unmöglich erscheint, während ihres Auftritts ein Wort über sie – sehr leise und zur Erbauung der Nachbarn – zu äußern, weil dies doch nur Verwirrung stiftet. Die Erinnerung daran wird wohl unter dem bißchen Prosa hier doch vielleicht nicht ganz ausgelöscht. Wohin auch immer die Mode diese zeitgenössische Wunderblume verschlägt – meiner Meinung nach kam es darauf an, den wesentlichen Sinn herauszuarbeiten, und die Erklärung, die daraus entspringt, und die ihre Wirkung auf die Kunst schlechthin hat.

FRIEDRICH NIETZSCHE

Das Tanzlied

Eines Abends ging Zarathustra mit seinen Jüngern durch den Wald; und als er nach einem Brunnen suchte, siehe, da kam er auf eine grüne Wiese, die von Bäumen und Gebüsch still umstanden war: auf der tanzten Mädchen miteinander. Sobald die Mädchen Zarathustra erkannten, ließen sie vom Tanze ab; Zarathustra aber trat mit freundlicher Gebärde zu ihnen und sprach diese Worte:

»Laßt vom Tanze nicht ab, ihr lieblichen Mädchen! Kein Spielverderber kam zu euch mit bösem Blick, kein Mädchen-Feind.

Gottes Fürsprecher bin ich vor dem Teufel: der aber ist der Geist der Schwere. Wie sollte ich, ihr Leichten, göttlichen Tänzen feind sein? Oder Mädchen-Füßen mit schönen Knöcheln?

Wohl bin ich ein Wald und eine Nacht dunkler Bäume: doch wer sich vor meinem Dunkel nicht scheut, der findet auch Rosenhänge unter meinen Zypressen.

Und auch den kleinen Gott findet er wohl, der den Mädchen der liebste ist: neben dem Brunnen liegt er, still, mit geschlossenen Augen.

Wahrlich, am hellen Tage schlief er mir ein, der Tagedieb! Haschte er wohl zu viel nach Schmetterlingen?

Zürnt mir nicht, ihr schönen Tanzenden, wenn ich den kleinen Gott ein wenig züchtige! Schreien wird er wohl und weinen – aber zum Lachen ist er noch im Weinen!

Und mit Tränen im Auge soll er euch um einen Tanz bitten; und ich selber will ein Lied zu seinem Tanze singen:

Ein Tanz- und Spottlied auf den Geist der Schwere, meinen allerhöchsten großmächtigsten Teufel, von dem sie sagen, daß er ›der Herr der Welt‹ sei.« –

Und dies ist das Lied, welches Zarathustra sang, als Cupido und die Mädchen zusammen tanzten:

In dein Auge schaute ich jüngst, o Leben! Und ins Unergründliche schien ich mir da zu sinken.

Aber du zogst mich mit goldner Angel heraus; spöttisch lachtest du, als ich dich unergründlich nannte.

»So geht die Rede aller Fische«, sprachst du; »was *sie* nicht ergründen, ist unergründlich.

Aber veränderlich bin ich nur und wild und in allem ein Weib, und kein tugendhaftes:

Ob ich schon euch Männern ›die Tiefe‹ heiße oder ›die Treue‹, ›die Ewige‹, ›die Geheimnisvolle‹.

Doch ihr Männer beschenkt uns stets mit den eignen Tugenden – ach, ihr Tugendhaften!«

Also lachte sie, die Unglaubliche; aber ich glaube ihr niemals und ihrem Lachen, wenn sie bös von sich selber spricht.

Und als ich unter vier Augen mit meiner wilden Weisheit redete, sagte sie mir zornig: »Du willst, du begehrst, du liebst, darum allein *lobst* du das Leben!«

Fast hätte ich da bös geantwortet und der Zornigen die Wahrheit gesagt; und man kann nicht böser antworten, als wenn man seiner Weisheit »die Wahrheit sagt«.

So nämlich steht es zwischen uns dreien. Von Grund aus liebe ich nur das Leben – und, wahrlich, am meisten dann, wenn ich es hasse!

Daß ich aber der Weisheit gut bin und oft zu gut: das macht, sie erinnert mich gar zu sehr an das Leben!

Sie hat ihr Auge, ihr Lachen und sogar ihr goldnes Angelrütchen: was kann ich dafür, daß die beiden sich so ähnlich sehn?

Und als mich einmal das Leben fragte: Wer ist denn das, die Weisheit? – da sagte ich eifrig: »Ach ja, die Weisheit!

Man dürstet um sie und wird nicht satt, man blickt durch Schleier, man hascht durch Netze.

Ist sie schön? Was weiß ich! Aber die ältesten Karpfen werden noch mit ihr geködert.

Veränderlich ist sie und trotzig; oft sah ich sie sich die Lippe beißen und den Kamm wider ihres Haares Strich führen.

Vielleicht ist sie böse und falsch und in allem ein Frauenzimmer; aber wenn sie von sich selber schlecht spricht, da gerade verführt sie am meisten.«

Als ich dies zu dem Leben sagte, da lachte es boshaft und machte die Augen zu. »Von wem redest du doch?« sagte es, »wohl von mir?

Und wenn du recht hättest – sagt man *das* mir so ins Gesicht! Aber nun sprich doch auch von deiner Weisheit!«

Ach, und nun machtest du wieder dein Auge auf, o geliebtes Leben! Und ins Unergründliche schien ich mir wieder zu sinken. –

Also sang Zarathustra. Als aber der Tanz zu Ende und die Mädchen fortgegangen waren, wurde er traurig.

»Die Sonne ist lange schon hinunter«, sagte er endlich; »die Wiese ist feucht, von den Wäldern her kommt Kühle.

Ein Unbekanntes ist um mich und blickt nachdenklich. Was! Du lebst noch, Zarathustra?

Warum? Wofür? Wodurch? Wohin? Wo? Wie? Ist es nicht Torheit, noch zu leben? –

Ach, meine Freunde, der Abend ist es, der so aus mir fragt. Vergebt mir meine Traurigkeit!

Abend ward es: vergebt mir, daß es Abend ward!«

Also sprach Zarathustra.

GUY DE MAUPASSANT

Das Menuett

Große Unglücksfälle berühren mich kaum, sagte Jean Bridelle, ein alter Junggeselle, der als Skeptiker galt. Ich habe den Krieg hautnah erlebt, ich bin ungerührt über Leichen hinweggesprungen. Die schlimmsten Grausamkeiten der Natur oder der Menschen vermögen uns Schreie des Entsetzens oder der Empörung zu entlocken, doch lösen sie nicht dieses Stechen in der Herzgegend aus, diesen Schauer, der uns beim Anblick von bestimmten herzzerreißenden kleinen Dingen den Rücken hinunterläuft.

Der heftigste Schmerz, den man erleben kann, ist sicher für eine Mutter der Verlust ihres Kindes und für jeden Menschen der Verlust der Mutter. Das ist übermächtig, schrecklich, niederschmetternd und herzzerreißend; doch man genest von solchen Katastrophen wie von großen, blutenden Wunden. Dagegen gibt es bestimmte Begegnungen, bestimmte halb wahrgenommene Dinge, die man nur errät, manchen geheimen Kummer, manche Treulosigkeit des Schicksals, die in uns eine ganze schmerzvolle Welt von Gedanken aufrühren, die uns plötzlich die geheimnisvollen Tore zu verwickelten und unheilbaren seelischen Leiden auftun, die um so tiefer sind, je geringfügiger sie erscheinen, um so stechender, als sie fast ungreifbar erscheinen, um so hartnäckiger, als sie wie aufgesetzt erscheinen; sie lassen in unseren Herzen etwas wie eine Strähne von Traurigkeit zurück, einen Geschmack von Bitterkeit, ein Gefühl der Ernüchterung, wovon wir uns lange nicht befreien können.

Ich habe immer zwei oder drei Dinge vor Augen, die ein anderer gewiß nicht wahrgenommen hätte und die mich wie tief sitzende kleine, unheilbare Stiche getroffen haben.

Sie begreifen vielleicht kaum die Erschütterung, die mir von solchen raschen Eindrücken geblieben ist. Ich werde Ihnen nur von einer einzigen Begebenheit erzählen. Sie liegt weit zurück, ist aber so lebendig in mir, als wäre ich gestern ihr Zeuge gewesen. Es mag sein, daß meine Phantasie allein diese Rührung in mir ausgelöst hat.

Ich bin nun fünfzig Jahre alt. Damals war ich jung und studierte die Rechtswissenschaft. Ein wenig traurig und allerlei Träumereien zugewandt, geprägt von einer Philosophie des Weltschmerzes, hatte ich eine Abneigung gegen lärmende Cafés, gegen die lauten Kameraden, die einfältigen Mädchen. Ich stand früh auf, und eine meiner großen Vorlieben war es, mich allein gegen acht Uhr morgens in dem Baumschulwäldchen des Luxembourg zu ergehen.

Haben die anderen nicht die Entdeckung dieses Baumschulwäldchens gemacht? Es glich einem vergessenen Garten aus einem anderen Jahrhundert, einem Garten, so anmutig wie das milde Lächeln einer alten Dame. Dichte Hecken säumten die schmalen und ebenmäßigen Alleen, ruhige Alleen zwischen zwei Wänden aus kunstvoll geschnittenem Blattwerk. Unermüdlich hielten die großen Scheren des Gärtners diese Wände aus Gezweig in geraden Linien; und hier und dort traf man auf Blumenbeete; auf Rabatten mit kleinen Bäumen, die aufgereiht waren wie Schüler beim Spaziergang, auf ganze Gesellschaften von prächtigen Rosenstöcken oder wahre Regimenter von Obstbäumen.

Eine ganze Ecke dieses bezaubernden Wäldchens war von Bienen bevölkert. Ihre Strohhäuser, geschickt auf Brettern angebracht, öffneten der Sonne ihre Tore, die ungefähr so groß waren wie die Öffnung eines Fingerhutes; und auf allen Wegen begegnete man den summenden, goldenen, geflügelten Tierchen, den wahren Herren dieses friedlichen Ortes, den eigentlichen Spaziergängern in diesen ruhigen Fluchten der Alleen.

Nahezu jeden Morgen begab ich mich dorthin. Ich setzte mich auf eine Bank und las. Bisweilen ließ ich das Buch auf meine Knie sinken um zu träumen, um ringsumher dem Leben von Paris zu lauschen und die unendliche Ruhe dieser Laubengänge alter Art zu genießen.

Doch es währte nicht lange, so entdeckte ich, daß ich nicht der einzige war, der diesen Platz besuchte, sobald die Eingangstore geöffnet wurden; ich befand mich des öfteren Auge in Auge mit einem seltsamen kleinen Greis.

Er trug Schuhe mit Silberschnallen, eine Hose mit Latz, einen tabakbraunen spanischen Gehrock, ein Spitzenbäffchen als Krawatte und einen unvorstellbar vorsintflutlichen grauen Hut mit breiter Krempe und langem Filzhaar. Er war mager, sehr mager, knochig, schnitt Grimassen, grinste. Seine lebhaften Augen flackerten, irrten hinter den ständig klappernden Augenlidern hin und her, und er hielt stets einen prächtigen Stock mit goldenem Knauf in der Hand, der für ihn irgendeine kostbare Erinnerung darstellen mußte.

Zunächst erstaunte mich der gute Mann, dann aber weckte er mein höchstes Interesse. Ich beobachtete ihn durch die grünen Wände hindurch, ich folgte ihm von weitem, blieb an den Seitenwegen des Wäldchens stehen, um nicht gesehen zu werden.

Eines Morgens, als er sich ganz allein glaubte, begann er, eigentümliche Bewegungen zu machen: zunächst einige kleine Sprünge, dann eine Verbeugung; dann schlug er in einem noch recht lebendigen Luftsprung die dünnen Beinchen aneinander, dann begann er sich graziös zu drehen, hüpfend, lebhaft hin und her zu springen, wobei er lächelte, als stünde er vor einem großen Publikum; er machte Reverenzen, rundete die Arme, er wand seinen armen Körper gleich einer Marionette, sandte rührende und lächerliche Grüße ins Leere. Er tanzte! Ich verharrte starr vor Staunen und fragte mich, wer hier wohl verrückt war, er oder ich.

Doch plötzlich hielt er inne, trat vor wie ein Schauspieler auf der Bühne, verneigte sich alsdann, trat mit anmutigem Lächeln und Handküßchen, die er mit zitternder Hand den zwei gestrebten Baumreihen zuwarf, zurück.

Dann setzte er würdevoll seinen Spaziergang fort.

Von diesem Tag an verlor ich ihn nicht mehr aus den Augen; und er wiederholte jeden Morgen seine unvorstellbare Darbietung.

Da packte mich eine tolle Lust, ihn anzureden. Ich wagte mich heran, grüßte ihn und sagte: »Es ist schön heute, mein Herr.«

Er verbeugte sich: »In der Tat, Monsieur, es ist wahrlich so schönes Wetter wie früher.«

Acht Tage später waren wir Freunde, und ich kannte seine Lebensgeschichte.

Er war Ballettmeister an der Oper zur Zeit Ludwigs XV. gewesen. Sein schöner Stock war ein Geschenk des Grafen von Clermont. Und wenn man mit ihm vom Tanzen sprach, wollte er gar nicht mehr aufhören zu erzählen.

So vertraute er mir eines Tages an: »Ich habe die Castris geheiratet, mein Herr. Ich werde Sie ihr vorstellen, wenn es beliebt, doch wird es noch ein Weilchen dauern, bis sie kommt. Dieser Garten, wissen Sie, ist unsere Freude und unser Leben. Er ist alles, was uns von einst geblieben ist. Es scheint uns, als ob wir nicht mehr leben könnten, wenn wir ihn nicht mehr hätten. Er ist alt und vornehm, nicht wahr? Ich vermeine, hier eine Luft zu atmen, die von meiner Jugend an gleich geblieben ist. Meine Frau und ich, wir verbringen hier jeden Nachmittag. Doch ich komme schon am Morgen hierher, da ich zeitig aufstehe.«

Sobald ich das Mittagessen beendet hatte, kehrte ich zurück zum Luxembourg und gewahrte alsbald meinen Freund, der einem alten Frauchen in Schwarz feierlich den Arm reichte. Ich wurde ihr vorgestellt, ihr, der Castris, der großen Tänzerin, die die Liebe der Fürsten war, des Königs, ja, des ganzen galanten Jahrhunderts, dessen Liebeshauch noch jetzt zu spüren ist.

Wir ließen uns auf einer Steinbank nieder. Es war im Monat Mai. Der Duft von Blumen schwebte über den reinlichen Alleen; warmer Sonnenschein bahnte sich den Weg durch das Blattwerk und streute seinen Glanz gleich großen Tupfen über uns aus. Das schwarze Gewand der Castris schien lichtdurchtränkt.

Der Garten war leer. In der Ferne hörte man die Fiaker

rollen. »Erklären Sie mir doch einmal«, sagte ich zu dem alten Tänzer, »was ein Menuett ist.«

Er erbebte.

»Das Menuett, Monsieur, ist die Königin der Tänze und der Tanz der Königinnen, verstehen Sie? Seit es keine Könige mehr gibt, gibt es kein Menuett mehr.«

Und er begann in blumenreichem Stil ein langes, schwungvolles Loblied, das mir unverständlich blieb. Ich wollte mir die Schritte beschreiben lassen, alle Bewegungen, alle Figuren.

Er verlor den Faden, verzweifelte über seine Unfähigkeit, war gereizt und unglücklich.

Und plötzlich wandte er sich zu seiner uralten Gefährtin, die noch immer schweigsam und ernst verharrte: »Elise, möchtest du, sag, möchtest du, es wäre ganz reizend von dir, möchtest du, daß wir Monsieur vorführen, was es einmal war?«

Sie schaute mit unruhigen Augen nach allen Seiten, erhob sich dann, ohne ein Wort zu sagen, und stellte sich vor ihm auf.

Dann sah ich eine unvergeßliche Darbietung.

Sie kamen und gingen mit einem kindlichen Gebaren, lächelten einander zu, wiegten sich hin und her, verbeugten sich, hüpften wie zwei greise Puppen, deren Bewegungen nach einer uralten Mechanik abliefen, die schon ein wenig defekt war, aber ehedem von einem ungemein geschickten Künstler nach Art der Zeit gefertigt worden war.

Ich sah ihnen zu, und mein Herz wurde von außergewöhnlichen Empfindungen bewegt, meine Seele von unsäglicher Trauer angerührt. Es kam mir vor, als ob ich einem beklagenswerten und zugleich komischen Schauspiel zusähe, dem erloschenen Schatten eines Jahrhunderts.

Plötzlich hielten sie inne, sie hatten alle Figuren ge-

Nicolas Lancret, »La Camargo dansante«

tanzt. Einige Sekunden lang verharrten sie aufrecht, einer dem anderen zugewandt, mit seltsam verzerrten Gesichtern; dann umarmten sie einander schluchzend.

Drei Tage später reiste ich ab aufs Land. Ich habe sie nicht wieder gesehen. Als ich zwei Jahre später nach Paris zurückkam, fand ich das Baumschulwäldchen zerstört. Was ist nur aus ihnen geworden, ohne ihren geliebten Garten von einst, mit seinen labyrinthischen Ecken, seinem Duft von Vergangenheit, seinen bezaubernden Laubengängen?

Sind sie tot? Irren sie gleich Verbannten ohne Hoffnung durch die modernen Straßen? Tanzen sie im Mondschein gleich gebrechlichen Gespenstern zwischen den Zypressen eines Friedhofs ein phantastisches Menuett entlang den grabgesäumten Pfaden?

Die Erinnerung an sie verfolgt mich, plagt mich, peinigt mich, steckt in mir fest wie eine tiefe Wunde. Warum? Ich weiß es nicht. Sie finden dies zweifelsohne lächerlich, oder?

PAUL VALÉRY

Die Seele und der Tanz

SOKRATES

Bei den Göttern, die hellen Tänzerinnen! ... Welche lebendige und anmutvolle Einführung der vollkommensten Gedanken! ... Ihre Hände sprechen, ihre Füße scheinen zu schreiben. Welche Genauigkeit bei diesen Wesen, welche sich üben, ihre nachgiebigen Kräfte so glücklich zu gebrauchen! ... Alle meine Schwierigkeiten lassen mich im Stich, und es gibt im Augenblick kein Problem, das Macht hat über mich, so vollkommen gehorche ich mit Glück der Beweglichkeit dieser Figuren! Hier ist die Gewißheit ein Spiel; man würde meinen, das Bewußtsein habe seine Handlung gefunden, und die Fähigkeit des Geistes stimme plötzlich der unwillkürlichsten Anmut zu ... Seht diese da! ... Die Schlankste, die am meisten aufgeht in der reinsten Richtigkeit ... Wer mag sie sein? ... Sie ist köstlich hart und unaussprechlich biegsam ... Sie gibt nach, sie borgt den Rhythmus und erstattet ihn so genau zurück, daß ich sie, wenn ich die Augen schließe, auf das genaueste sehe durch mein Gehör. Ich verfolge sie, ich finde sie wieder, ich bin völlig unfähig, sie zu verlieren, und wenn ich mir die Ohren zuhalte und ihr dann zusehe, ist es mir unmöglich, die Kitharen nicht zu hören, so sehr ist sie Rhythmus und Musik.

[...]

ERYXIMACHOS

Gewiß. Unsere Schritte sind uns so leicht und so vertraut, daß sie es niemals zur Ehre bringen, für sich selbst betrachtet zu werden als eigentümliche Handlungen (es sei denn, daß wir beschädigt oder verkrüppelt von der Entbehrung aus sie bewundern) ... Sie führen also, so wie sie's verstehen, uns, die wir kaum ahnen, daß man sie kennen könnte; und je nach dem Boden, dem Ziel, der Stimmung und dem Zustande des Menschen, oder auch der Beleuchtung des Weges, richtet sich ihre Art: wir verlieren sie, ohne daran zu denken.

Aber betrachte dieses vollkommene Fortschreiten der Athikte auf dem fehlerlosen Boden, der frei ist, rein und kaum elastisch. Sie setzt mit Symmetrie auf diesen Spiegel ihrer Kräfte ihre abwechselnden Stützpunkte; die Ferse gießt den Körper nach der Spitze zu aus, der andre Fuß kommt vorbei und empfängt diesen Körper und gießt ihn wieder nach vorne aus, und so immer weiter fort, während der anbetungswürdige Gipfel ihres Hauptes in der ewigen Gegenwart etwas wie die Stirn einer welligen Woge abzeichnet.

So wie der Boden hier, in gewisser Weise, ein Absolutes ist, sorgfältig gereinigt von allen Ursachen einer rhythmischen Störung und Unsicherheit, so wird auch dieser monumentale Gang, der nur sich selbst zum Ziel hat und aus dem alle möglichen Unreinheiten ausgeschieden scheinen, zu einem allgemeingültigen Muster.

Sieh die Schönheit, die vollkommene Sicherheit der Seele, die aus der Spannung dieser edlen Schrittlängen hervorgeht. Die Weite dieses Schrittes ist abgestimmt nach der Schrittzahl, die ihrerseits unmittelbar aus der Musik hervorgeht. Aber Zahl und Weite sind wieder in geheimer Übereinstimmung mit der Gestalt . . .

[. . .]

SOKRATES

O meine Freunde, was ist denn in Wahrheit der Tanz?

ERYXIMACHOS

Ist er nicht eben das, was wir vor Augen haben? – Was könnte mehr Klarheit geben über den Tanz als der Tanz selbst?

[. . .]

SOKRATES

Hast du nicht den Eindruck, Eryximachos, und auch du, mein lieber Phaidros, daß das Geschöpf, das dorten ausschwingt und sich anbetenswürdig in unseren Blicken bewegt, daß diese glühende Athikte, die sich verteilt und wieder zusammennimmt, die sich aufhebt und einsinkt in sich selbst, die sich mit solcher Geschwindigkeit öffnet und schließt, und die anderen Raumbeziehungen anzugehören scheint als den unsrigen, – den Anschein erweckt, als fühle sie sich wohl und lebe ganz und gar in einem dem Feuer vergleichbaren Element, – in einer sehr besonderen Durchdringung von Bewegung und Musik, darin sie eine unerschöpfliche Kraft einatmet, während sie selbst mit ihrem ganzen Wesen den reinen und unmittelbaren Andrang der äußersten Seligkeit genießt? – Wenn es uns einfiele, unsere gewichtige und ernsthafte Lage mit dem Zustand dieses funkelnden Salamanders zu vergleichen, würde sich dann nicht herausstellen, daß unsere gewöhnlichen Handlungen, wie sie nach und nach aus unseren Bedürfnissen hervorgehen, daß unsere Gebärden und unsere gelegentlichen Bewegungen wie ein grober Rohstoff seien, wie eine aus Unreinem gemachte Dauer – während diese Entzückung und Schwingung des Lebens, während diese unübertreffliche Spannung, dieses Hingerissensein in die höchste Beweglichkeit, deren man fähig ist, die Eigenschaften und Kräfte der Flamme besitzt; und daß alles, was Schande ist, Überdruß, Nichtigkeit und der ganze eintönige Unterhalt des Daseins sich darin aufzehrt, so daß in unseren Augen der Glanz des Göttlichen sich spiegelt, das in einer Sterblichen Platz hat?

PHAIDROS

Bewundernswürdiger Sokrates, schnell, sieh, bis zu welchem Grade du recht hast! . . . Sieh die Bebende! Als ob der Tanz wie eine Flamme aus ihr schlüge!

SOKRATES

O Flamme! . . .
– Dieses Mädchen ist vielleicht die Dummheit selbst? . . .
O Flamme! . . .
– Wer weiß, aus was für abergläubischen Narrheiten und Possen ihre tägliche Seele besteht?
O Flamme immerhin! . . . Wacher und göttlicher Gegenstand! . . .

Aber was ist eine Flamme, o meine Freunde, wenn nicht *der Augenblick selbst*? – Das Tolle, das Ausgelassene, das Furchtbare, das der Augenblick enthält! ... Wenn dieser Augenblick zwischen der Erde und dem Himmel zu handeln beginnt, so ist das Flamme. Alles, o meine Freunde, was aus dem Zustand der Schwere in den Zustand der Schwebe übergeht, muß durch diesen Augenblick aus Feuer und Licht ...

Und Flamme, ist sie nicht auch die unfaßliche und stolze Gestalt der edelsten Zerstörung? – Das, was nie wieder geschehen wird, geschieht prunkvoll vor unseren Augen! – Das, was nie wieder geschehen wird, muß notwendig mit dem größten Prunk geschehen, der sich denken läßt! – Wie die Stimme blindlings singt, wie die Flamme singt, ganz außer sich zwischen Stoff und Äther, und vom Stoff zum Äther grollend und wütend sich hinüberstürzt, – ist der große Tanz, o meine Freunde, nicht eigentlich die Befreiung unseres Körpers, der ganz besessen ist vom Geist der Lüge und von der Musik, die Lüge ist, und der sich trunken fühlt in der Verneinung der nichtigen Wirklichkeit? – Seht mir diesen Körper, der aus sich springt wie eine Folge sich gegenseitig verdrängender Flammen, seht, wie er niederstampft und mit Füßen tritt, was wahr ist! Wie er die Stelle selbst, auf der er steht, in freudiger Wut vernichtet, wie er sich berauscht an der Übertreibung seiner Verwandlungen!

Wie er gegen den Geist kämpft! Seht ihr nicht, wie er mit der Seele wetteifern will an Schnelligkeit und Wechsel? – Er ist eigentümlich eifersüchtig auf diese Freiheit, auf diese Allgegenwärtigkeit, die der Geist zu besitzen scheint! ...

Ohne Zweifel, der einzige und ständige Gegenstand der Seele ist das, was es nicht gibt: das, was war und nicht mehr ist; – das, was sein wird und noch nicht ist; – das

Mögliche, das Unmögliche, – das alles ist Sache der Seele, aber niemals, *niemals* das, was ist!

Und der Körper, der das ist, was ist, auf einmal kann er sich nicht mehr halten im Raum! – Wohin sich werfen? – Was werden? – Dieses *Eine* versucht das Spiel, *alles* zu sein. Er will es spielend der Allgegenwärtigkeit der Seele gleichtun! Er sucht eine Abhilfe gegen sein Sich-selbst-gleich-Sein durch die Zahl seiner Akte! Das Ding, das er ist, bricht auf in Ereignisse! – Er gerät außer sich! – Und wie der erregte Gedanke an alle Dinge rührt, zittert zwischen Zeit und Augenblick und alle Unterschiede überspringt; und wie in unserem Geist sich symmetrisch die Vermutungen ausbilden, wie die verschiedenen Grade des Möglichen sich in Reihen aufstellen und gezählt werden, – so beutet dieser Körper sich aus in allen seinen Teilen, findet neue Zusammenstellungen mit sich selbst, gibt sich Gestalt um Gestalt und geht unaufhörlich aus sich hinaus! . . . Nun hat er endlich den Zustand erreicht, da er der Flamme vergleichbar wird, mitten in einem Wechsel, der ganz Handlung ist . . . Unmöglich, noch von »Bewegung« zu sprechen . . . Die Glieder sind nicht mehr von den Akten zu unterscheiden . . .

Diese Frau, die da war, ist verschlungen von unzähligen Gestalten . . . Dieser Körper in den Ausbrüchen seiner Kraft bringt mir einen äußersten Gedanken in Vorschlag: ähnlich wie wir von unserer Seele Dinge verlangen, für die sie nicht gemacht ist, wie wir von ihr fordern, daß sie uns erleuchte, daß sie wahrsage, daß sie die Zukunft errate, ja, sie sogar beschwören, Gott zu entdekken, – so macht dieser Körper da Anspruch auf eine vollkommene Besitzergreifung seiner selbst, auf einen Grad von Ruhm, der über das Natürliche hinausgeht . . . Aber es verhält sich mit ihm wie mit der Seele, für die Gott, die Weisheit und die Tiefe, die man von ihr verlangt, nichts als Augenblicke sind und sein können, Blitze, Bruchstücke einer fremden Zeit, verzweifelte Sprünge aus den Grenzen der Gestalt ...

PHAIDROS

Sieh doch, sieh! ... Dort tanzt sie und schenkt den Augen, was du hier zu sagen versuchst ... Sie macht den Augenblick sichtbar ... Und durch was für Edelsteine geht sie hindurch! ... Sie wirft ihre Gebärden aus wie Glanz um Glanz! ... Sie entwendet der Natur unmögliche Haltungen vor den eigenen Augen der Zeit! ... Und die Zeit läßt sich täuschen ... Ungestraft schreitet sie durch das Undenkbare ... Sie ist göttlich im Unaufhaltsamen und bringt es unseren Augen zum Geschenk! ...

ERYXIMACHOS

Der Augenblick gebiert die Form, und die Form macht den Augenblick sichtbar.

PHAIDROS

Sie flieht vor ihrem Schatten in die Lüfte!

SOKRATES

Wir sehen sie immer nur wie im Sturz ...

ERYXIMACHOS

Sie hat aus ihrem Körper etwas gemacht, was so gelöst ist und so gebunden wie eine geschickte Hand ... Meine Hand allein kann dieses Sich-Besitzen und diese Leichtigkeit ihres ganzen Körpers nachahmen ...

SOKRATES

O meine Freunde, fühlt ihr euch nicht ruckweis geschüttelt vom Rausch und wie durch wiederholte, immer stärkere Stöße den übrigen Genossen ähnlich werden, die es kaum auf ihren Plätzen aushalten und nicht mehr fähig sind, ihre Dämonen in Stille und Versteck zu halten? Ich selbst, ich fühle mich von außerordentlichen Kräften ergriffen ... oder vielmehr, ich fühle sie aus mir ausbrechen, aus mir, der ich nicht wußte, daß ich sie besitze. In einer Welt, die ganz Ton ist, Widerhall und Absprung, bietet dieses eindringliche Fest des Körpers unseren Seelen ein Schauspiel von Licht und Freude ... Alles ist feierlicher, alles ist leichter, lebhafter und stärker; alles ist möglich auf eine andere Weise; alles kann, ohne Ende, wieder anfangen ... Nichts widersteht dieser Abwechslung des Betonten und Unbetonten ... Schlagt zu, schlagt zu! ... Der Stoff, geklopft, geschlagen, gestoßen im Takt; Schlag um Schlag wider die Erde; die Felle und Saiten wohl gespannt und geschlagen; Handflächen und Fersen schlagen und klopfen die Zeit, schmieden Freude und Übermut; und alle Dinge herrschen in einem schöngeordneten Wahnsinn.

Aber die wachsende und aufspringende Freude droht alle Maße zu überfluten, erschüttert wie ein Sturmbock die Mauern, die zwischen den Wesen sind. Männer und Frauen, im Takt, reißen den Gesang mit sich fort in den Tumult. Alle schlagen und singen zugleich, und etwas nimmt zu und überhand ... Ich höre das Getös aller der glänzenden Waffen des Lebens! ... Die Zimbeln zerdrücken an unseren Ohren jede Stimme der heimlichen Gedanken. Sie sind lärmend wie Küsse von ehernen Lippen ...

ERYXIMACHOS

Indessen zeigt Athikte eine letzte Figur. Ihr ganzer Körper verschiebt sich, aufruhend auf der Kraft der großen Zehe.

PHAIDROS

Diese Zehe, die sie ganz allein trägt, bearbeitet das Trommelfell des Bodens wie der Daumen die Trommel. Welche Aufmerksamkeit ist in dieser Zehe, welcher Wille strammt sie und hält sie auf ihrer Spitze! ... Aber jetzt dreht sie um sich selbst ...

SOKRATES

Ja, sie dreht um sich selbst, – und die von ewig her verbundenen Dinge beginnen sich zu trennen. Sie dreht und dreht ...

ERYXIMACHOS

Das heißt wirklich vordringen in eine andere Welt ...

SOKRATES

Darüber hinaus bleibt nichts zu versuchen ... Sie dreht, und alles Sichtbare fällt ab von ihrer Seele; der Schlamm ihrer Seele scheidet sich endlich vom Reinsten; Menschen und Dinge sind im Begriff, um sie herum im Kreis einen formlosen Niederschlag zu bilden ...

Seht ihr ... Sie dreht ... Ein Körper durch seine bloße Kraft, durch seine Handlung ist mächtig genug, das Wesen der Dinge gründlicher zu verändern, als es jemals dem Geist in seinen Untersuchungen und Träumen gelingt!

PHAIDROS

Es sieht aus, als könne das ewig dauern.

SOKRATES

Sie könnte sterben in diesem Zustand ...

ERYXIMACHOS

Schlafen, vielleicht, einschlafen in einen magischen Schlaf ...

SOKRATES

Unbeweglich würde sie ruhn in der Mitte ihrer Bewegung. Ganz für sich, ganz für sich, gleich der Weltachse ...

PHAIDROS

Sie dreht, sie dreht ... Sie fällt!

SOKRATES

Sie ist gefallen!

PHAIDROS

Sie ist tot ...

SOKRATES

Sie hat ihre Hilfskräfte erschöpft und den heimlichsten Schatz in ihrem Gewebe!

PHAIDROS

Götter! Sie kann sterben ... Eryximachos, schnell! ...

ERYXIMACHOS

Ich pflege mich nicht zu eilen unter dergleichen Umständen! Wenn die Dinge sich einrichten sollen, so schickt es sich, daß der Arzt sie nicht störe, sondern eben eintreffe einen winzig kleinen Moment vor der Wiederherstellung, im gleichen Schritt mit den Göttern.

SOKRATES

Man sollte immerhin zusehen.

PHAIDROS

Wie weiß sie ist!

ERYXIMACHOS

Lassen wir die Ruhe wirken, die sie heilen soll von der Bewegung.

PHAIDROS

Du glaubst, sie ist nicht tot?

ERYXIMACHOS

Sieh diese kleine Brust, die nichts verlangt, als zu leben. Sieh, wie sie leicht zittert und hängt an der Zeit ...

PHAIDROS

Ich seh es nur zu sehr.

ERYXIMACHOS

Der Vogel schlägt ein wenig mit dem Flügel, bevor er wieder auffliegt.

SOKRATES

Sie scheint ziemlich glücklich.

PHAIDROS

Was hat sie gesagt?

SOKRATES

Etwas für sich allein.

ERYXIMACHOS

Sie hat gesagt: »Wie wohl mir ist!«

PHAIDROS

Der kleine Haufen von Gliedern und Tüchern rührt sich ...

ERYXIMACHOS

Nun, Kleine, mein Kind, machen wir mal die Augen auf. Wie fühlst du dich jetzt?

ATHIKTE

Ich fühle nichts. Ich bin nicht tot. Und doch, ich bin nicht lebendig!

SOKRATES

Von wo kommst du zurück?

ATHIKTE

Zuflucht, Zuflucht, o meine Zuflucht, o Wirbel! – Ich war in dir, o Bewegung, draußen, außerhalb aller Dinge ...

Tänzerin: o du Verlegung
alles Vergehens in Gang: wie brachtest du's dar.
Und der Wirbel am Schluß, dieser Baum aus Bewegung,
nahm er nicht ganz in Besitz das erschwungene Jahr?

Blühte nicht, daß ihn dein Schwingen von vorhin
umschwärme,
plötzlich sein Wipfel von Stille? Und über ihr,
war sie nicht Sonne, war sie nicht Sommer, die Wärme,
diese unzählige Wärme aus dir?

Aber er trug auch, er trug, dein Baum der Ekstase.
Sind sie nicht seine ruhigen Früchte: der Krug,
reifend gestreift, und die gereiftere Vase?

Und in den Bildern: ist nicht die Zeichnung geblieben,
die deiner Braue dunkler Zug
rasch an die Wandung der eigenen Wendung geschrieben?

Anhang

Verzeichnis der Autoren, Texte, Druckvorlagen

Mit einem Sternchen versehene Überschriften wurden von der Herausgeberin formuliert.

HANS CHRISTIAN ANDERSEN (1805–1875)

H. C. A.: Märchen. Mit Ill. von Theodor Hosemann, Graf Pocci, Raymond de Baux, Ludwig Richter, Otto Speckter. Übers. von Heinrich Denhardt. Ausw. und Nachw. von Leif Ludwig Albertsen. Stuttgart: Reclam, 1986. (Universal-Bibliothek. 690.) S. 385–393.

GABRIELE D'ANNUNZIO (1863–1938)

G. d'A.: Vielleicht – vielleicht auch nicht. Roman. Deutsch von Karl Vollmoeller. Leipzig: Insel, 1910. S. 196–204. – © 1910 Insel Verlag, Frankfurt a. M.

JANE AUSTEN (1775–1817)

J. A.: Emma. Aus dem Engl. übers. von Ursula und Christian Grawe. Nachw. und Anm. von Christian Grawe. Stuttgart: Reclam, 1980 [u. ö.]. (Universal-Bibliothek. 7633.) S. 358–363.

INGEBORG BACHMANN (1926–1973)

I. B.: Werke. Hrsg. von Christine Koschel, Inge von Weidenbaum und Clemens Münster. Bd. 1. München: Piper, 1978. S. 171. – © 1978 R. Piper & Co. Verlag, München.

RUDOLF BORCHARDT (1877–1945)

R. B.: Gedichte. Stuttgart: Klett, 1957. S. 39. – © 1957 J. G. Cotta'sche Buchhandlung Nachf. GmbH, Stuttgart.

MAX BROD (1884–1968)

M. B.: Weiberwirtschaft. Drei Erzählungen. Berlin: Juncker, 1913. S. 241–260. – Mit Genehmigung von Ilse Ester Hoffe, Tel Aviv.

EUGÉNIO DE CASTRO (1869–1944)

E. d. C.: Salome. Coimbra: Publiçacões do Instituto Alemão da Universidade de Coimbra, 1934. S. 12–28. [Übers. von Margarete Kühne.]

SIDONIE-GABRIELLE COLETTE (1873–1954)

S.-G. C.: La Vagabonde. Deutsch von Grit Zoller. Wien: Zsolnay, 1986. S. 38–45. – © 1986 Paul Zsolnay Verlag Gesellschaft m. b. H., Wien/Hamburg.

ALFRED DÖBLIN (1878–1957)

A. D.: Die Ermordung einer Butterblume. Ausgewählte Erzählungen 1910–1950. Freiburg i. Br.: Walter, 1962. S. 17–21. – © 1962 Walter Verlag, Olten.

JOSEPH VON EICHENDORFF (1788–1857)

J. v. E.: Aus dem Leben eines Taugenichts. In: J. v. E.: Sämtliche Erzählungen. Hrsg. von Hartwig Schultz. Stuttgart: Reclam, 1990. (Universal-Bibliothek. 2352.) S. 112 f.

CARL EINSTEIN (1885–1940)

C. E.: Werke. Bd. 1. Berlin: Medusa, 1980. S. 57–59. – Mit Genehmigung von Günther Fannei und Brigitte Walz, Berlin.

GUSTAVE FLAUBERT (1821–1880)

(1) G. F.: Madame Bovary. Sittenbild aus der Provinz. Aus dem Frz. übertr. von Ilse Perker und Ernst Sander. Mit einem Nachw. von Manfred Hardt. Stuttgart: Reclam, 1972 [u. ö.]. (Universal-Bibliothek. 5666.) S. 58–67.
(2) G. F.: Salammbô. Roman. Übers. von Robert Habs. Nachw. von Günter Metken. Stuttgart: Reclam, 1970 [u. ö.]. (Universal-Bibliothek. 1650.) S. 198–201.
(3) G. F.: Herodias. In: Trois Contes / Drei Erzählungen. Übers. und hrsg. von Cora van Kleffens und André Stoll. Frankfurt a. M.: Insel, 1982. S. 38–43. – © 1982 Insel Verlag, Frankfurt a. M.

MAX FRISCH (1911–1991)

M. F.: Stiller. In: Gesammelte Werke in zeitlicher Folge. Suhrkamp Werkausgabe. Bd. 6. Frankfurt a. M.: Suhrkamp, 1976. S. 437–452. – © 1976 Suhrkamp Verlag, Frankfurt a. M.

JOHANN WOLFGANG GOETHE (1749–1832)

(1) J. W. G.: Die Leiden des jungen Werther. Nachw. von Ernst Beutler. Stuttgart: Reclam, 1948 [u. ö.]. (Universal-Bibliothek. 67.) S. 25–30.
(2, 4, 5) J. W. G.: Sämtliche Werke in 18 Bänden. Artemis-Gedenkausgabe. Bd. 1. Zürich: Artemis / München: Deutscher Taschenbuch Verlag, 1970. (2) S. 24 f. (4) S. 144 f. (5) S. 352.
(3) J. W. G.: Wilhelm Meisters Lehrjahre. Hrsg. von Ehrhard Bahr. Stuttgart: Reclam, 1982 [u. ö.]. (Universal-Bibliothek. 7826.) S. 116–118.

GÜNTER GRASS (geb. 1927)

G. G.: Die Ballerina. Berlin: Friedenauer Presse, [4]1985. S. 3–16. – Mit Genehmigung von Günter Grass, Berlin.

THEA VON HARBOU (1888–1954)

T. v. H.: Metropolis. Berlin: Ullstein, [1926]. S. 287–290. – © 1926 Verlag Ullstein GmbH, Berlin.

ERNST HARDT (1876–1947)

E. H.: Gesammelte Erzählungen. Leipzig: Insel, 1909. S. 1–14. – © 1909 Insel Verlag, Frankfurt a. M.

HEINRICH HEINE (1797–1856)

(1) Cancan in Paris* 28
(2) Pomare II 263

H. H.: Sämtliche Werke in 4 Bänden. Nach dem Text der Ausgabe letzter Hand. Mit einer Einf. und einer Zeittaf. sowie Anm. von Werner Vordtriede und Uwe Schweikert. München: Winkler, 1973. (1) Bd. 4. S. 282–287. (2) Bd. 1. S. 498 f.

GEORG HEYM (1887–1912)

(1) Die Toten auf dem Berge 330
(2) Die Somnambulen 331
(3) Die Tänzerin in der Gemme 332

G. H.: Dichtungen und Schriften. Hrsg. von Karl Ludwig Schneider. Bd. 1. Hamburg/München: Ellermann, 1964. (1) S. 99. (2) S. 257. (3) S. 481.

ALFRED WALTER HEYMEL (1878–1914)

Auf eine Serpentinetänzerin 256

A. W. H.: Lyrik des Jugendstils. Eine Anthologie. Mit einem Nachw. hrsg. von Jost Hermand. Stuttgart: Reclam, 1964 [u. ö.]. (Universal-Bibliothek. 8928.) S. 6.

ERNST THEODOR AMADEUS HOFFMANN (1776–1822)

Der Tanz der Olimpia* 197

E. T. A. H.: Der Sandmann. Hrsg. von Rudolf Drux. Stuttgart: Reclam, 1991. (Universal-Bibliothek. 230.) S. 29–33.

HUGO VON HOFMANNSTHAL (1874–1929)

(1) Die unvergleichliche Tänzerin 238
(2) Der Tor und der Tod [Auszug] 310

H. v. H.: Gesammelte Werke in 10 Einzelbänden. Hrsg. von Bernd Schoeller in Beratung mit Rudolf Hirsch. Frankfurt a. M.:

Fischer, 1979. (1) Reden und Aufsätze I. S. 496–501. (2) Dramen I. S. 286–298. – © 1956, 1957, 1958 S. Fischer Verlag GmbH, Frankfurt a. M.

ÖDÖN VON HORVÁTH (1901–1938)

Ö. v. H.: Das Buch der Tänze. In: Ö. v. H.: Gesammelte Werke. Hrsg. von Traugott Krischke und Dieter Hildebrandt. Bd. 5. Frankfurt a. M.: Suhrkamp, 1986. (1) S. 13. (2) S. 14. – © 1986 Suhrkamp Verlag, Frankfurt a. M.

JORIS-KARL HUYSMANS (1848–1907)

J.-K. H.: Gegen den Strich. Übers. und hrsg. von Walter Münz und Myriam Münz. Stuttgart: Reclam, 1992. (Universal-Bibliothek. 8754.) S. 81–87.

HANS HENNY JAHNN (1894–1959)

H. H. J.: Dramen II. 1930–1959. (Werke in Einzelbänden. Hamburger Ausgabe.) Hrsg. von Uwe Schweikert. Hamburg: Hoffmann und Campe, 1993. S. 465–475. – © 1993 Hoffmann und Campe Verlag, Hamburg.

GOTTFRIED KELLER (1819–1890)

G. K.: Sieben Legenden. Stuttgart: Reclam, 1986 [u. ö.]. (Universal-Bibliothek. 6186.) S. 107–116.

HEINRICH VON KLEIST (1777–1811)

Über das Marionettentheater 203

H. v. K.: Der Zweikampf. Die heilige Cäcilie. Sämtliche Anekdoten. Über das Marionettentheater und andere Prosa. Stuttgart: Reclam, 1984 [u. ö.]. (Universal-Bibliothek. 8004.) S. 84–92.

ANTON KUH (1890–1941)

Das k. k. Ballettmädel 189

A. K.: Luftlinien. Feuilletons, Essays und Publizistik. Hrsg. von Ruth Greuner. Wien: Löcker, 1981. S. 101–103. – © 1981 Löcker Verlag, Löcker Gesellschaft m. b. H., Wien.

GIUSEPPE TOMASI DI LAMPEDUSA (1896–1957)

Letzter Tanz* 83

Der Leopard. Roman. München: Piper, 1959. S. 266–275. – © 1959 R. Piper & Co. Verlag, München.

ELSE LASKER-SCHÜLER (1869–1945)

Ich tanze in der Moschee 166

E. L.-S.: Die Nächte der Tino von Bagdad. In: E. L.-S.: Gesammelte Werke. Hrsg. von Friedhelm Kemp. Bd. 2. München: Kösel, 1962. S. 61. – © 1962 Kösel Verlag GmbH & Co., München.

STÉPHANE MALLARMÉ (1842–1898)

(1) Ballette [Auszug] 352
(2) Ein weiteres Tanzstück [Auszug] 353

Gabriele Brandstetter / Brygida Maria Ochaim: Loïe Fuller. Tanz, Licht-Spiel, Art Nouveau. Freiburg i. Br.: Rombach, 1990. (1) S. 202–213 (2) S. 215–219. [Übers. von Hans-Walter Schmidt.]

KLAUS MANN (1906–1949)

Paulchen tanzt 79

K. M.: Der fromme Tanz. Abenteuerbuch einer Jugend. München: edition spangenberg, 1989. S. 53–55. – © 1989 edition spangenberg, München.

THOMAS MANN (1875–1955)

Tanzstunde* 72

T. M.: Tonio Kröger. In: T. M.: Die Erzählungen. Frankfurt a. M.: S. Fischer, 1986. S. 311–317. – © 1960, 1974 S. Fischer Verlag GmbH, Frankfurt a. M.

GUY DE MAUPASSANT (1850–1893)

Das Menuett 361

G. d. M.: Novellen. Aus dem Frz. übers. von Doris Distelmaier-Haas und Ernst Sander. Hrsg. von Doris Distelmaier-Haas. Stuttgart: Reclam, 1991. (Universal-Bibliothek. 4297.) S. 295–300.

ISABELLA NADOLNY (geb. 1917)

Unvollkommene Liebesgeschichte 139

I. N.: Der schöne Tag. Geschichten. München: List, 1980. S. 53 bis 63. – © 1980 Paul List Verlag GmbH & Co. KG, München.

FRIEDRICH NIETZSCHE (1844–1900)

Das Tanzlied 358

F. N.: Also sprach Zarathustra. Ein Buch für alle und keinen. Stuttgart: Reclam, 1989. (Universal-Bibliothek. 7111.) S. 99–101.

WALTER RHEINER (1895–1925)

Tanz auf Montmartre 345

W. R.: Kokain. Lyrik, Prosa, Briefe. Mit Ill. von Conrad Felixmüller. Hrsg. von Thomas Rietzschel. Leipzig: Reclam, 1985. S. 38. – Mit Genehmigung des Agora Verlags, Berlin.

RAINER MARIA RILKE (1875–1926)

(1) *Wartet . . ., das schmeckt . . . Schon ists auf der Flucht* 120
(2) Spanische Tänzerin 245
(3) Toten-Tanz 324
(4) *Tänzerin: o du Verlegung* 379

(1) R. M. R.: Sonette an Orpheus. Erster Teil. Nr. XV. In: R. M. R.: Sämtliche Werke. Hrsg. vom Rilke-Archiv in Verb. mit Ruth Sieber-Rilke. Bes. durch Ernst Zinn. Bd. 1. Wiesbaden: Insel, 1955. S. 740 f.
(2) R. M. R.: Neue Gedichte. Ebd. S. 531 f. (3) R. M. R.: Der Neuen Gedichte anderer Teil. Ebd. S. 574. (4) R. M. R.: Sonette an Orpheus. Zweiter Teil. Nr. XVIII. Ebd. S. 763.

FRIEDRICH SCHILLER (1759–1805)

Der Tanz 349

F. S.: Sämtliche Werke. Auf Grund der Originaldrucke hrsg. von Gerhard Fricke und Herbert G. Göpfert in Verb. mit Herbert Stubenrauch. Bd. 1. München: Hanser, 1958. S. 237 f.

ANTONIO SKÁRMETA (geb. 1940)

Das Ende des Tango 92

A. S.: Melancholie der Vorstadt: Tango. Hrsg. vom Künstlerhaus Bethanien. Berlin: Frölich & Kaufmann, 1982. S. 254 f. [Übers. von Wera Zeller.] – Mit Genehmigung des Künstlerhauses Bethanien, Berlin.

LEO TOLSTOI (1828–1910)

Anna Karenina auf dem Ball* 36

L. T.: Anna Karenina. Ein Roman in 8 Teilen. Übers. von August Scholz. Wien: Kremayr & Scheriau, S. 89–98.

PAUL VALÉRY (1871–1945)

Die Seele und der Tanz [Auszug] 368

P. V.: Eupalinos oder Der Architekt. Übers. von Rainer Maria Rilke. Frankfurt a. M.: Suhrkamp, 1973. S. 13–53. – © 1973 Suhrkamp Verlag, Frankfurt a. M.

OSCAR WILDE (1854–1900)

Salome 278

O. W.: Salome. Tragödie in einem Akt. Aus dem Frz. übers. von Hedwig Lachmann. Nachw. von Ulrich Karthaus. Stuttgart: Reclam, 1990. (Universal-Bibliothek. 4497.) S. 38–54.

ALFRED WOLFENSTEIN (1883–1945)

(1) Theater I, II 213
(2) An die von 1914 325
(3) Foxtrott 326
(4) 1939 III 327

A. W.: Werke. Hrsg. von Hermann Haarmann und Günter Holtz. Bd. 1. Mainz: v. Hase & Koehler, 1982. (1) S. 308 f. (2) S. 223. (3) S. 313. (4) S. 342 f. – © 1982 v. Hase & Koehler Verlag KG, Mainz.

Der Verlag Philipp Reclam dankt für die Nachdruckgenehmigung den Rechteinhabern, die durch den Quellennachweis oder einen folgenden Copyrightvermerk bezeichnet sind. Für einige Autoren waren die Rechteinhaber nicht festzustellen. Hier ist der Verlag bereit, nach Anforderung rechtmäßige Ansprüche abzugelten.

Abbildungsnachweis

Literaturhinweise

Zum Tanz

Bie, Oscar: Der Tanz als Kunstwerk. Berlin 1905.

Böhme, Fritz M.: Geschichte des Tanzes in Deutschland. 2 Bde. Leipzig 1886.

Buonaventura, Wendy: Die Schlange vom Nil. Frauen und Tanz im Orient. Hamburg 1990.

Brandstetter, Gabriele: Elevation und Transparenz. Der Augenblick im Ballett und modernen Bühnentanz. In: Augenblick und Zeitpunkt. Studien zur Zeitstruktur und Zeitmetaphorik in Kunst und Wissenschaft. Hrsg. von Christian W. Thomsen und Hans Holländer. Darmstadt 1984. S. 475–492.

Brandstetter, Gabriele / Ochaim, Brygida Maria: Loïe Fuller. Tanz, Licht-Spiel, Art Nouveau. Freiburg i. Br. 1989.

Cohen, Selma Jeanne: Dance as a Theatre Art. New York 1974.

Fiedler, Leonhard M. / Lang, Martin (Hrsg.): Grete Wiesenthal. Die Schönheit des Körpers im Tanz. Salzburg 1985.

Foster, Susan Leigh: Reading Dancing: Bodies and Subjects in Contemporary American Dance. Berkeley / Los Angeles / London 1986.

Kaiser, Gert (Hrsg.): Der tanzende Tod. Mittelalterliche Totentänze. Frankfurt a. M. 1982.

Kendall, Elizabeth: Where She Danced. New York 1979.

Klein, Gabriele: FrauenKörperTanz. Eine Zivilisationsgeschichte des Tanzes. Berlin 1992.

Köhne-Kirsch, Verena: Die »schöne Kunst« des Tanzes: phänomenologische Erörterung einer flüchtigen Kunstart. Frankfurt a. M. / Bern / New York / Paris 1990.

Levinson, André: Marie Taglioni. (Engl. von C. Beaumont.) London 1977. (Repr. von 1930.)

Lorenz, Verna: PrimaBallerina. Der zerbrechliche Traum auf Spitzen. Frankfurt a. M. 1987.

Müller, Hedwig: Mary Wigman. Leben und Werk der großen Tänzerin. Weinheim/Berlin 1986.

Nitschke, August: Körper in Bewegung. Gesten, Tänze und Räume im Wandel der Geschichte. Stuttgart 1989.

Peter, Frank-Manuel: Valeska Gert. Tänzerin, Schauspielerin, Kabarettistin, 2., durchges. Aufl. Berlin 1987.

Sachs, Curt: Eine Weltgeschichte des Tanzes. Berlin 1933.
Salmen, Walter: Tanz im 17. und 18. Jahrhundert. Tanz im 19. Jahrhundert. 2 Bde. Leipzig 1989.
Sorell, Walter: Der Tanz als Spiegel der Zeit. Eine Kulturgeschichte des Tanzes. Wilhelmshaven 1985.
Stüber, Werner Jacob: Geschichte des modern dance. Zur Selbsterfahrung und Körperaneignung im modernen Tanztheater. Wilhelmshaven 1984.
Waganowa, Agrippina J.: Die Grundlagen des klassischen Tanzes. Wilhelmshaven [4]1977.
Zur Lippe, Rudolf: Naturbeherrschung am Menschen. Bd. 1: Körpererfahrung als Entfaltung von Sinnen und Beziehungen in der Ära des italienischen Kaufmannskapitals. Bd. 2: Geometrisierung des Menschen und Repräsentation des Privaten im französischen Absolutismus. Frankfurt a. M. 1974.

Tanz und Literatur

Atwell, John E.: The Significance of Dance in Nietzsches's Thought. In: Illuminating Dance: Philosophical Explorations. Hrsg. von Maxine Sheets-Johnstone. London/Toronto 1984. S. 19–34.
Borchmeyer, Dieter: Die Götter tanzen Cancan. Richard Wagners Liebesrevolten. Heidelberg 1992.
Brandstetter, Gabriele: – »Körper im Raum und Raum im Körper«. Zu Carl Einsteins Pantomime „Nuronihar«. In: Carl Einstein. (Internationales Einstein-Kolloquium 1986.) Hrsg. von Klaus H. Kiefer. Frankfurt a. M. / Bern / New York 1988. S. 115 bis 138.
– »Die Bilderschrift der Empfindung«. Jean-Georges Noverres »Lettres sur la Danse« und Friedrich Schillers Abhandlung »Über Anmut und Würde«. In: Friedrich Schiller und die höfische Welt. Festschrift für Peter Michelsen zum 65. Geburtstag. Hrsg. von Achim Aurnhammer, Klaus Manger, Friedrich Strack. Tübingen 1990. S. 77–93.
– »La Destruction fut ma Béatrice« – Zwischen Moderne und Postmoderne: Der Tanz Loïe Fullers und seine Wirkung auf Theater und Literatur. In: Avantgarde und Postmoderne. Prozesse struktureller und funktioneller Veränderungen. Hrsg. von Erika Fischer-Lichte, Klaus Schwind. Tübingen 1991. S. 191–208.
– Der Traum vom anderen Tanz. Hofmannsthals Ästhetik des Schöpferischen im Dialog »Furcht«. In: Hugo von Hofmannsthal:

Dichtung als Vermittlung der Künste. In: Freiburger Universitätsblätter. H. 112 (Juni 1991) S. 37–60.

Bucheit, Gert: Der Totentanz. Seine Entstehung und Entwicklung. Leipzig 1925.

Daffner, Hugo: Salome. Ihre Gestalt in Geschichte und Kunst. München 1912.

Diethe, Carol: The Dance Theme in German Modernism. In: German Life & Letters 44 (1991) H. 4. S. 330–352.

Hammerstein, Reinhold: Tanz und Musik des Todes. Die mittelalterlichen Totentänze und ihr Nachleben. Bern/München 1980.

Hanraths, M. / Winkels, H. (Hrsg.): Tanz-Legenden. Frankfurt a. M. 1984.

Henkel, Arthur: Das Tanzlegendchen. In: A. H.: Der Zeiten Bildersaal. Studien und Vorträge. Kleine Studien 2. Stuttgart 1983. S. 183–198.

Kramer-Lauff, Dietgard: Tanz und Tänzerisches in Rilkes Lyrik. München 1969.

Link, Franz H.: Tanz und Tod in Kunst und Literatur. Berlin 1992.

Lüders, Eva M.: »Kleist, Rilke und der Tänzer«. Zu einer ästhetischen Frage der modernen Dichtung. In: Deutsche Vierteljahrsschrift für Literaturwissenschaft und Geistesgeschichte 42 (1968) S. 515–552.

Mooney, Edward F.: Nietzsche and the Dance. In: Philosophy Today 14 (1970) Nr. 1/4. S. 38–43.

Niehaus, Max: Himmel, Hölle und Trikot. Heinrich Heine und das Ballett. München 1959.

Pörksen, Uwe: Der Totentanz des Spätmittelalters und sein Wiederaufleben im 19. und 20. Jahrhundert. Vorüberlegungen zu einer Rezeptionsgeschichte als Rezeptionskritik. In: Mittelalter-Rezeption. Ein Symposion. Hrsg. von Peter Wapnewski. Stuttgart 1986. S. 245–262.

Preisendanz, Wolfgang: Feste des Endes, Ende des Festes. Ballszenen in französischen Romanen des 19. Jahrhunderts. In: Das Fest. Hrsg. von Walter Haug und Rainer Warning. München 1989. S. 418–440.

Rasch, Wolfdietrich: Tanz als Lebenssymbol im Drama um 1900. In: W. R.: Zur deutschen Literatur seit der Jahrhundertwende. Gesammelte Aufsätze. Stuttgart 1967. S. 58–77.

Rosenfeld, Hellmut: Der mittelalterliche Totentanz. Entstehung, Entwicklung, Bedeutung. Köln/Graz ^{3}1974.

Rothe, Wolfgang: Tänzer und Täter. Gestalten des Expressionismus. Frankfurt a. M. 1979.

Schmid, Gisela Bärbel: »Der Tanz macht beglückend frei«. In: Hugo von Hofmannsthal. Freundschaften und Begegnungen mit deutschen Zeitgenossen. Hrsg. von Ursula Renner und G. Bärbel Schmid. Würzburg 1991. S. 251–260.

Schulte, Brigitte: Die deutschsprachigen spätmittelalterlichen Totentänze. Köln/Wien 1990.

Utz, Peter: Der Schwerkraft spotten. Spuren von Motiv und Metapher des Tanzes im Werk Robert Walsers. In: Jahrbuch der deutschen Schillergesellschaft 28 (1984) S. 384–406.

Van Vaerenbergh, Leona: Tanz und Tanzbewegung. Ein Beitrag zur Deutung deutscher Lyrik von der Dekadenz bis zum Frühexpressionismus. Frankfurt a. M. [u. a.] 1991.

Wienholz, Margit: Französische Tanzkritik als Spiegel ästhetischer Bewußtseinsbildung. Bern / Frankfurt a. M. 1974.

Wiese, Benno von: Das tanzende Universum. In: Signaturen. Zu Heinrich Heine und seinem Werk. Berlin 1976. S. 67–133.

Woitas, Monika: »Anmut im Rhythmus und Dichtung als Spiel«. E. T. A. Hoffmann und das Ballett. In: Jacques Offenbachs »Hoffmanns Erzählungen«. Konzeption, Rezeption, Dokumentation. Hrsg. von Gabriele Brandstetter. Laaber 1988. S. 389–420.

Zagona, Helen Grace: The Legend of Salome and the Principle of Art for Art's Sake. Paris/Genf 1960.

Nachwort

Der Tanz,
eine körperliche Poesie
Jean Paul

Hugo von Hofmannsthal notiert im Jahre 1911 in seinen *Aufzeichnungen* »Der Tanz macht beglückend frei. Enthüllt Freiheit, Identität«; und er stellt diesem Bild der freien tänzerischen Bewegung die »Hemmung« als »Lebensbedingung« des Menschen gegenüber.

Der Gedanke vom Glück der körperlichen Freiheit, vom abgeworfenen Zwang der Hemmung bezeugt die Anziehungskraft, die der Tanz als Medium körperlicher Selbstaussprache des Individuums auf die Dichter ausübt.
Immer schon haben sich Schriftsteller über den Tanz geäußert, von der Antike bis in die Moderne, von Simonides, Lukian und Athenäus bis zu Günter Grass und Thomas Bernhard; und in allen Gattungen und literarischen Formen ist über das Tanzen, über Bälle und Ballett geschrieben worden. Eine Motivgeschichte des Tanzes in der Literatur, eine Sammlung von Texten, in denen Tanz und Tänzerisches dargestellt und metaphorisch verwendet wird, könnte mehrere Anthologien füllen. Interessanter als eine Darstellung von Motiv- und Gattungsbeispielen des Tanzes in Texten erscheint die Frage nach den vielfältigen Begegnungsweisen von zwei sehr verschiedenen Kunstformen – des Tanzes als vergänglicher Kunst der Bewegung und der Wort-Kunst – im Medium der Schrift; eine Überlegung, die auch die Auswahl der vorliegenden Texte im wesentlichen bestimmt hat.
Die größte Herausforderung, der bisweilen geradezu erotische Reiz besteht für den Schriftsteller nicht selten darin, der rätselhaften Zeichenhaftigkeit des bewegten Körpers im Tanz nachzuspüren und sie in sein eigenes künstlerisches Medium, in Sprachbewegung zu übertragen. So entwickelt beispielsweise Rilke in dem Gedicht *Spanische Tänzerin* die

Darstellung eines Flamenco-Tanzes ganz aus der Bildlichkeit des Feuers, durch eine inszenierte Metapher, die in einer assoziativen Reihe von Bildern die Vorstellung des Tanzes als Flamme durch das gesamte Gedicht führt:

Wie in der Hand ein Schwefelzündholz, weiß,
eh es zur Flamme kommt, nach allen Seiten
zuckende Zungen streckt –: beginnt im Kreis
naher Beschauer hastig, hell und heiß
ihr runder Tanz sich zuckend auszubreiten.

Und plötzlich ist er Flamme, ganz und gar.

Mit einem Blick entzündet sie ihr Haar
und dreht auf einmal mit gewagter Kunst
ihr ganzes Kleid in diese Feuersbrunst,
aus welcher sich, wie Schlangen, die erschrecken,
die nackten Arme wach und klappernd strecken.

Und dann: als würde ihr das Feuer knapp,
nimmt sie es ganz zusamm und wirft es ab
sehr herrisch, mit hochmütiger Gebärde
und schaut: da liegt es rasend auf der Erde
und flammt noch immer und ergiebt sich nicht –.

Doch sieghaft, sicher und mit einem süßen
grüßenden Lächeln hebt sie ihr Gesicht
und stampft es aus mit kleinen festen Füßen.

Das Gedicht zirkelt jenen Raum aus, den sich die Tänzerin in der Tanzbewegung schafft; einen imaginären Raum, in den die typischen Motionen des Flamenco, die Akzente harter, heftiger Wendungen von Kopf und Torso im Wechsel mit weichen Armbewegungen, die kraftvolle rhythmische Fußarbeit ausgreifen. Versrhythmus und Wechsel des Metrums, harte Fügungen und weiches Enjambement in einer verzögerten gestischen Wendung – damit probt der Text, gewissermaßen als sprachlicher Flamenco-Partner, die Geschmeidigkeit tänzerischer Rede.

Rilkes Gedicht bietet darüber hinaus eine Exposition der wichtigsten Themenbereiche, die für den Tanz und für Tanz-Texte von Bedeutung sind: die Dramaturgie eines Tanzes in

Sukzession und Steigerung von Bewegungselementen; den Gegensatz von beherrschter und entfesselter Gebärde, von Disziplin und Ekstase des Tanzes als Modell von Selbstfindung und Selbstverlust des Individuums; die Dualität von Natur und Kultur, von Bewegung und Stillstand, von Augenblick und Dauer im transitorischen Prozeß der Zeichensetzung und Zeichenlöschung; und schließlich das Verhältnis von Kunst und Gesellschaft, von Bühne und Publikum im Raum, den die rhythmische Bewegung schafft.

*

Eine andere Form von Öffentlichkeit als die zwischen Bühnentanz und Publikum charakterisiert den Tanz im Ballsaal. Gesellschaftstänze finden zumeist im Rahmen eines Festes statt. Ob auf einem Hofball, auf einem Bürgerfest, bei der ländlichen Kirchweih oder in den Tanzlokalen moderner Großstädte: im Tanz bietet sich die Möglichkeit der sozialen und erotischen Begegnung als Ausgleich zum Einerlei des Arbeitsalltags. Auf dem Ball, in ihren Tanzformen und Fest-Ritualen inszenieren Gesellschaften und Gesellschaftsschichten ihre glanzvolle Selbst-Repräsentation. Der Wechsel der Tanzstile, die Veränderung in der Etikette und in den Organisationsformen der Bälle wird zum Spiegel des Wandels in den sozialen Umgangsformen und in den Begegnungsmustern der Geschlechter. Die Revolution des Walzers in den bürgerlichen Ballsälen, beispielsweise, markiert einen solchen Umschwung. Der seit Mitte des 18. Jahrhunderts aufkommende neue Tanz mit seinem schwingenden Dreivierteltakt wurde für die Generation nach Rousseau, die die Begriffe »Natur« und »Leidenschaft« zu Schlüsselformeln ihres Selbstverständnisses erhoben hatte, zum Ausdruck ihres Lebensgefühls. Das Menuett war passé, verkörperte es doch in der zum Dialog stilisierten Begegnung der Geschlechter, in der Rhetorik der Bewegungsfiguren und Schritte höfische Tradition und die Konventionen einer verstaubten Tanzmeister-Etikette. Der Walzer hingegen wird zur Provokation; in ihm erklingt die Aufforderung, im Tanz mit den Repräsentationsformen des Feudalismus zu brechen: Er wird zum Sinnbild leidenschaftlicher Freiheit im berauschenden schwebenden Kreisen der eng sich umfassenden Paare. Der Walzer in Goethes *Werther*, den Lotte und Werther tanzen, zirkelt im Wirbel der gemeinsamen Bewegung einen Augenblick glücklicher Nähe aus dem Zusammenhang der Geschichte einer unerfüllten Liebe:

> und da wir nun gar ans Walzen kamen und wie die Sphären umeinander herumrollten, ging's freilich anfangs, weil's die wenigsten können, ein bißchen bunt durcheinander [...]. Nie ist mir's so leicht vom Flecke gegangen. Ich war kein Mensch mehr. Das liebenswürdigste Geschöpf in den Armen zu haben, und mit ihr herumzufliegen wie Wetter, daß alles rings umher verging [...].

Auf den Bällen des 19. Jahrhunderts dominieren – neben dem Walzer – die Modetänze Galopp, Polka und Mazurka und die Ecossaise, ein rascher, geradtaktiger Tanz, der die mäßiger bewegte Anglaise ablöste. Selten freilich finden sich in den großen Ballszenen der Literatur genaue Angaben über die Tänze selbst oder eingehende Darstellungen der Schrittfolgen, der Körperbewegungen, der Haltungen der Tänzerinnen und Tänzer. Zumeist ist nicht der *Tanz* Gegenstand des Erzählens, sondern der *Ball*, als festlicher Rahmen des Erzählten. Nicht selten bildet der *Dialog* der Tänzer oder der Beobachter des Balls das literarische Pendant zur Rhetorik des Tanzes, oder er wird gar zum Substitut der Bewegung auf dem Ballparkett. Die Figuren und Formationen der Tänze werden zu Bildern für die Konfigurationen und Beziehungsgeflechte der Gestalten und der Gruppenkonstellationen des Romans. Im Perspektivenwechsel von Randfiguren und Zuschauerblick auf das Ballgeschehen einerseits, von erotisch akzentuierter oder von Rivalität gezeichneter Nahsicht auf Tänzer und Paare andererseits bieten sich dem Erzähler vielfältige Möglichkeiten der Verdichtung und Engführung von Erzählsträngen im narrativen Kontext.

Solche herausgehobenen Funktionen im Roman-Ganzen

besitzen etwa die Ballszenen in Flauberts *Madame Bovary* und in Tolstois *Anna Karenina*: das Fest wird zum glanzvollen Rahmen für die Erscheinung der Heldin; zugleich aber fallen schon die Schatten der Widersprüche und die drohenden Umrisse kommender Ereignisse auf das Ballerlebnis.

*

Bewegungslust und Körperdisziplin im Tanz sind in der literarischen Rede wie auch in der Tanzgeschichte eng verbunden mit dem Bild des Weiblichen. Ob im Ballsaal oder auf der Ballettbühne – der Körper der Frau erscheint als Projektionsfläche der Sehnsucht nach der unversehrten Natur. Die Dialektik von Naturbeherrschung und Revolte der unterdrückten »Natur« prägt in besonderer Weise die Entwicklung des Tanzes, der Tanzgeschichte als Kunstgeschichte des menschlichen Körpers. Dies verdeutlichen die Formen und Lehrsysteme kodifizierter Bewegungstabulaturen und Körperbilder, ihre Relativierung und Umcodierung durch Reformen.

Ob der Tanz nun als Ausdruck »unbändiger dionysischer Verzückung« (Isadora Duncan) oder als Bild des Traumes von der Schwerelosigkeit im Ballett definiert wird: In beiden Formen, ekstatisch oder aufs äußerste kontrolliert, ist der Tänzerin die Rolle des Naturwesens auf den Leib geschrieben. Ihr Körper repräsentiert die Freiheit von allen Bewegungsgrenzen, die Überwindung lastender Erdenschwere.

Der Beruf der Tänzerin entsteht Ende des 17. Jahrhunderts, mit der Herausbildung des Balletts als Theaterkunst mit professionellen Darstellern. Zwei Jahrzehnte nach der Gründung der »Académie Royale de Danse« (1661) unter Ludwig XIV. erscheinen erstmals Berufstänzerinnen auf der Ballettbühne, in Lullys *Triomphe de l'Amour* (1681). Gesellschafts- und Kunsttanz beginnen sich zu trennen. Die erhöhten Anforderungen an tänzerische Virtuosität und darstellerisches Raffinement übersteigen die Möglichkeiten des tanzenden Adels im höfischen Ballett. Der Tanz ist nunmehr zur akademischen Disziplin erhoben, die Bewegungstechnik der Danse d'école wird von Pierre Beauchamps (1636–1705), dem ersten Direktor der königlichen Ballettakademie, ausgefeilt und als komplexes Bildungssystem des Körpers und Schrittarsenal der Choreographie etabliert, – überliefert in der Tanzschrift Raoul Auger Feuillets unter dem Titel *Chorégraphie* (1700).

Mit dem Auftreten der ersten berühmten Tänzerinnen, Stars des 18. Jahrhunderts – Françoise Prévost, Marie-Anne de Camargo, Marie Sallé, Madeleine Guimard – verknüpfen sich die Vorstellungen von Tanz und von Weiblichkeit immer enger, bis schließlich im 19. Jahrhundert die romantische Ballerina als strahlender Stern auf der Tanzbühne dominiert. Der Tänzer hingegen tritt allmählich in die Rolle des stützenden Partners zurück, der lediglich die Stichworte für die Präsentation der Virtuosität der Tänzerin zu geben hat.

Zur Zeit des Barock und bis weit ins 18. Jahrhundert war der Tanz die Kunst der »équilibration«: das vielgestaltige Spiel mit dem Gleichgewicht des Körpers, mit den Überleitungen der Bewegungen, mit der Übertragung des Gewichts von einem Schritt zum anderen. Grazie äußerte sich in der Beherrschung der feinabgestimmten Beziehungen komplizierter körperlicher Mechanismen – der leichten Bewegungen, der den Schritt vorbereitenden Absatzhebungen, wie sie beispielsweise für das Menuett charakteristisch sind, der Beugungen und Posen der Arme, der Akzente in der Schulter- und Kopfbewegung – ein präzise balancierter Fluß von Spannungsimpuls und Innehalten.

Das klassisch-akademische Ballett beruht auf einem streng rationalen System. Die Positionen und die Schritte der Tänzer folgen den Gesetzen der Mechanik und der Geometrie. Die Repräsentation der Choreographie ist zentralperspektivisch ausgerichtet und gekennzeichnet durch Symmetrie der Raumgliederung.

Die Tänzer und Tänzerinnen erscheinen als Figurinen des Logos. Der Vergleich der kunstvollen Raumwege, der Stars des Tanzes mit den Bahnen der Sterne, der in der Literatur immer wieder auftaucht, spiegelt den Ordnungstraum von der menschlichen Bewegung – analog zur Harmonie des Kosmos – in der Raumschrift der Kunst. Auch in Schillers Elegie *Der Tanz* ist dieser Vergleich als Denkbild über die Versöhnung von Chaos und Kosmos, von Gesellschaft und Kunst gewählt:

Willst du es wissen? Es ist des Wohllauts mächtige Gottheit,
  Die zum geselligen Tanz ordnet den tobenden Sprung,
Die, der Nemesis gleich, an des Rhythmus goldenem Zügel
  Lenkt die brausende Lust und die verwilderte zähmt;
Und dir rauschen umsonst die Harmonien des Weltalls,
  Dich ergreift nicht der Strom dieses erhabnen Gesangs,
Nicht der begeisternde Takt, den alle Wesen dir schlagen,
  Nicht der wirbelnde Tanz, der durch den ewigen Raum
Leuchtende Sonnen schwingt in kühn gewundenen Bahnen?
  Das du im Spiele doch ehrst, fliehst du im Handeln, das Maß.

Das Ballett des 19. Jahrhunderts kehrt – nach der kurzen Phase der Reformen durch Jean Georges Noverres anti-virtuoses, dem Natürlichkeitsgedanken und Ausdrucksbestreben des späten 18. Jahrhunderts verpflichtetes »ballet en action« – zu den bewegungstechnischen und ästhetischen Grundlagen der »danse d'école« zurück. Der Code Terpsichores war festgeschrieben mit den Werken von Carlo Blasis (1797–1878), *Traité élémentaire, théorique et pratique de l'art de la danse* (1820), und dem 1828 in London publizierten Lehrbuch *Code of Terpsichore*, das während des ganzen Jahrhunderts das Standardwerk zur klassischen Tanztechnik blieb.

Das romantische Ballett ist gekennzeichnet durch das Ideal der Elevation, dargestellt im Schein der Schwerelosigkeit und Entmaterialisierung des Körpers. Der Spitzentanz der Ballerina wird zum Inbegriff ätherischer Leichtigkeit. Marie Taglioni wurde durch ihren schwebenden Tanz auf der Spitze in den Werken, die ihr Vater, Filippo Taglioni, für sie schuf, berühmt – durch ihre Starrollen im Nonnenballett aus Giacomo Meyerbeers Oper *Robert le diable* (1831) und im Feenballett *La Sylphide* (1832). Der Spitzenschuh reduziert die Berührung mit dem Boden auf einen winzigen Punkt; so suggeriert das Schweben der Ballerina den Hauch der Freiheit in der Illusion der überwundenen Schwerkraft. Der Traum der Elevation und der Transparenz des Körpers, die tänzerische Utopie des Antigraven – in Heinrich von Kleists *Marionettentheater* als Modell für die Beziehung von Kunst und Natur reflektiert –, ist unlösbar an die Darstellung eines Kunstkörpers geknüpft. Seine Ausbildung ist nur erreichbar in der schmerzhaften Unterwerfung des Körpers unter die Disziplin eines beständigen komplizierten Exercice. Das Lächeln der Tänzerin legt den Schein des Mühelosen über die höchsten Anforderungen virtuoser Tanztechnik. Sie selbst wird zum Zeichen für Grazie und feenhafte Unschuld.

Die Ballerina erscheint als Symbol romantischer Poetisierung der Welt. Als Elementargeist, unirdisch-abstrakt und zugleich weiblich-verführerisch, schwebt sie zwischen Himmel und Erde; in der Gestalt von Sylphiden, Nixen, Feen und Wilis verkörpert sie – in einer Zeit der beginnenden Entzauberung der Natur – die Sehnsucht nach dem verlorenen Paradies, den Mythos der Unberührtheit, das geheimnisvolle Reich der Poesie.

Die Stoffe romantischer Ballette, *La Sylphide*, *Giselle*, *Ondine*, handeln von der tödlichen Liebe zwischen Elementargeistern und Menschen. In Théophile Gautiers auf eine Vorlage Heinrich Heines zurückgreifendem Libretto zu *Giselle, ou les Wilis* (1841) treibt die enttäuschte Liebe zu einem treulosen Herzog das Bauernmädchen Giselle in den Selbstmord. Sie kehrt in das Geisterreich der Wilis ein, jener Bräute, die ihre Hochzeitsnacht nie erlebten. Als Wili begegnet sie dem Treulosen wieder – der bestrickende dämonische Tanzzauber der weißen Feen zieht ihn ins Reich des Todes. Die romantische Entkörperlichung im Tanz der Ornamente des »Ballet blanc« schlägt um in Tanzbesessenheit: Es sind die Schauer einer schwarzen Romantik, die den Zauber der weißen Ballette grundieren.

Die bis zum Tanzzwang gesteigerte Tanzleidenschaft durchbricht die Normen der Gesellschaft. Denn die pure narzißtische Lust am Körper und seiner Eigenbewegung reißt die Schranken jener Disziplinierung wieder ein, die doch gerade in der unablässigen Selbstkontrolle des tänzerischen Trainings ihren wirkungsvollen Ausdruck findet. »Tanzwut«, eine Form des Veitstanzes, bringt in wilden Sprüngen und erschreckenden Verrenkungen des Leibes das befremdliche Innere nach außen. Überwachen und Strafen sind die Reaktionen sozialer Kontrolle auf solche Erscheinungsformen des Außer-sich-Seins.

Hans Christian Andersens Tanzmärchen *Die roten Schuhe* bietet dazu eine eindringliche Phantasie, in der Darstellung der Ambivalenz von Tanzlust und Tanz als Strafe. Das kindliche Vergnügen an tänzerischer Bewegung verkehrt sich in tödlichen Tanzzwang. Die roten Schuhe markieren als Fetisch die Verwandlung des Bewegungsspiels in Pein.

Die Plötzlichkeit des Umschlags in dieser Ambivalenz von Lust und Zwang verleihen der Bewegung die dunkle Atmosphäre des Dämonischen. Sören Kierkegaard ordnet in seiner Abhandlung *Der Begriff der Angst* (1844) die künstlerische Darstellung des Dämonischen dem Bereich des Mimischen zu. Am Beispiel des Tänzers und Choreographen August Bournonville (1805–79) beschreibt Kierkegaard das Erschrecken, den Eindruck des Plötzlichen angesichts seiner mimischen Darstellung des Dämonischen:

> Nicht das entsetzlichste Wort, das aus dem Abgrund der Bosheit hervordringt, vermag eine Wirkung zu erzielen, wie die Plötzlichkeit des Sprunges, der innerhalb des Bereiches des Mimischen liegt [...]. Das Mimische kann nun das Plötzliche ausdrücken, ohne daß deshalb das Mimische das Plötzliche ist. In dieser Hinsicht hat Ballettmeister Bournonville großes Verdienst, durch die Darstellung, die er selbst von Mephistopheles gibt. Der Horror, der einen ergreift, wenn Mephistopheles durchs Fenster hereinspringt und in der Stellung des Sprunges stehenbleibt!

Kierkegaard stellt seinen Überlegungen zum Sinnlichen, zum Dämonisch-Erotischen in *Entweder – Oder* einen Gedanken von Young als Motto voran:

> Ist denn die Vernunft allein getauft,
> sind die Leidenschaften Heiden?

Der hiermit angesprochene platonisch-christliche Dualismus von Leib und Seele prägt auch den Hintergrund von Gottfried Kellers *Tanzlegendchen.* Eine »Legende« ist Kellers kleine Erzählung in zweierlei Hinsicht. Sie berichtet zum einen vom heiligen Leben und wundersamen Tod der kleinen Musa, »der Tänzerin unter den Heiligen«; und sie gibt zum anderen die »Legende«, die Leseanweisung zum Tanz Terpsichores, der heidnischen Muse.

Im Tanz erfährt Musa einen Himmel irdischen Glücks. Sinnlichkeit und Schönheit der Körperbewegung scheinen zunächst Kunst und Religion, Himmel und Erde im Tanz zu vereinigen – Musas Tanz ist Gebet. Der Tanz, die Kunst des flüchtigen Augenblicks, ist freilich an die irdische Vergänglichkeit des Körperlichen gebunden. So reißt das Versprechen, das König David – der Tänzer unter den Heiligen – Musa gibt, nämlich daß sie im Himmel an einem unvergleichlich schönen, unaufhörlichen Freudentanz teilnehmen könne, eine Sehnsucht auf, die die Schwere des Körpers plötzlich als Mangel fühlbar werden läßt: Musa merkt, »daß ihre Leib viel zu schwer und starr sei«, um zur himmlischen Musik zu tanzen. Die Sehnsucht teilt die Sphären in Erwartung und Erfüllung, in Diesseits und Jenseits. Der Tanz der Muse ist nunmehr verschoben und ver-rückt, ins Jenseits der Phantasie. Durch die Hemmung der Reflexion und durch die Askese, als Aufschub des Begehrens, ist die Spontaneität der Bewegung gebrochen, die zuckende Tanzlust der Füße in Fesseln gelegt. Kellers Legende bleibt die Antwort auf die Frage nach der Erfüllung des Tanzversprechens im Himmel schuldig. Und doch auch nicht: Im Himmel nämlich, so erzählt der Schluß des *Tanzlegendchens*, ist kein Platz für die Musen – also auch nicht für die Göttin der Tanzkunst. Der Zauber der Anmut Terpsichores entfaltet sich nicht im transzendenten Bezirk wunschloser Erfüllung, sondern er entsteht aus der fragilen Balance von Wunsch und Verzicht – mit dem Sehnsuchtsziel unerreichbarer Vollkommenheit. So fällt es der Legende – der Sprache der Dichtung – zu, das stumme Zeichenspiel von Musas Tanz zum Reden zu bringen.

»Die Tänzerin und der Leib« – damit ist der Gegensatz von Körper-Sein und Körper-Haben angesprochen und zugleich seine Rolle in der Kulturgeschichte der Naturbeherrschung und Selbst-Instrumentalisierung des Menschen. In Alfred Döblins gleichnamiger Erzählung führt die haß- und ekelerfüllte Selbst-Marter der Tänzerin zuletzt zu ihrer Selbst-Auslöschung. Der Tanz wird zum Mittel der Befreiung vom eigenen Leib, zum Machtinstrument eines endgültigen Triumphs über die Trägheit des Körpers. Im Bild der Tänzerin zeigen sich die obsessiven Seiten des Strebens nach Perfektion; der Blick in den Spiegel, das Medium einer zwiespältigen Haßliebe, macht süchtig nach Vollkommenheit.

> »Blaß, fahl, ängstlich bedacht, Deinem Bild zu gefallen: so wird es schließlich Dein Bild sein, das für Dich tanzt [. . .] und wenn es Dein Bild ist, das die Sprünge aufführt, wo wirst Du selbst sein?« (Jean Genet)

Die Einsamkeit der Tänzerin im Spiegelkabinett des Ballettsaals: ihre Verschlossenheit, Reinheit, Zerbrechlichkeit – thematisiert in den Texten von Max Frisch und Günter Grass – bringt sie selbst als hermetisches Zeichen hervor, an dem sich der Blick bricht, zu dem das Begehren des Mannes nicht mehr durchdringt.

*

Das Gegenmodell zum Bild asketischer Reinheit stellt der exotische Tanz dar, in dem sich der Körper der Tänzerin in erotisch-verführerischem Bewegungsspiel dem Blick des Mannes präsentiert. Im Kostüm der orientalischen Tänzerin, als Odaliske, Almée, Bayadere oder indische Tempelpriesterin, erscheint die Frau als Inbegriff des faszinierenden Fremden, des verführerischen Anderen. Erotik und Tanz werden hier beinahe zu Synonymen. Dabei spielt der Exotismus eine verstärkende Rolle, der im 19. und beginnenden 20. Jahrhundert in der bildenden Kunst, im Musiktheater und in der Literatur zum wichtigen Faktor kultureller Selbstdeutung in der Auseinandersetzung mit Fremdbildern wird. Die Wurzeln des besonders um die Jahrhundertwende florierenden exotisch-erotischen Tanzes reichen freilich in die Ära des romantischen Tanzes zurück. Hier entsteht die Formel für den Gegensatz von feenhaft-reiner und erotisch-sinnlicher, »irdischer« Tänzerin. Théophile Gautier prägt dafür die Begriffe der »christlichen« und der »heidnischen« Ballerina, verkörpert durch Marie Taglioni und Fanny Elßler (deren »Cachucha«, »Cracovienne« und »Tarantelle« durch ihr sinnliches Temperament berühmt wurden). Das Doppelbild der Frau als Madonna und Venus, als Heilige und Hure erscheint auf der Ballettbühne in der Variation der »Sylphide« und der »Bayadère«.

Um die Jahrhundertwende – in einer Zeit des Aufbruchs in die verborgene Welt der Psyche, in einer Epoche des Normenwandels in der Beziehung der Geschlechter – gewinnt der exotische Tanz eine auffallende Popularität. Gerade der moderne Tanz, verkörpert durch so verschiedene Tänzerinnen wie Isadora Duncan, Ruth St. Denis, Maud Allan und Grete Wiesenthal, mit seinem freien, plastischen, aus der Körpermitte entwickelten Bewegungsvokabular, bietet nun alle Möglichkeiten für die Darstellung des Lasziven, Erotischen, Fremdartigen. Der Nackttanz, der sogenannte Schönheitstanz, der pantomimisch-orientalische Tanz – repräsentiert durch Namen wie Mata Hari, Olga Desmond, Anita Berber, Adorée Villany oder Sent M'ahesa – erobert die Bühnen und die Medien. Nicht zuletzt mit der Weltausstellung in Paris 1900, durch die Aufführungen javanischer, kambodschanischer und japanischer Tanz- und Schauspielgruppen, war der Boden für solche tänzerischen Darbietungen bereitet. Die Begegnung mit dem Fremden, gerade auch mit dem Körper- und Bewegungsbild einer anderen Kultur, lieferte einer europamüden, durch Décadence und Kolonialismus geprägten Geisteswelt neue ästhetische Reizfaktoren. Der Blick auf die europäische Kultur durch die Brille des Fremden bestätigte aber auch eine zivilisationskritische Haltung, die insbesondere das vertraute Körperbild des Europäers als Indiz westlich-entfremdeter Identität deutete. Die Feier des exotischen Tanzes in einer auffallend umfangreichen Literatur spiegelt die Sehnsucht nach dem anderen, dem geheimnisvoll Fremden, wie Hugo von Hofmannsthal es in seiner Schrift über Ruth St. Denis' berühmten indischen Tanz »Radha« (1906) beschreibt: »ein völlig Fremdes [...] ohne Prätension des Ethnographischen, des Interessanten, einfach nur um seiner Schönheit willen«; die »Durchdringung der europäischen Phantasie mit asiatischer Schönheit« durch einen Tanz, dessen Gebärden als »unaufhörliche Emanationen« des Sinnlichen, fern jeder Konvention erscheinen.

Das biblisch-mythische Urbild des verführenden Tanzes ist der »Tanz der Salome«. Mit Heinrich Heines Darstellung im *Atta Troll* gewinnt die »Femme fatale«-Gestalt der Salome, oft auch überblendet mit Zügen der Herodias, eine ungeheure Faszination für die Künstler des späten 19. Jahrhunderts. Nicht nur in der Literatur, bei Heine, Mallarmé, Flaubert, Huysmans, Oscar Wilde und Arthur Symons, sondern auch in der bildenden Kunst, in Werken etwa von Gustave Moreau, Max Klinger, Aubrey Beardsley und Franz von Stuck, und im Musiktheater wird Salome zum Lieblingsstoff, beispielsweise in Jules Massenets Oper *Hérodiade* (1881), in Richard Strauss' *Salome* (1905) und in Florent Schmitts *La Tragédie de Salomé* (1907). Natürlich fand der Tanz der Salome im Bercich des freien, des exotischen Tanzes sein ureigenstes Medium. Schon im Jahre 1895, lange vor Strauss' Opernerfolg, schuf Loïe Fuller zur Musik von Gabriel Pierné eine *Salomé* als abendfüllendes Tanzdrama. Bald florierte eine ironisch als »Salomania« bezeichnete Welle tänzerischer Gestaltungen der grausam-schönen Salome, ihres Tanzes der Sieben Schleier und – als Höhepunkt der Szene oft am Rande des Kitsches – des Tanzes mit der Schale, auf der das abgeschlagene Haupt des Johannes liegt. Ida Rubinstein, Maud Allan, Adorée Villany, Valeska Gert, Nathalia Trouhanova, Tamara Karsavina und Martha Graham tanzten – in unterschiedlichen Choreographien –

die Salome; Hofmannsthal plante ein Salome-Libretto für Ruth St. Denis, ein Vorhaben, das an der Abwehr der Tänzerin gegenüber dem allzu Modischen scheiterte.

In den literarischen Gestaltungen des Salome-Themas ist die Darstellung ihres Tanzes zumeist unwesentlich. Er erscheint am Rande, oder als Leerstelle, wie bei Oscar Wilde. Nicht der Tanz selbst, sondern seine Wirkung – die dramaturgische Funktion des Einschnitts von Verführung und Mordbegehren, die Konstellation Herodes – Herodias – Salome, die Atmosphäre der Dekadenz – steht im Mittelpunkt literarischer Darstellung. Die Gestalt der Salome selbst schließlich – in Mallarmés *Hérodiade* etwa als »froide enfant« ganz in sich abgeschlossen, so daß sie nur noch den blicklosen Mann, Jean, erträgt – und ihre zwischen Begehren und Abscheu schwankende Beziehung zur Gestalt des Propheten erscheint in den unterschiedlichsten Gestaltungen und Gattungen der Literatur.

Daß es gerade im exotischen Tanz um den Blick des Mannes auf den im verführerischen Tanz sich präsentierenden Körper der Frau geht; daß schließlich das Modell der Salome – mit dem begehrenden Blick der Frau auf den Mann, mit dem Versuch der Auslöschung des männlichen Blicks – einen Gegen-Entwurf dazu bildet, der freilich gleichfalls patriarchalischen Mustern entspringt, führt Djuna Barnes in ihrer Salome-Parodie *Was sehen Sie, Madam?* vor.

Der Blick auf die Tänzerin ist geprägt durch die vorherrschenden kulturellen Muster des Weiblichen. Nur wenige der vergleichsweise seltenen Texte von Frauen über den Tanz experimentieren mit neuen Perspektiven. Häufig wählen die Schriftstellerinnen dann die Ich-Perspektive der Tänzerin: sei es, daß aufgrund eigener Tanzerfahrungen der Blick auf den eigenen Körper im Text der Literatur neu definiert und aus dem Tanz heraus umgeschrieben wird – wie etwa bei Colette in ihrem Roman *La Vagabonde* –, sei es, daß die Dichterin in literarischen Randgängen – oder eher: in Rand-Tänzen – das Exzentrische ihrer Künstler-Existenz zu finden sucht. So beispielsweise Else Lasker-Schüler, die im Bild tänzerischer Authentizität den Ausdruck der Befreiung, der Entfesselung des Ichs dichtet: »Aus mir braust finstre Tanzmusik / Meine Seele kracht in tausend Stücken.«

*

Die Tarantella der Nora in Henrik Ibsens gleichnamigem Drama (1879) symbolisiert die zwiespältige Rolle des Tanzes – als Akt der Dressur und als Akt der Befreiung. Nora probt – am Klavier begleitet und »dirigiert« von ihrem Mann – ihren Paradetanz, die Tarantella. Voll innerer Spannung vermag sie jedoch den von ihm vorgegebenen Takt nicht zu halten; sie bewegt sich ungestüm, ihr Tanz fällt aus dem Rahmen. In der »Tarantella« – der Name wird des öfteren auf die Tarantel-Spinne, deren Biß den Veitstanz auslösen soll, bezogen – inszeniert Nora ihren Ausbruch aus dem »Puppenheim«, noch bevor sie Worte für den Weg in die Freiheit gefunden hat.

Der Tanz der dressierten Puppe als Zeichen der Entfremdung wird in der Literatur seit der Romantik immer wieder mit dem authentischen oder ekstatischen Tanz als Ausdruck von Befreiung und Freiheit konfrontiert. Dabei symbolisiert die Gliederpuppe einerseits die Idee des Antigraven, der Freiheit von den Gesetzen der Schwerkraft und den Begrenzungen der menschlichen Anatomie, andererseits aber wird sie – als Maschinenwesen von außen regiert – zum Zeichen mangelnder Autonomie. Der mechanische Tanz der Puppe tritt in Wettbewerb mit der unberechenbaren sinnlichen Natur des Menschen, wobei die Faszination, die das Rationale des künstlichen Maschinentanzes ausübt, umschlägt in die Sehnsucht nach dem Nicht-Beherrschbaren, Fremden, Geheimnisvollen: dem Tanz als Natur-Poesie.

Der Tanz der Olimpia aus E. T. A. Hoffmanns »Nachtstück« *Der Sandmann* bildet das Grundmuster solcher Phantasien, die nicht nur in der Literatur, sondern auch in der Geschichte des Tanzes immer wieder gestaltet wurden. Für Léo Delibes' Ballett *Coppélia* (1870) nahm der Librettist, Charles Nuitter, Hoffmanns Erzählung zur Vorlage. In zahlreichen Balletten des 19. und frühen 20. Jahrhunderts öffnen sich Puppenläden, Spielzeugschachteln und Jahrmarktsbuden, begeghen einander Kunstfigur und Naturkörper im Tanz, wechseln ihre Positionen und tauschen die Seele – bis der Spuk sich löst; z. B. im *Nußknacker* (1882, choreographiert von Marius Petipa / Lew Iwanow zur Musik von Peter Tschaikowski), in der *Puppenfee* (1888, choreographiert von Josef Haßreiter), in *Petruschka* (1911, choreographiert von Michel Fokine zur Musik von Igor Strawinsky), in *La Boîte à joujoux* (1921, choreographiert von Jean Börlin zur Musik von Claude Debussy) und in Maurice Ravels Märchenstück *L'enfant et les sortilèges* (1925), zu dem die Colette das Libretto verfaßte.

Der Film tritt schließlich an die Stelle der Puppen-Choreographien; das Kino wird zum Medium für die folgende Geschichte vom Kult der Körper und dem Reich der Maschinen. Den Anfangt setzte, im großen Stil der zwanziger Jahre, Fritz Langs Verfilmung von Thea von Harbous *Metropolis*.

*

Die Verbindung von Tanz und Ekstase als Form der äußersten körperlichen Selbstentgrenzung berührt das Thema von Eros und Thanatos. Das Außer-sich-Sein, als Schwellenerfahrung »an der Grenze des Leibes« (Hofmannsthal), bezeichnet den prekären Moment der Überschreitung im Bewegungsrausch. Der Tanz wird so mit den Worten Rosettas aus Büchners *Leonce und Lena* zu einer Bewegung »aus der Zeit«: der Schritt über die Grenze des Lebens als Pas de deux mit dem Tod.

Der Totentanz in der modernen Literatur besitzt scheinbar kaum noch Gemeinsamkeiten mit der mittelalterlichen »Danse macabre«, deren Entstehungshintergrund in den entsetzlichen Pestepidemien des 14. Jahrhunderts zu suchen ist. Die Totentänze reagieren als bildhafte Bußpredigten auf die Gefahr des plötzlichen Schwarzen Todes; auf die unberechenbaren Bewegungsmuster, die mit der Spur des Pesttodes über die Landkarte Europas hinwegziehen.

Dennoch deutet die Wiederentdeckung des Totentanzes, die nicht nur in der Kunst, der Literatur und im Tanz, sondern auch in den historischen Wissenschaften der Jahrhundertwende zu bemerken ist, auf eine erneute mentalitätsgeschichtliche Aktualität der Thematik oder vielmehr bestimmter, damit angesprochener Problemfelder.

Der mittelalterliche Totentanz: darin verbinden sich die eindrucksvollen Bilderreihen und Verszeilen mit der Darstellung des tanzenden Todes, der – als Skelett in bizarren Posen – die Lebenden, Personen aller Lebensalter und Stände, in seinen Reigen zwingt. Der Gedanke des »memento mori« erscheint in den Wand- und Tafelmalereien des Basler, des Berner oder des Lübecker Totentanzes verkörpert in der Gestalt des Sensenmannes, der alle gleich macht, jung und alt, reich und arm.

Elemente des spätmittelalterlichen Totentanzes sind auch in den Texten um und über den tanzenden Tod in der neueren Literatur enthalten, freilich in charakteristischen Verwandlungen und Umkehrungen. Daß der Tod *tanzt*, daß Tanz-Bewegung – die sowohl als Ausdruck ungezügelter Bewegungsfreude als auch als Zeichen ritualisierter Beziehungsordnungen gelesen zu werden vermag – ausgerechnet jenem Grenz-Augenblick des Todes Gestalt gibt, der den Stillstand von Bewegung, die Erstarrung der Körper anzeigt, verleiht den mittelalterlichen Totentänzen ihr faszinierendes Doppelgesicht.

Die Grenze des Todes markiert jene Linie des Umkehr-Blickes auf das Leben, von der aus die Erscheinungen gerade mit ihren Verzerrungen in brennender Intensität wahrgenommen werden. Der Reigen der »Danse macabre« mit seinen Bildern des Grotesken bildet einen solchen Zerrspiegel des »Dance of Life« (Havelock Ellis). Der spätmittelalterliche Totentanz, dessen Bilder von wilden Spring-Tänzen vielfach ins Satirische gesteigert sind, trägt den Gedanken der verkehrten Welt in die Szenerie der Bußpredigt. So bringt der Tod in Holbeins Darstellung beispielsweise seine Aufforderung zum Tanz in einem Narrenkostüm vor. Der tanzende Tod mit der Narrenkappe: Zeichen der spätmittelalterlichen Formen der Karnevalisierung auch und gerade im Angesicht des Todes.

Im modernen Totentanz findet eine Säkularisierung der religiösen Motive – des Dualismus von Askese und Luxuria, der heilsgeschichtlichen Komponente der »Egualezza«, der Gleichheit aller im Tode – statt. Die Weltuntergangsoptik des Fin de siècle ruft ein ästhetisiertes Bild der mittelalterlichen »Danse macabre« herauf, überblendet durch die bevorzugten Themen der Dekadenz-Literatur: Die Darstellung von Tod und Verfall, die Ästhetik des Häßlichen, die Vorliebe für psychische Grenzerfahrungen knüpfen sich an das Muster des Todesreigens. Von Strindbergs *Totentanz* (1901) über Hofmannsthals unterschiedliche dramatische Gestaltungen – *Der Tor und der Tod*, *Der Tod des Tizian* und auch *Jedermann* – bis zu Ödön von Horváths als »Totentanz« untertiteltem Stück *Glaube, Liebe, Hoffnung* (1936) reicht die Vielzahl der literarischen Tänze des Todes im ersten Drittel des 20. Jahrhunderts.

Nicht zuletzt die ornamentale Figur des Reigens, das choreographische Prinzip der Flechtung der Individuen in eine Kette gleicher Bewegung, sichert dem Totentanz zu Beginn des 20. Jahrhunderts ästhetisches und weltanschauliches Interesse. Das Aufgehen des Individuums in der Gemeinschaft des tänzerischen Reigens erscheint als soziales Pendant zur existentiellen Auslöschung des Subjekts im Tod.

In den mittelalterlichen Totentanz-Darstellungen zieht der tanzende Tod Personen und Paare in eine Prozession oder in einen Ketten-Reigen. In der Form des Reigens ist das alte choreographische Muster des Rundtanzes mit dem Stationen-Prinzip der Bildergeschichte verbunden. Der Tanz mit dem Tod vermittelt die andere, körperliche Seite des Dialogs über das Sterben, den der Sensenmann mit seinen Opfern führt; im emblematischen Tanzspiel des Todes gibt die Bewegungsrhetorik der Reigen-Figur die Bildseite zur Rede über die Abberufung aus dem Leben.

Nicht zuletzt aufgrund der Verbindung von Tanz und

Dialog in lockerer Szenenfolge wird das Prinzip des Reigens zu einem bevorzugten Formmodell moderner Totentänze.

Auf einer breiteren soziokulturellen Ebene gewinnt der „Reigen" in vielfältigen Varianten und Kontexten um die Jahrhundertwende an Popularität. Insbesondere im Umkreis der zivilisationskritischen Reform-Bestrebungen, der Wandervogel- und Körperkultur-Bewegung wurde der »Reigen« als Gemeinschaft verbindende und gruppenbildende Form des Laientanzes gepflegt. Rudolf von Laban, der »Vater des Ausdruckstanzes«, fand mit seiner Konzeption des chorischen Tanzes eine weite Resonanz; allenthalben entstanden Schulen für rhythmische Gymnastik und Ausbildungsstätten des freien Tanzes, durch Fachorgane und Zeitschriften mit Titeln wie *Singchor und Tanz* oder *Tanz und Reigen* überregional repräsentiert. Nicht nur im modernen Tanz, auch in der bildenden Kunst (etwa im Zyklus *Tänze* von Ludwig von Hofmann oder in den Frauenreigen der Lebensalter von Edvard Munch) und in der Literatur wird der Reigen gleichermaßen Motiv und Kompositionsprinzip: in den zahlreichen lyrischen Reigen- und Ringelspielen der Jugendstil-Dichtung und schließlich auch in den reihenden Ketten der Dramenstrukturen und Einakter-Zyklen wie etwa in Schnitzlers *Reigen* (1900).

In der Zeit des Ersten Weltkriegs spricht aus den Todesreigen und Totentänzen expressionistischer Lyriker und Dramatiker ein anderer Ton. Sozialkritische Anklage, Empörung und Aufbegehren gegen die Gewalt des Krieges, Trauer um seine Opfer und ekstatische Erlösungssehnsucht kleiden sich in grelle Bilder und Allegorien des Todes. Die erschrekkende Realität eines Krieges, der zunächst begeistert begrüßt worden war, steigert die Bilder des tanzenden Todes, als Moloch der Vernichtung, zu Zerrformen mythischer Gestalten. In Georg Heyms Gedicht *Die Toten auf dem Berge* mischt sich die Totentanz-Groteske mit der Assoziation eines Blocksberg-Rittes und Bildern der Verzweiflung einer verratenen Generation:

Wir wurden auf den kahlen Berg geführt
Wir sahen in den Lüften die Gerippe,
Die Hände auf dem Rücken festgeschnürt.
Im Winde sprang und tanzte ihre Sippe.

Auch im Tanz, im Ausdruckstanz, wird der Tod in der Zeit während des Ersten Weltkriegs und danach zu einem großen Thema. In Mary Wigmans Werk erhält der Tanz des Todes eine zentrale Stelle, immer wieder nähert sie sich dem Thema: so in ihrem Solo *Der Tod*, einem Maskentanz aus dem Jahre 1916, in zwei Versionen einer *Danse macabre* (1917 und 1921), im *Tanz des Todes* aus dem Zyklus der *Sieben Tänze des Lebens* (1921) und in ihrer Choreographie zu Albert Talhoffs chorischem Drama *Totenmal* (1930), einem Weihe- und Trauertanz, einem bewegten Monument für die Gefallenen des Krieges. In ihrem Solo *Der Todesruf* aus dem Zyklus *Das Opfer* (1931) stellt sie den Dialog mit dem Tod dar – »ein Gerufenwerden aus weiter Ferne, aus dunklem Grund aufsteigend und unerbittlich fordernd [...] wie ein magischer Befehl« (Mary Wigman) – als tänzerischen Monolog. Im Wechsel von statisch monumentalen Haltungen und großangelegten Raumwegen klingen Frage und Antwort gleichzeitig an. »Ich wurde zum ›Rufer‹ und zum ›Gerufenen‹ in einer Person«, schreibt Mary Wigman. »An einer bestimmten Stelle des Tanzes begann ich zu frieren. Und plötzlich wußte ich: Hier spricht der Tod zu dir [...] als ob sich ein Gesetz über mir auswirken wollte, dem ich bisher noch nie begegnet war.« Ein eindrucksvolles Mahnmal gegen den Krieg, als aufrüttelnder *Totentanz in acht Bildern*, entstand 1932 mit Kurt Jooss' Werk *Der Grüne Tisch*, einer meisterhaften Choreographie in holzschnittartigen, an George Grosz erinnernden Bewegungs-Bildern. Lola Rogge, Dore Hoyer und Harald Kreutzberg nahmen nach dem Zweiten Weltkrieg die ausdruckstänzerische Auseinandersetzung mit dem Thema der Totentänze als Tänze des Todes wieder auf.

*

Der Totentanz stellt eine besondere, ikonographische und inhaltliche Ausprägung jener Grundelemente dar, die dem Tanzen – allgemeiner betrachtet – eigentümlich sind: Der Tanz über die Grenzlinie – im unwiderruflichen Augenblick der vergänglichen Bewegung, in der Flüchtigkeit der Erscheinung bewegter Schönheit, im Spiel der Balance, zwischen Schwere und antigraver Erhebung, zwischen Elevation und Transparenz – erscheint als der Inbegriff des Transitorischen in Zeit und Raum. Er ist wesentlich die Kunstform des Übergangs. Der Übergang in das Reich des Todes bezeichnet in diesem Kontext einer Ästhetik der »beweglichen Schönheit« (Schiller) einen besonderen Aspekt als Exempel – als ein endgültiges freilich – der allgemeinen Bestimmung des Tanzes als Kunst des Transitorischen. Diesen Gesichtspunkt hebt Goethe in seiner kleinen kunsthistorischen Schrift *Der Tänzerin Grab* hervor, indem er den Zusammenhang von Tanzkunst und Plastik, von Bewegungsmoment und Überschreitung in eine andere, »jenseitige« Welt betrachtet:

> Die schöne Beweglichkeit der Übergänge, die wir an solchen Künstlerinnen bewundern, ist hier für einen Moment fixiert, so daß wir das Vergangene, Gegenwärtige und Zukünftige zugleich erblicken, und schon dadurch in einen überirdischen Zustand versetzt werden. Auch hier erscheint der Triumph der Kunst, welche die gemeine Sinnlichkeit in eine höhere verwandelt, so daß von jener kaum eine Spur mehr zu finden ist.

Die Eigentümlichkeit des Tanzes als Kunstform offenbart sich im Prozeß der Metamorphose des bewegten Körpers in Zeichen. Der Tänzer schreibt in der Sukzession einer in der Bewegung erst zu erschaffenden Zeitordnung rhythmische Zeichen in den Raum. Im Augenblick, in der ästhetischen Wahrnehmung als »Momentalgefühl« (Wilhelm Heinse) verdichtet sich das Nacheinander der tänzerischen Bewegung zur Figur. So bestimmen das Transitorische des Tanz-Geschehens und die nur im Moment in eins gebundenen Gegensätze von Körper und Zeichen, von Natur und Kultur die Eigenart der Tanz-Kunst. Dieser äußerste Augenblickspunkt einer Verwandlung, die im Tanz wie in keiner anderen

Kunst zur *Erscheinung* eines ganz anderen, Nicht-Bezeichenbaren wird, macht die besondere Anziehungskraft dieser Kunst für die Dichter aus: den heimlichen Neid der in der Dauer der Schrift sich verewigenden Wort-Künstler auf den lebendigen Zauber der vergänglichen Körper-Kunst.
Am Horizont und im Spannungsfeld von Sprachkrisen und Wucherungen der Diskurse scheint die wortlose Kunst des Tanzes nicht nur eine Alternative zur Legitimationsfrage der Autoren – »Wer spricht?« – zu bieten. Mehr noch lockt Terpsichore die Dichter mit deren vielleicht höchster und verschwiegenster Sehnsucht: dem Begehren nach beredtem Schweigen. Der sprechende Augenblick der Auslöschung aller Zeichen, das Verstummen im emphatischen Sinn findet Gestalt im Phantasma des Tanzes.

Rilke, im Gedicht *Spanische Tänzerin*, und Valéry im Dialog *L'Ame et la Danse* evozieren die vollkommen in der Intensität des Augenblicks sich auflösende Tänzerin im Bild der Flamme. Verzehrendes Feuer, oder reines Licht – wie in den Texten von Mallarmé und in der *Feuerorgie* des Portugiesen Sá-Carneiro –, oder aber pure Essenz, als Duft und Aroma wie in Rilkes Sonett – »Wartet . . ., das schmeckt . . . Schon ists auf der Flucht [. . .] / Mädchen, [. . .] / tanzt den Geschmack der erfahrenen Frucht! / Tanzt die Orange« –, bezeichnen die vollkommene Verwandlung des Körperlichen, den Stillstand der Bewegung im Zentrum des Wirbels, die blendende Leerstelle der Verflüchtigung: das Nicht-Zeichen im Inneren des Tanzes.

So münzt Mallarmé seine Gedanken zum Tanz Loïe Fullers, deren Licht-Tänze Ende des 19. Jahrhunderts zu den Sensationen der Avantgarde zählten, in eine Poetologie um. Er sah in den phantastischen Bewegungsbildern des »Serpentinentanzes« und des »Feuertanzes« die Geburt der absoluten Metapher; eine auf der Bühne realisierte Entsprechung der »poésie pure«. Die tänzerische Bewegung um ein verborgenes Zentrum, das leer, ohne Bedeutung nur für sich steht, produziert die absolute Arabeske, die sich aus sich selbst fortrankt. Das Werk – sowohl der Tanz als auch die Dichtung – begründet sich nicht mehr durch den Autor; dieser verschwindet vielmehr in den Spiralen des Gewebes. Die Textur der Zeichen bringt sich in einer »pulsation«, einer »rhythmischen, vibratorischen Bewegung in stetigem Werden« hervor.

Das Pulsieren von reiner Bewegung, von Farbe und Licht, um ein körperliches Zentrum, das sich in diesem Prozeß auflöst, ins Nichts verschwindet und das absolute Kunstwerk zurückläßt – jene Dynamik der Kreation, die Loïe Fullers Tanz evoziert –, ist für Mallarmé Vergegenwärtigung des Schöpfungsaktes der Dichtung mit dem Ziel, »Le Livre«, den absoluten Text hervorzubringen. Während der Tanz als *Inszenierung* des absoluten Schweigens erscheint, tragen die Worte die Idee des Nichts in das Gewebe des *Textes*, indem sie in hermetischer Abschließung von jeglichem Deutungsanspruch nur noch auf sich selbst verweisen. Mallarmé setzt die Destruktion von Bedeutung als Anfang der Poesie: »Die *Zerstörung* war meine Béatrice« – diese ästhetische Maxime umschreibt das Prinzip des Schocks der Moderne, für die Dichtung und den Tanz gleichermaßen.

Am äußersten Punkt solcher Ästhetik des Prinzips »l'art pour l'art« – in der Abstraktion des Körpers zum reinen Bewegungszeichen – gilt das Interesse einer anderen Dichtergeneration nicht mehr dem Verschwinden der Tänzerin in den Zeichenspiralen des Tanzes, sondern jenen Augenblikken jenseits der Kunst, in denen der Kunst-Körper nicht mehr gefragt ist. So erscheint nicht der *Tanz* der Ballerina als das Sprechende ihrer Bewegung; ausdrucksvoll wird sie vielmehr in jenen Momenten, in denen sie *nicht* tanzt: im Augenblick der Ruhe, der Vorbereitung vor dem Auftritt, der Erschöpfung nach dem Tanz – in jenen Situationen also, die das Aufbrechen der Fassade mühelos beherrschter Körperkontrolle spürbar werden lassen. So, wie der Maler Edgar Degas die Balletteusen hinter den Kulissen, im Probensaal sich ausruhend oder die Füße massierend, beobachtet, so richtet sich das Interesse einiger moderner Schriftsteller auf die Tänzergestalt – »senza danza«.

Robert Walser feiert in einem kleinen Text über das *Russische Ballett* die sitzende Anna Pawlowa; Isabella Nadolny erzählt von der Wiederbegegnung mit einer *ehemaligen* Tänzerin, Herman Bang vom verhinderten Primaballerinen-Traum einer kleinen Tanzlehrerin; Rilke rühmt das *Gehen* der Tänzerin, und Rudolf Borchardt sucht in seinem *Sonett auf die Tanzende* in der Sprache von Körper und Gesicht – im »Ruhn, nach dem Tanze« – die Spuren ihres Leides zu lesen.

Auch Thomas Bernhard reiht sich, naturgemäß, in die Linie der Erzähler ein, die dem Kunst-Traum tänzerischer Leib-Vollkommenheit mit dem Blick der Ironie – von den Gebrechen und der Gebrechlichkeit der Welt her – begegnen. Der Tänzer im Rollstuhl, von dem Bernhard in einer Anekdote aus dem *Stimmenimitator* berichtet, ist über der Reflexion seiner Schritte im Ballett *Rafeal* (sic!) ins Stolpern geraten und seither gelähmt – ein gestürzter Engel des Tanzes. In der Form einer Parodie zu Kleists *Marionettentheater* spielt Bernhard den Sündenfall der Reflexion, Fall und Lähmung der Bewegung im Szenar eines modernen Welttheaters durch – wie ihn Béjarts Gedanke des Tanzes als Kunst des 20. Jahrhunderts feiert –, freilich ohne jede Aussicht auf die Wiederkehr der verlorenen Grazie:

> In Maloja hatten wir die Bekanntschaft eines ehemals berühmten Tänzers der Pariser Oper gemacht, der eines Abends im Rollstuhl in unser Hotel hereingefahren worden war von einem jungen Italiener aus Castasegna, den sich der Tänzer auf mehrere Jahre verpflichtet hatte. Wie wir von dem Tänzer erfuhren, sei er mitten in der von Béjart nur für ihn choreografierten Premiere des »Rafeal« von Händel zusammengebrochen und seither gelähmt gewesen. Er habe, sagte der Tänzer, plötzlich das Bewußtsein verloren und es erst zwei Tage später wiedererlangt. Möglicherweise, so der Tänzer, welcher in einem sehr teuren Nutriapelz eingehüllt gewesen war, sei sein Unglück darauf zurückzuführen, daß er zum erstenmal in seiner Karriere während des Tanzes an die Kompliziertheit einer Schrittkombination gedacht hat, wovor er sich die ganzen fünfzehn Jahre seiner Karriere, die ihn an alle großen Opernhäuser der Welt geführt habe, gefürchtet habe. Der Tänzer, meinte er, dürfe, während er tanzt, niemals an seinen Tanz denken, er dürfe nur tanzen, sonst nichts.

Gabriele Brandstetter